한일관 주한일본대사관 공보문화원

명학당

헌시집 고시평설 연구 4
우리 민족에 불들인 선시가들
제4권 송경섭 손수 4

송경섭 著

『한국의 굿놀이 연구』를 펴내면서

우리 굿놀이에 대한 연구는 풍부한 민속예술적인 다양성과 가치에 비하여, 상대적으로 외면당하거나 기피되어온 주제 중의 하나였다.

「한국의 굿놀이 연구」는 우리 굿놀이에 대한 민속예술적 대응에 기초하여 그 정체성을 탐색해 온 기획연구서이다.

그 속에는, 제의적 사고와 미메시스 체계로 전승되어 온 뭇 생명의 원생적이고 원형적인 문화양식들이 내장되어 있고, 그것이 지니고 있는 갖가지 예술적 대응의 해석을 통해 우리 굿놀이가 가지는 문화예술의 주도적인 전통과 독창적인 인문학적 가치들을 드러내어 보려는 것이다.

또한 우리 굿들이 아직도 대단히 활발하게 매개하고 공유하는 신앙적인 강신가(降神歌)로 가지고 기능되었다.

물론 우리는 아직까지 이러한 과정 없이 수많은 매체에 대체된 굿놀이 대상을 틀기를 한 굿놀이의 이를 아쉬움으로 떠안고 있다. 게다가 우리 굿놀이에 대한 공격적 도전이 우리 굿 사회에 미쳐 만들어지고 있다. 이를 우리 우리 굿놀이들이 움직이고 있을 때, 무분별한 도덕적인 예가 아니라, 긴장 담론 종합적인 심층적 방법 파악되고 있는 것은 굿놀이의 전통 자본이기도 해서 아득하다.

이러한 맥락 속에 우리 굿놀이의 기록들을 봉합해 가지고 재현하고 제도화하는 중요한 자극이 되기가 바라며, 거기 잃지 않고 운용되어가지 미시간에서는, 재료, 「굿놀이 하시나들」, 제도 「굿사나 접근하기」, 제도 「굿의 등대와」, 제도 「우시아이대 분석하고 가꾸어」, 제도 「조선시대 출현하고 있기」, 그리고 근대와 현장으로 일원된 운영되어가지 미시간에서는 굿놀이 고보해 성장됐다. 세계 다수의 성이 웅변 공원들 글을 이 된 이 출품한 되다가 이들의 각자의 국문으로 들기다.

원의 미술관련 글과 기타 산문을 모은 제5권 『근원의 미술산문』(가제)이 바로 그것이다.

이 책은, 근원 선생이 월북 이후 진행한 고구려 고분벽화에 대한 연구성과를 담아 과학원 출판사에서 '예술사 연구 총서' 제1집으로 1958년도에 출간했던 『고구려 고분벽화 연구』를 새롭게 복간한 것이다.

원본 중 일부 사회주의 찬양 등의 정치 이념적 내용은 본문의 큰 흐름과 관련이 없으므로 삭제했고, '남조선' '호상'과 같은 표현은 문맥에 맞게 '남한' '상호'로 각각 바꾸어 표기했다. 현 세대의 독서감각에 맞도록, 한글 전용과 두음법칙이 적용되지 않은 표기를 한자를 병기하고 두음법칙을 적용하여 표기했으며, 인명과 지명은 현행 외래어 표기법에 맞게 바꾸었으나 중국의 인명과 지명은 한자음 그대로 표기했다.

원본에 번역되어 있지 않았던 한문 인용 구절은 새로 번역하여 작은 활자로 원문과 구별하여 본문에 병기했다. 원문의 미주(尾註)는 모두 각주로 바꾸었고, 앞서 출간된 전집 1, 2, 3권과 마찬가지로 독자의 이해를 돕기 위해 '이 책을 읽는 사전' 식의 편자주 백오십여 개를 원주(原註)와 구별하여 달았다. 또한 원주(原註)에 나오는 불완전한 서지사항은 연도, 출판사 등을 새로 찾아 넣었다.

도판은, 원본의 도판 중 1컷을 제외하고는 모두 살려 실었는데, 원본의 본문 중에 있던 '삽도'와 뒷부분에 몰려 있던 화보 형식의 '도판'을, 따로 구분하지 않고 일련 번호를 주어 본문의 해당 부분에 실었으며, 원본의 상태가 좋지 않은 도면이나 일러스트는 최대한 수정 복원하여 실었다.

또한 이 책 『고구려 고분벽화 연구』에 대한 이해를 돕기 위해 책 앞부분에 '해제'를 실었으며, 전집 1, 2권에 실렸던 기존의 연보에, 김용준의 호적 사항과 중앙고보 시절 학적부 등에 기록되어 있는 내용 등 여러 사항들을 보충하여 실음으로써 저자의 삶을 풍부하게 살필 수 있도록 했다.

인명, 작품명, 책제목, 고분벽화 관련 용어 등의 일반적인 '찾아보기'뿐만 아니라, 편자주를 단 항목만의 '어휘풀이 찾아보기'를 두어 이 책의 집필 당시에 쓰이던 어휘나 문구들을 한눈에 살필 수 있도록 했다. 또한 일반적인 '찾아보기'에서도 편자주가 있는 항목의 페이지는 굵은 활자로 표시하여 풀이를 찾는 데 용이하도록 했다.

편집자로서 행한 이러한 노력들이 행여 저자의 의도나 글의 순수함을 방해하거나 오전(誤傳)하지 않기를 바랄 뿐이다.

이 책을 내기까지 많은 분들의 도움이 있었다. 전집을 기획하고 진행하는 데 많은 도움을 주시고 '연보'를 작성해 주신 미술평론가 최열 선생, '해제'를 써 주시고 편자주 작성에 도움을 주신

울산대 전호태 교수, 도판 자료를 제공해 주신 국립중앙박물관의 이원복 미술부장과 임영애 선생, 한문 인용문을 번역해 주신 안대회 선생 그리고 그 밖에 많은 도움을 주신 여러분께 깊이 감사드린다.

올해는 근원 김용준 선생이 돌아가신 지 삼십사 년째 되는 해이다. 얼마 전 뵙게 된, 김용준 선생의 둘째누님인 고(故) 김일호(金日浩) 여사의 셋째아드님 내외분 우기돈(禹基敦) · 권정렬(權貞烈) 님은, 월북 전의 근원 선생에 대한 이야기와 함께 소중하게 보관해 오던 사진 넉 장과 그림 두 점을 제공해 주었다. 또한 어렵게 연락이 닿은, 김용준 선생의 형인 고 김용수(金瑢洙) 선생의 장손 김영배(金瀁培) 님은 근원 선생의 호적 사항을 입수할 수 있도록 도움을 주었다. 이로써 김용준 선생의 연보를 더욱 자세하고 풍부하게 보충할 수 있었으며 '근원 전집'을 만드는 데 더없는 힘이 되었다. 우기돈 · 권정렬 · 김영배 님께 다시 한번 깊이 감사드린다. 근원 선생께서는 월북 당시 부인 진숙경(秦淑卿) 여사와 석란(夕蘭)이라는 입양딸을 동행했다고 하나, 지금은 확인할 길이 없다. 하루빨리 남북관계가 호전되어 선생께서 살다 가신 발자취가 선명하게 드러날 날을 기대한다.

2001년 6월
편집자

벽을 넘은 研究, 벽에 가린 敍述
解題-김용준의 「高句麗 古墳壁畵 研究」

전호태 울산대 교수

이 땅에서도 제삼의 학문에 대한 진지한 논의가 시작되고 있다. 인문학과 과학 사이에 쌓아 올렸던 '벽 허물기'로 해석되는 당연하면서도 새로운 모색의 한 장면이다. 근대화의 한 지표이자 상징이라고도 할 수 있는 '분업화' '전문화'가 실제로는 인간의 '부품화' '도구화'로 귀결된 데 대한 성찰과 반성의 결과로 나타난, 의미있는 사회적 현상이기도 하다. 문득 우리 모두에게 너무나 뻔한 답이 전제된 어리석은 물음을 하나 던져 본다. "인문학과 과학 사이에만 벽이 놓여 있는가."

근원 김용준의 「고구려 고분벽화 연구」를 다시 읽으면서 놀란 눈길과 안타까운 마음으로 우리 주변을 가리고, 우리 자신을 덮고 있는 이 땅, 이 시대의 '벽' 문화에 대해 생각하게 된다. 대로 좌우에 가득 늘어선 건물들이 채광창 크기의 작은 쪽문만을 출입구로 만들어 놓았을 때, 대로 한가운데에서 이를 보는 사람들의 가슴을 스치는 느낌, 이런 것이 학문과 학문, 사람과 사람, 직업과 직업, 그 외의 온갖 것 사이사이에 놓인 벽을 확인하는 순간 우리의 가슴에도 와 닿지 않을까.

잘 알려져 있듯이 근원의 주업은 '그림쟁이'이다. 근원의 작품에 대한 언급이 없이 20세기 전반 한국미술의 전개과정을 논하기는 어렵다. 그런데 어떤 이는 근원을 '글쟁이'로 인식한다. 일제강점기에 이미 빼어난 글 솜씨로 한국 수필문학의 한 장을 장식했기 때문이다. 한편 학계에서는 근원이 넓은 시야와 날카로운 직관력, 섬세한 분석력을 함께 갖춘 미술사학자로 알려져 있다. 「조선미술대요」(이하 「대요」)와 같은 미술사 통사와 「고구려 고분벽화 연구」(이하 「벽화연구」)와 같은 분야별 전문 연구서를 함께 내놓아 한국미술사 연구의 한 획을 그어 놓았기 때문이다. 근원의 본업은 과연 무엇인가.

근원의 『벽화연구』는 서울대 미대 초대 학장이던 화가이자 학자 김용준이 한국전쟁 후 북한에서도 여전히 연구와 창작활동을 계속했음을 내외에 알리는 신호이자 북한에서의 활동 내용에 대한 보고이다. 또한 그 자체로는 고구려 고분벽화라는 특정한 역사유적, 미술 장르에 대한 최초의 연구서라는 의의를 지닌다. 다른 한편 『벽화연구』는 기존의 편견과 아집의 벽에 가로막히지 않는 근원의 시야와 연구방식, 점차 높아 가던 현실 이념의 벽을 넘어서지 못한 서술이 어우러져 빚어내는 기묘한 울림의 악보이기도 하다.

1958년 조선민주주의 인민공화국 과학원 고고학 및 민속학 연구소의 예술사 연구총서 제1집으로 간행된 『벽화연구』는, 당시까지 발굴은 이루어졌으나 학술보고는 이루어지지 않고 있던 다수의 벽화고분에 대한 생생하고 구체적인 정보를 담고 있다. 뿐만 아니라 집단연구체제 · 역사정통론 · 자체발생론 등 이후 북한에서 학문 연구, 특히 역사 연구에 전제되던 연구방식 및 연구론에 아직 얽매이지 않던 시기의 역사 연구 동향과 방식을 읽을 수 있는 극소수의 저서 및 논문 가운데 하나이다. 고구려 벽화고분 자료 및 고분벽화 연구서로서뿐 아니라 북한 사학사 연구자료로서도 높은 가치를 지닌 저서인 것이다.

「서론」에서 언급했듯이 근원의 『벽화연구』는 고분벽화를 통해 고구려 문화를 보되, 인접문화와의 관계 속에서 고구려 문화가 어떻게 풍부해지고, 어떻게 보다 고구려다워지는지를 밝히려는 노력의 산물이다. 근원 이후 북한의 고구려 관련 저작에서 두드러지는 '고구려 본위주의'로 떨어지지 않으려는 의지도 동시에 드러내고 있는데, 정치적 흐름과 밀접한 관련을 지니고 있던 북한 역사학의 동향에 대한 근원의 우려와 나름의 고집을 함께 읽을 수 있는 부분이다.

연구주제로 매력적이면서도 접근하기에 까다로운 측면을 지닌 분야 가운데 하나가 고분벽화이다. 고분이라는 고고학적 유적자료에 대한 접근 능력, 벽화라는 회화작품에 대한 분석력, 장의(葬儀) 및 내세관념과 관련한 종교역사학적 이해력 등을 동시에 요구하기 때문이다. 고고학 · 미술사학 · 종교학 · 역사학적 사고 및 분석 능력을 함께 갖추고 있어야 제대로 된 연구성과를 낼 수 있는 분야인 것이다. 『벽화연구』는 근원이 굳이 분야를 나누기보다는 종합적인 인식과 접근을 중시하던 우리의 학문 전통을 이어받은 전통학자의 마지막 세대이자, 근대학문의 분야별 이해와 분석방법이 지닌 장점을 습득하여 연구대상에 적용하는 근대학자의 첫 세대에 속한 이들 가운데 한 사람의 모습을 유감 없이 드러낸다. 고구려 고분의 종류와 형식에 대한 고고학적 접근, 벽화의 구성과 제재 · 제작기법에 대한 미술사학적 분석, 고구려의 사회적 발전과정 및 문화의 성격, 대외교류의 범위와 내용 · 영향 등에 대한 역사학적 이해가 『벽화연구』의 각 장과 절의 내용 속에 잘 배어들어 있는 것이다.

고구려 벽화고분이 존재를 드러내면서 세인의 눈길과 관심을 받기 시작한 것은 1906년 강서

(江西) 대묘와 강서 중묘부터지만, 연구자에 의해 공식적으로 조사 보고되기는 1907년 집안(輯安)의 산연화총(散蓮花塚)이 처음이다. 근원은 1906년 강서군수의 일행에 의한 강서 대묘 및 강서 중묘 벽화 확인에 대해서는 언급하고 있지 않다. 안타깝게도 일제강점기에 본격 조사되기 시작하면서 고구려 고분벽화에 대한 기본적인 정보와 평가는 일본인 연구자들에 전적으로 의존할 수밖에 없게 되었는데, 근원은 이 점을 매우 애석하게 여기고 있다. 일본인 연구자들이 중국 장의미술(葬儀美術)의 한 지류로 고구려 고분벽화를 파악하려는 태도를 보였기 때문이다. 근원은, 특정한 왕조나 지역 문화 자체의 논리나 흐름에 대한 이해를 바탕에 깔고 개별 문화요소의 전개 과정을 살펴보아야 한다는 연구상의 상식을 이들이 외면했음을 문제시하고 있는 것이다.

일제강점기의 고구려 벽화고분 조사는 발굴과정상의 부주의와 조사 뒤의 보존 · 관리 소홀로 말미암아 벽화의 급격한 훼손을 불러왔는데, 이 점 역시 『벽화연구』를 준비하던 근원의 눈길을 붙잡았던 부분이다. 그러나 해방 후, 북한에서 이루어진 벽화고분 발굴도 인력과 기술 · 비용이 충분히 뒷받침되지 못했던 까닭에 벽화의 보존 · 유지 측면에서는 문제점을 안고 있었음이 『벽화연구』를 통해 확인된다. 근원에 따르면 태성리(台城里) 1호분을 비롯한 수기의 벽화고분이 조사 당시의 벽화 모사도만 남긴 채 발굴보고서도 미처 간행되지 못한 시점에 벽화를 담은 백회(白灰)의 박락, 혹은 벽화의 소멸을 경험하고 있기 때문이다.

일제에서 해방된 뒤, 1950년대 중반까지 북한에서 이루어진 고구려 벽화고분 조사에서 내외의 가장 큰 관심의 대상이 되었던 것은 안악(安岳) 3호분 발굴 결과이다. 1949년의 발견 직후부터 오십여 년이 흐른 지금까지 계속되고 있는 무덤 주인공의 정체를 둘러싼 논쟁 때문이다. 근원 역시 이 문제에 대해 관심을 표명하고 있는데, 눈길을 끄는 것은 당시 북한에서 큰 줄기를 형성해 가던 강한 민족주의적 사회주의의 흐름과 일정한 거리를 두면서 객관적이고 냉정한 학자적 입장을 바탕으로 무덤 주인공의 정체를 확인하려 한다는 점이다. '고구려 벽화고분의 주인공은 고구려인이어야 된다'는 담묵적인 동의나 전제로부터 자유롭다는 사실이다. 이것은 평양 근방 고구려 유적에서 확인되는 한계(漢系) 문화의 영향, 고구려 고분벽화 곳곳에서 발견되는 서역계 문화의 흔적을 굳이 부정하거나 외면하지 않겠다는 근원의 열린 자세로부터 비롯된 것이다.

안악 3호분 주인공의 정체를 추적하는 근원의 태도에서 후학으로서 또 한 가지 귀감이 되는 것은 논쟁의 전거로 활용되던 벽화의 개별 요소들, 예를 들면 묵서(墨書) 묘지명(墓誌銘)의 위치, 대행렬 중 번(幡)에 쓰인 '성(聖)'자의 사실성 여부, 관리들의 직명(職名)으로 본 무덤 주인공의 지위, 복식상의 특징과 관련된 요양(遼陽) 지역 한(漢) · 위(魏) · 진대(晉代) 고분벽화 등장 인물의 복식 구성의 흐름과 같은 문제들에 대해 직접 벽화의 해당 부분을 실견하면서 확인한다든가, 광범위한 문헌 및 고고학적 자료 섭렵을 통해 논증을 시도하는 등의 방법으로 하나씩 검

근대기의 불화가 봉안된 다수의 사찰들이 창건되거나 중창되었다는 점이다. 다음 세 가지 측면에서 근대 사찰과 불화에 대한 연구의 필요성이 제기된다.

첫째, 근대기의 불화는 조선 후기 불화의 화맥(畵脈)을 계승하고 있으며, 더 나아가 조선 후기와 현대 불화의 전통을 이어주는 중요한 가교 역할을 하고 있다. 금어(金魚)와 편수 등 불화를 제작하는 사장이 근대 들어 확장된 교통망을 통해 전국적으로 활동하면서 예배 대상 인 불화는 점차 양식적으로 균일화 되었지만 각각의 사장과 계보에 따라 독자적인 양식도 이어가고 있다. 근대 '불화소'를 통해 불화 의 화사는 스승과 제자라는 도제식 관계 뿐만 아니라 공간적으로 동문(同門)의 개념으로 인식되었고 각 지역을 벗어나 불사 참여를 통해 교류하고 합동으로 불화를 조성하기도 하여 도상·화기·발원 자까지지는 이르는 것이다.

둘째, 근대기 사찰과 불화는 이전 시기 모본의 운용양상과는 차별화 된 양상을 보이고 있다. 근대기에는 지역과 문파를 넘어서 화사들 간의 교류로 인한 공유가 더 이상 이루어지지 않았다. 이는 조선시대까 지 일부 유명한 초본이 전국에 걸쳐 유통되며 공유되는 방식과는 차이를 보인다. 근대에는 유명 사찰의 불사에 참여한 화사들에 의해 고승의 초상과 진영을 담은 도상이 확산되거나, 석옹(石翁)과 같은 민간의 종교화가가 한국과 일본의 민화풍의 다양한 상징적 도상을 불화 의 소재로 삼기도 한 것이다.

셋째, 근대 '불화소'와 불교 회화의 이론 연구에 있어 접근 범위 가 확장되었다고 볼 수 있다. 근대기에 가장 두드러지게 보이는 현 상은 사찰의 벽면·공포대 등에서 사용되는 의장적 도상이다. 예 배 및 공양의 대상 혹은 장엄·장식으로 사용되는 도상 중 하나인 로터스(Lotus) 즉 연꽃과 장엄을 이루는 도상 3종은 연화좌를 받 쳐주는 봉황과 비상하는 운룡 중심의 동물상(動物)이 벽면의 상부 까지 3종으로 나뉘어 배치되어 있다. 몰려 중앙 부분에 화훼(花卉)가 나머지 2종으로 보이는 칠보(七寶)·산(山)·사천(四川)·한자(漢字) 등이 사천·산천의 용도로 표현된 것이다. 미술 양식사적인 불교의 연구자들과 인식론 및 3종에 이르 등의 구성을 갖추어 기물(器物) 잘 등장이 3종으로 분배되어 있고, 중간 중 양식(制式)으로 하고 정서적 사실상의 의미 다른 독특한 기물 등으로 채색(彩色)으로 표현하고 있는 기반을 기원으로 장식이 변화하고 있는 근대의 '불화소' 연구자로서 이론적 접근 방안이 필요할 것이 나타나기도 한다.

특히 나타나는 것이다. 사찰은 이처럼 금어 산신과 지장등을 통용한 불교의 도상이 정립되는 과정에서 이처럼 근대의 불교 사상적 영향으로 인해 표현된 기본의 도상들이 이어지면서 이를 표현한 근거와 그 구성이 재해석된 것이다. 현재 근대 일반의 예술과 미술의 표현을 표현한 회화적 시각이 사찰상의 경우을 잘 나타내 볼 수 있는 사례일 것이며, 이를 담고자 하는 불교 수용의 용례를 관찰할 수 있는 독특한 국적이 될 것이다.

발전적으로 계승되지는 못한 것이다.

　그러나 아무리 뛰어난 작품이나 저서도 한 시대, 한 사회의 문화적 산물이라는 본질적 한계를 지닐 수밖에 없듯이 『벽화연구』와 그 저자 근원 역시 1950년대 후반 북한을 감싸고 있던 정치·사회적 분위기로부터 전적으로 자유롭기는 어려웠다. 근원 자신은 남한에 있을 때와 같이 가능한 한 나누거나 가로막는 것들에 개의치 않고 열린 눈과 몸짓으로 세상을 대하려 했을지 모른다. 그러나 새롭게 몸담고 있는 사회에서의 삶을 포기하지 않는 한, 북한이라는 또 다른 사회의 이념과 체제가 만들어내는 공기로 최소한의 호흡은 할 수밖에 없었으리라. 『벽화연구』의 본론 곳곳에서도 나타나지만 결론 부분에서 특히 두드러지는 계급투쟁 중심의 시각과 서술이 전해 주는 느낌이다. 한국전쟁의 휴전 논의가 진행되면서 구체화되고 있던 북한 내 권력투쟁, 특히 휴전협정 조인 뒤 북한에서 이루어진 남로당계 인사의 숙청, 경제재건을 독려하기 위한 반제반미 및 계급투쟁, 자립·주체 의식 강조 등 북한사회 전반을 휩쓸며 개인의 사고를 위축시키고 행동을 제약하던 '사회적 공기'를 냄새 맡게 한다. 근원을 둘러싼, 이 맑지도 가볍지도 않은 공기가 알게 모르게 『벽화연구』에 배어든 것이다.

차례

『高句麗 古墳壁畵 硏究』 발간에 부치며 5
벽화 관련 용어, 벽화 기자 古墳의 名稱—解說 겸해 8

| 서론 15

1. 고분

1. 고분의 종류와 용어 21
2. 고분벽화의 고분편년 26
3. 고분의 연대 50

2. 벽화

1. 벽화고분과 벽화의 제재(題材) 57
2. 벽화의 유형(類型) 고찰 59
 1. 인물풍속 2. 사신도 3. 장식도안(裝飾圖案)
3. 벽화의 상징 106

3. 벽화의 연대 인지

1. 지금까지의 연대 고증들 127
2. 인식 제3고분군에 대하여 134
3. 벽화고분의 연대에 대한 인지 171

| 결론 195

김용준 연보 199
찾아보기 202
아이들이 찾아보기 206

서론

조선 인민은 유구한 역사와 함께 빛나는 문화적 전통을 가지고 있다.

그러나 지난 시기 이 고귀한 민족문화의 전통은 봉건적 착취제도하에서의 억압과 일제의 악독한 식민지 통치로 인하여 자유로운 과학적 연구의 길이 막혀 있었으며, 자기의 문화를 옳게 계승하고 또 새로운 발전의 길로 이끌어 가려는 인민들의 창조적 지능들이 저해당하고 있었다.

특히 일제의 민족문화 말살정책은 우리 문화의 참된 면모를 왜곡 선전하였으며, 무수한 문화재들을 약탈해 감으로써 연구의 길을 고의적으로 막기까지 하였다.

필자는 조선미술사 영역에서 아직까지 깊은 연구를 거치지 못한 고구려 고분벽화에 대하여 그 동안 조그마한 연구를 시도하였다. 이것을 계기로 하여 다행히 우리의 민족문화를 연구하는 분야에서 약간의 도움이라도 된다면 필자로서는 그보다 더 큰 영예는 없을 것이라고 생각한다.

고구려 고분벽화가 세상에 나타난 것은 프랑스의 샤반(Emmanuel Edouard Chavannes)[1]이 조사한 통구(通溝)의 산연화총(散蓮花塚) 벽화로서 처음이다.[1]

그러나 이것보다 앞서 일본은 동양에서 먼저 자본주의의 길에 들어서, 19세기 말엽에 이르러서는 조선과 중국에 대한 침략적 기도를 노골적으로 나타내기 시작하였다. 그리하여 그들은 먼저 일본의 어용학자들을 동원하여 조선과 동북 중국에 대한 고고학적 조사부터 시작하였으니, 제일 먼저 그 피해를 받게 된 것은 통구에 있는 광개토왕비(廣開土王碑)였다.[2]

일본인 이케우치 히로시(池內宏), 우메하라 스에지(梅原末治), 하마다 고사쿠(濱田耕作) 등 외의 많은 사람들이 그 뒤로 계속 조선의 고분들을 파헤치고 수많은 문화유물들을 훔쳐 갔다.

고구려의 고분은 전곽고분(塼槨古墳)과는 축조형식을 달리한 관계로 우리나라의 전 역사 시기를 통하여 외적의 침해를 당할 때마다 지하에 남 몰래 숨어 있던 허다한 문화유물들이 적들의 도굴로 인하여 도실(盜失) 파괴되었으며, 19세기말부터는 남은 것마저 일본 학자들에 의하여 마지막 도난을 당하게 된 것이다.

이와 같이 허다한 풍상(風霜)을 겪으면서도 고구려 고분 속의 찬란한 벽화는 천오륙백 년의 긴 세월을 지난 오늘, 비로소 우리 미술사의 귀중한 한 페이지를 차지하게 되었다.

고구려 고분벽화는 그간 많은 조사보고서에 기록으로 남았고, 또 이에 대한 일본인 학자들의 연구도 적지 않으며 조선 학계에서도 약간의 연구 발표가 있었다. 그러나 고구려 고분벽화에 대한 연구는 아직도 그 전모가 천명되었다고 볼 수는 없으며, 앞으로 발굴이 진행됨에 따라 많은 새로운 자료들이 나타날 것이다. 그러한 자료들은 고구려의 회화사(繪畫史)를 연구함에 있

1) 샤반이 산연화총 벽화를 조사한 것은 1907년이었다. 池內宏·梅原末治, 『通溝』 下(제2책), 日滿文化協會, 1940.
2) 광개토왕비는 1881년경부터 시작하여 일본 군인 사카이(酒井), 일본인 학자 요코이(橫井), 도리이 류조(鳥居龍藏), 세키노 다다스(關野貞) 등이 계속 조사하고 비문(碑文)을 왜곡하여 역사적 사실을 허위 날조한 일이 있고, 도리이는 1905년에 남만주(南滿洲) 일대와 통구 지방의 고구려 유적들을 조사하였다. 池內宏·梅原末治, 『通溝』 下(제2책), 日滿文化協會, 1940; 鳥居龍藏, 「南滿洲間調査報告」, 1909 참조.

1. 1865~1918. 프랑스의 중국학자. 중국 고대사·서역사(西域史)·불교사 및 여러 비문(碑文)의 연구를 하여 정밀한 사료역주(史料譯註)를 많이 저술했음.
2. 도움.

어서나 조선 고대사(古代史)를 연구하는 학도들에게도 좋은 방조(傍助)[2]가 되는 매우 귀중한 것들이라고 생각된다.

고구려 고분벽화는 실로 우리에게 건축사, 풍속사 또는 복식사, 회화사 적으로 많은 문제들을 던져 주고 있는, 좋은 실증적 자료로 된다.

우리나라의 일반사 부문에서 보면 아직 고대사 영역에서 많은 문제들이 해결되지 못하고 있다. 그것은 고조선의 강역(彊域)에 대한 문제, 사회제 도, 국가 형성에 관한 문제, 노예 소유자적 사회 구성에 대한 문제, 한사군 (漢四郡)의 치지(治址)에 대한 문제, 삼국사(三國史)의 편년(編年)에 대한 문제, 기타 일련의 문제들이 아직도 서로 의견을 달리하고 있다. 이러한 문제들은 결국 문헌학적 사료에만 의거하여 해결하려고 한다면 우리나라 문헌 사료의 빈곤과 부정확 등에 비추어 거의 불가능한 일이라고 생각하는 바이다. 이러한 의미에서 필자는 우리나라 역사학계에서 보다 과학적으로 역사를 연구하기 위하여는 다만 문헌 사료에만 의거할 것이 아니라, 앞으 로 고고학·민속학·미술사 방면을 연구하는 학도들과 더불어 실증적인 자료들을 발굴 발견하며, 그것을 문헌 사료와 비교 연구함으로써만 미해 결 문제들이 보다 선명하게 해결되리라고 믿는 바이다.

오늘 우리나라의 회화사 부문에서만 보더라도 불과 오륙백 년밖에 지나 지 않은 고려시대의 작품은 거의 찾아볼 수 없는 형편이며, 그 이전으로 말하면 조선문화의 황금시기로 지칭하는 통일기 신라의 회화유적은 더구 나 찾아볼 수 없는 형편에 처해 있다. 다행히 고구려의 많은 고분벽화들이 남아 있어 조선 고대문화를 연구하는 우리에게 더없는 귀중한 사료를 제공 해 주고 있다. 고구려 고분벽화를 연구하는 것은 조선 고대사 연구에 적지 않은 기여로 될 것이며, 역시 이에 대한 연구 결과를 도입함이 없이는 불 충분한 것이 될 수밖에 없는 것이다.

서론 17

고구려 고분벽화는 그 동안 내외의 많은 학자들에 의하여 연구되었으나, 그 중에서 벽화 연대에 대하여 언급한 사람들로서는 리여성(李如星)과 고유섭(高裕燮)이 있으며, 일본인으로서는 세키노 다다스(關野貞), 나이토 고난(內藤湖南), 이케우치 히로시(池內宏) 등이 있다. 이들의 연구는 대체로 통구 고분들과 평양 부근 고분들 중 약간한 수의 연대를 말했으며, 리여성은 1948년에 발굴한 안악(安岳) 제3호분에 대해서도 간단한 언급이 있었다.

그러나 고구려 고분은 그후 더 발굴한 것도 있고, 이와 함께 최근 삼사년간에 중국 산동성(山東省) 하북성(河北省) 요령성(遼寧省) 등지에서 다수의 한(漢)·위(魏)·진대(晉代)로 추정하는 벽화고분들이 발굴되어, 이러한 고분들은 그 벽화와 함께 고구려 고분벽화 연구에서 놓치지 못할 중요한 자료들을 제공하고 있다는 데 보다 더 큰 흥미를 가지게 되는 것이다.

필자는 이 서술에서 대체로 고구려 고분벽화의 회화사적 성격 및 벽화의 연대를 추정하는 데 중점을 둘 것이며, 나아가서는 우리의 조상들이 외래문화의 우점(優點)들을 도입 섭취하면서도 자기의 문화적 전통을 빛나게 고수하기 위하여 얼마나 날카로운 투쟁을 전개하였는가 하는 점에 특히 유의하려는 것이다.

오늘날 유적·유물들이 실제에서 보여주고 있는 바와 같이, 고구려의 미술문화는 자기의 특수성을 강렬하게 보유하면서도 크거나 작거나 간에 인접문화적 요소들이 처처에 침투되어 있다는 사실을 보고 있다. 여기에는 비단 한(漢) 문화적 요소뿐만 아니라 다분히 서역문화적(西域文化的) 요소도 포함되어 있다는 것을 보게 된다. 그러므로 나의 이 연구에서는 처음부터 고구려의 문화를 고립적인 것으로, 고구려 본위주의(本位主義)로 떨어지려 하지 않으며, 인접문화와의 관계를 정당하게 평가하며 이 요소들

이 고구려문화에 합류되면서 어떻게 자기의 살이 되고 피가 되게 하였는가 하는 자취를 살펴보려는 것이다. 또한 이 연구를 진행함에 있어서 다만 벽화만을 연구의 대상으로 삼을 수는 없으며, 벽화를 연구하기 위한 전제조건으로서는 불가피적으로 고분구조에 대한 간략한 연구나마 거치지 않을 수 없다는 것을 말하게 된다.

이와 동시에 여기에서 반드시 언급해야 할 것은, 오늘날 일반사 부문에서 많이 논의되고 있는 '고구려가 노예제사회냐, 조기 봉건사회냐' 하는 문제 또는 한사군의 치지 문제 등에 대하여는 미술사 부문에서 깊이 논의할 문제는 아니다.

다만 고구려가 노예제사회였든 조기 봉건사회였든 그것은 차치하고라도, 고구려의 예술문화의 형태는 다분히 노예사회적 성격 혹은 그 잔영(殘影)이 농후하다는 것을 말할 수 있으며, 또한 한사군의 치지 여하는 불문에 부치고라도, 고구려 고분과 그 벽화의 약간한 수가 한계(漢系) 문화 내지는 서역문화와의 밀접한 연관에서 이루어졌으리라는 것을 말할 수 있다. 특히 통구 고분에서보다는 평양 방면 고분들에서 이와 같은 문화적 영향이 많다는 것은 더욱 주목할 만한 사실인 것이다.

이러한 고분들에 대하여 관심을 깊이 하는 것은 벽화의 연대를 추정하는 데 좋은 방조로 될 것이다. 특히 이러한 고분 중의 하나로서 안악 제3호분이 명확한 연대를 표시하고 있다는 것은, 말할 것 없이 이 고분이 벽화의 연대 문제를 고찰하는 데 중요한 고리로 된다는 것을 느끼게 되었다.

1.
고분

1. 고분의 종류와 형식

고구려의 고분은 통구(通溝) 지방과 평안남북도·황해도 방면에 걸쳐 산재하고 있다. 그 수효는 집안현(輯安縣)·통구 산야에 산재한 것이 무려 수만 기(基)에 달하며, 압록강을 사이에 두고 평북 위원(渭原) 초산(楚山) 강계(江界) 운산(雲山) 등지와, 평양을 중심으로 하여 대동군(大同郡) 용강군(龍岡郡) 강서군(江西郡) 온천군(溫泉郡) 순천군(順川郡) 등지에 무수한 고분이 산재해 있으며, 황해도 안악(安岳) 지방에까지 널리 분포되어 있다.

고구려 고분은 석축분(石築墳)과 봉토분(封土墳)의 두 종류로 나누게 되며, 석축분은 압록강을 중심으로 하여 평북 일대와 통구 방면에 많다. 석축분은 『삼국지(三國志)』「위지(魏志)」 '동이전(東夷傳)'에서 고구려의 후장(厚葬)하는 풍속으로서 "금은보화나 모든 재산을 모조리 장례에 썼으며, 돌을 쌓아 분묘를 봉하였고 송백을 심었다(金銀財帛 盡於送死 積石爲封 列種松栢)"라고 한 것과 같이, 그 초기에는 봉토분 형식은 없은 듯하며 전부 돌로 쌓고 그 주위에 상록수를 심어 무덤을 보호하였던 것 같다. 이러한

1. 고분 21

석축고분들은 통구 방면은 물론이고 평안남북도 지방의 고구려 고분에도 많은 수가 혼재해 있어, 산간지대에 돌무더기처럼 보이는 것은 흔히 고구려의 석축분인 것이 많다.

석축분의 전형적인 것은 통구의 장군총(將軍塚)인바, 이 고분은 (석축분으로는 후기의 것에 속하나) 마치 피라미드형으로 네모가 나게 일곱 층으로 석층을 쌓아 올렸다. 그리고 현실(玄室)[1]은 고분의 상부(제4층에서 제5층 사이)에 있는 것이 특색이며, 아래층은 사면으로 큰 자연석을 세 개씩 기대어서 무너지지 않도록 보호하였으며, 봉토는 물론 없고 기와를 이어 비가 새지 않도록 한 흔적이 있다.

봉토분은 외부를 흙으로 덮고 내부는 석곽(石槨)으로 짠 것도 있으며, 또 벽을 자연석으로 쌓고 그 위에 석회를 발라 묘실을 만든 것도 있다. 이러한 봉토분 중에는 벽면을 수직으로 쌓아 올린 것도 있으나 위로 향하면서 차츰 완곡(彎曲)[2]하게 곡면(曲面)을 이룬 것도 있다. 또한 벽을 쌓는 데 자연석을 그대로 사용한 것도 있으며, 혹 전(塼)을 섞어 쓴 예도 있고(평양역전 벽화분), 아래는 전으로 쌓고 위에는 돌로 쌓은 예도 있다. 그리고 벽을 쌓는 데 전과 같이 납작납작한 돌로 쌓은 예도 있다.(永和九年銘 塼墳)

고구려 고분은 그 천장의 구조형식도 다양하나 대개는 벽 상부에 이르러 평행으로 두세 층을 긴 돌을 층급(層級)으로 받치고, 그 위에 다시 삼각형 판석(板石)을 엇매기로 두어 번 받쳐 올려 천장부를 형성하고, 그 위에 네모가 난 판석을 덮어서 묘실 속을 훨씬 시원하고 여유있게 만든 것이 특색이다. 아직까지 발굴한 중에 석축분에서는 벽화를 발견한 예가 없고, 벽화는 대개 봉토분 속에 있는 것이 특색이다. 봉토분에서도 벽

1. 널방. 무덤 안에 있는, 관을 안치하는 방. 관실(棺室). 곽실(槨室). 광실(壙室).
2. 활처럼 굽음.
3. 널길. 무덤의 입구에서부터 무덤 안의 방까지 이르는 길.
4. 돌로 만든 문짝.
5. 무덤에서 방의 양 옆에 딸린 퇴화형 방.
6. 활개는 지붕에서 좌우로 비스듬히 뻗어 내려 들보와 잇닿는 일종의 버팀목으로, 고구려 고분에서는 도리와 액방(額枋) 사이에 있는 'ㅅ'자형으로 된 부분을 말함.

22

화분과 벽화가 없는 고분이 있으며, 벽화분은 또한 회벽(灰壁) 위에 그림을 그린 것과 석면(石面)을 곱게 다듬고 돌 위에 직접 벽화를 그린 예도 있다.

통구의 환문총(環文塚) 삼실총(三室塚) 무용총(舞踊塚) 각저총(角抵塚) 등과, 평양 방면의 매산리(梅山里) 사신총(四神塚), 쌍영총(雙楹塚) 등과, 안악(安岳) 제1·2호분 등은 회벽에 벽화를 그린 예이며, 통구의 사신총(四神塚)과 평양 방면의 강서묘(江西墓), 그리고 안악 제3호분 같은 것은 석면에 직접 벽화를 그린 것들이다. 또한 통구의 사신총과 강서의 묘들은 굵은 석재를 쌓아 올려 벽면을 형성하였고, 안악 제3호분은 두께가 5-8센티미터가량 되는 넓은 판석재(板石材)를 세워 벽면을 형성한 것이다. 이 고구려 고분들은 대개 평지보다는 약간 높은 구릉을 이용한 예가 많으니, 뒤로는 큰 산이 솟고 앞으로는 넓은 평원이거나 전망이 시원한 위치를 흔히 택하였다.

고구려의 봉토고분은 대개 남향 또는 서남향으로 연도(羨道)[3]가 있고 연도를 지나면 전실(前室), 그 다음이 현실로 구성되었으며, 연도에서 묘실로 들어가는 데는 석비(石扉)[4]를 닫고 그 앞을 돌로 막아서 출입을 자유로이 하지 못하게 하였다. 가장 간단한 형태는 연도와 현실 한 개가 있을 뿐이나 다실형(多室形)으로는 실로 다종다양하다. 연도와 전실과 현실로 된 것, 현실이 둘 이상으로 된 것, 전실이 동서로 길고 천장을 삼 구로 나눈 것, 전실 혹은 현실 좌우벽에 감실(龕室)[5]을 붙인 것, 묘실 안에 복도를 붙인 것, 돌기둥 또는 활개(枅木)[6]를 세우거나 붙인 것, 벽면이 수직으로 올라간 것, 벽면이 위로 향하여 곡면을 이룬 것, 천장을 넓은 돌로 막 덮은 것, 한 번쯤 꺾어 덮은 것, 삼각형 판석으로 두어 번 엇매기로 짜 올린 것, 팔각형으로 짜 올린 것, 벽면과 천장을 여러 가지 정다각형으로 짜 올린

것 등 이루 셀 수 없을 만큼 다양한 구조수법을 보이고 있다. 그러나 필자는 이것을 편의상 기본형과 특수형의 두 가지로 나누어 보기로 한다.

기본형은 연도와 현실, 혹은 연도와 전실과 현실을 가진 것으로 보되, 통구의 삼실총과 같이 비록 세 개의 묘실이 있는 것일지라도 그것이 연도에서 통로를 거쳐 단순하게 꺾여 들어가는 것은 기본형에 부치기로 한다. 또한 연도를 지나서 전실 천장이 장방형(長方形)이거나 혹은 삼 구로 나뉘고 감실이 있고 복도가 있으며 돌기둥이 서고 여러 개의 묘실이 좌우 전후로 퍼지는 구조를 가진 고분들을 특수형으로 본다면, 전자는 환문총, 삼실총, 매산리 사신총, 개마총(鎧馬塚), 호남리(湖南里) 사신총, 강서 삼묘와 같은 것들이다. 그리고 후자는 감신총(龕神塚), 안악 제3호분, 평양 역전(驛前) 벽화분, 요동성총(遼東城塚), 태성리(台城里) 제1호분, 간성리(肝城里) 연화총(蓮花塚), 대안리(大安里) 제1호분, 천왕지신총(天王地神塚)과 통구의 무용총·각저총 등이 이에 속한다. 이 중 대안리 제1호분과 천왕지신총·무용총·각저총 들은 현실 천장구조가 팔각형으로 구성되며 삼각형 받침돌도 없고, 마치 전곽고분의 궁륭식(穹窿式)[7]을 본받으려는 의취가 보인다. 그리고 전실 천장은 길거나 또는 삼 구로 나뉘었거나 하였다.

이 밖에 안악 제2호분과 용강의 쌍영총은 기본형이면서 전자는 현실 동벽에 조그마한 감실이 하나 있고 후자는 전실과 현실 사이에 팔각형의 석주(石柱)가 서 있는 것으로 특이한 형에 속하며, 통구의 산연화총과 모두루(牟頭婁) 지명총(誌銘塚)같이 천장이 네 벽을 둥글게 휘어 올라가다가 마감에 판석을 덮은 일종의 꾸뽈라(궁륭)식 천장을 가진 예도 있다.

이상에 열거한 예는 주요한 봉토벽화분인바 이 고분들은 현실을 대부분 삼각형 받침식으로 짰으며, 이 밖에 벽화가 전혀 없는 봉토분들은 거의 단순형에 속하며 역시

---

7. 활등이나 무지개같이 한가운데가 높고 길게 굽은 형식.

삼각형 받침식으로 천장을 구성하였다. 이 중에서 안악 제3호분과 요동성총, 평양 역전 벽화분, 태성리 제1호분 등은 연도가 일반적으로 남향이고 곽실(槨室)이 지하로 약간 또는 깊이 들어간 것이 특히 주목을 끌며, 통구의 벽화분들과 대성산록(大城山麓)의 몇 개의 고분(내리 1호분, 고산리 1호분 및 9호분)들의 연도가 서남으로 향한 것이 또한 주목을 끌게 한다.

여기에서 고구려 고분의 두 가지 계열, 즉 하나는 단순형 구조를 가지면서 묘실이 지상에 놓이고 방위가 서남으로 향한 것과, 다른 하나는 특수형 구조로서 묘실이 지하에 놓이고 방위가 남으로 향한 것들을 발견케 된다. 물론 이러한 특징들이 절대적인 것은 아니다. 고분의 지방적 특색도 있고 시대적 특색도 있어 일률로 분류하기는 어려우나, 여하튼 이러한 특징들을 그대로 간과할 수는 없을 것 같다. 이렇게 상호 상반되는 특징들은, 고구려 고분의 양식변천에서 자연발생적으로 나타난 현상인가, 그렇지 않으면 어떠한 다른 문화와의 접촉에서 받아들인 것인가 하는 것을 생각하지 않을 수 없게 한다.

고구려 고분은 그 양식구조가 삼국이 성립해 있을 시기의 백제나 신라의 고분들과도 많은 차이점들이 있다. 가령 백제의 고분은, 벽화를 그리는 것이라든지 석재로 쌓아 올려 곽실을 만드는 것까지는 고구려의 것과 같다. 그러나 묘실이 장방형으로 되었으며, 천장의 구조는 고구려의 삼각형 받침식이 없고 꺾음식 천장형식으로 되었다. 또한 신라의 고분은 지하에 목곽(木槨) 혹은 석곽(石槨)을 넣기는 하였으나 고구려나 백제 고분과는 달리 연도가 없고 그대로 높이 묻는 것이 특색이어서, 이 삼국의 고분형식은 각기 자기의 특수성을 가지고 있다. 이러한 특색은 삼국의 정치·경제적 또는 풍속 습관의 이동(異同) 관계 및 외래문화와의 접촉 관계가 각각 달랐다는 데 기인한다. 그러므로 동일한 고구려 고분일지라도 그것의 축조양식

1. 고분 25

이 전혀 달리 나타나고 있다는 사실은, 고구려 고분의 역사적 변천을 고찰하는 데 중요한 고리로 된다고 볼 수 있다.

2. 고분형식의 교류 관계

기원전 108년(漢 武帝 元封 三年)에 팽창하는 한(漢)의 세력은 위만(衛滿) 조선의 왕 우거(右渠)를 죽이고 그곳에 낙랑(樂浪) 임둔(臨屯) 현도(玄菟) 진번(眞番) 등 사군(四郡)을 설치하였다는 사서(史書)의 기록은 주지하는 바이다. 그러나 낙랑군의 위치가 패수(浿水)[8]와 관계됨으로 해서 종래의 많은 학자들간에 사군의 치지(治址) 문제로 논의가 계속되어, 혹은 요동낙랑설(遼東樂浪說)을 주장하는 이도 있고 혹은 평양낙랑설(平壤樂浪說)을 주장하는 이들도 있어 이의 확정을 보지 못했던 것이다. 그러던 것이 일본인 고고학자들의 고고학적 발굴로써 대동강 하류 토성리(土城里, 現 樂浪里) 부근의 무수한 고분과 그 성지(城址)에서 수많은 부장품과 문자전(文字塼) · 봉니(封泥)[9] 등을 발견하고, 이어 황해도 · 강원도 · 함경도 지방을 조사한 결과 낙랑군의 치지는 '토성리 토성' 내이며 낙랑군과 대방군(帶方郡)의 범위는 경기도 · 황해도 · 평안남북도 지역이며, 임둔군은 강원도 · 함경남도의 일부 지방이고, 현도군은 함경남북도 지역이리라고 대체로 추정하고 있다.[1)]

이에 대하여 고(故) 신채호(申采浩) 정인보(鄭寅普) 등을 비롯하여 그후 많은 사람들간에는, 한사군의 치지를 다시 요동 방면으로 잡으며 일본인들의 출토품 운운은 위조품도 있을 수 있고 또 옮겨 올 수도 있을 것이라고 역설하고 있다.[2)]

또한 가령 이 지역에 한계(漢系) 고분과 유물이 많이 출토된다고 하더라

도 그것만으로는 한사군의 치지를 증명할 수는 없으며, 한인(漢人)의 방시(坊市)[10]가 있었을 수도 있고 또 유물이란 것이 가동적(可動的)인 것인 조건 하에서 평양낙랑설은 그대로 신빙할 수 없다고 말하는 사람도 있다.[3]

문헌상으로 보아 한사군이 압록강을 건너올 수 없다고 본다면, 요동 방면에서 아직까지 한사군의 치지를 해결해 줄 만한 고고학적 출토물이 없고 평양 방면에서 한계 유물들이 현실적으로 많이 나온다고 인정하는 한, 우리는 '기왕의 출토한 기명(紀銘) 유물들이 일본인들의 위조이거나 옮겨 온 것인가, 그렇지 않으면 요동 방면에서 사군을 증명할 만한 고고학적 출토 유물이 앞으로 나오느냐' 하는 문제는 극히 우리들의 주목을 끄는 흥미있는 문제로 되고 있다. 아직도 한계 고분으로 추측되는 미발굴 고분이 많이 있는 만큼, 앞으로 발굴 여하와 유물 감정 여하에 따라서는 평양낙랑설이 뒤집힐지도 모르며 또는 문헌 처리가 달라질지도 모른다.

역사지리학적 또는 고고학적 지식이 결여한 필자로서는, 한사군의 치지가 바로 어디라고 문패를 걸고 이 연구를 진행하려는 것은 물론 아니다. 다만 필자 개인으로서는 평안도·황해도 일대에는 수다한 한계 고분들이 있고 한계의 기년명전(紀年銘塼)들이 쏟아져 나온다는 사실만으로 보아서, 이 일대에는 한(漢)으로부터 위(魏)·진대(晉代)에 이르는 동안 저편 사람들도 많이 거주하였다는 사실, 그리하여 한계 문화는

---

1) 關野貞,「朝鮮の建築と藝術」(1916년도 古蹟調査報告書),岩波書店, 1941 참조.
2) 申采浩,「朝鮮史研究草」, 朝鮮圖書株式會社, 1929; 鄭寅普,「漢四郡考」「朝鮮史研究」上·下, 서울신문사, 1946-1947 참조.
3)「력사과학」1955년 5호, 리여성의 논문 참조.
4) 1932년도「영화(永和) 9년명 전분(塼墳) 조사보고서」에 의하면 그 동안 발견된 기년명전(紀年銘塼)은 대략 서른일곱 종에 달하며, 건무(建武) 광화(光和) 흥평(興平) 가평(嘉平) 감로(甘露) 경원(景元) 태시(泰始) 함녕(咸寧) 태강(泰康) 원강(元康) 태안(太安) 영가(永嘉) 건흥(建興) 태녕(泰寧) 함화(咸和) 건원(建元) 영화(永和) 원흥(元興) 건시(建始) 등 후한(後漢) 이후부터 시작하여 위(魏)·양진대(兩晉代)에 이르기까지 370-380년 간에 걸치는 기년명전들이 출토 혹은 발견되었다.
이것들은 주로 황해도 신천(信川) 봉산(鳳山) 안악(安岳)과, 대동강면 토성리(土城里), 평양 역전(驛前) 고분에서 나왔는바, 대개는 토성과 고분 속에서 출토한 것이 많다.
필자는 1955년 봄에 구월산(九月山) 밑 대무덤 장터 뒷산 언덕에서 함녕(咸寧) 3년명이 있는 문자전(文字塼) 두 개를 얻은 일이 있으며, 이 부근에는 한계 고분도 있었다.

8. 대동강(大同江)의 옛 이름.
9. 옛날에 종이 대신 글씨를 쓰던 대쪽인 간책(簡冊) 따위로 된 문서 같은 것을 끈으로 묶고 봉할 때 쓴 진흙 덩어리.
10. 동네. 시정(市井).

고구려문화와의 직접적 교류가 있었다는 사실만은 지적할 수가 있다.[4]

그런데 이 한계 고분이 특히 밀집해 있는 곳은 대동강 하류의 토성리(현 낙랑리)를 중심으로 하여 그 주변 일대로서, 여기에는 무려 천여 기에 달하는 고분들이 있다. 한계 고분은 외형이 방대형(方臺形)이며 평지에도 많다. 광실(壙室)은 지하에 깊이 묻혔으며 목곽(木槨)과 전곽(塼槨)의 두 가지 종류가 있고, 지상에 높이 봉토를 쌓아서 분롱(墳壟)을 만든 것이다.

목곽분은 대개 전기(前期)의 것으로 보며 전곽분은 후기로 보게 되는데, 이러한 조선 내의 한계 고분들은 전(塼)만으로 짜 올려 광실을 만들며 문은 아치형으로 하고 천장은 둥그렇게 궁륭형으로 만든 것이 또 하나의 특색이다. 그리고 한대(漢代) 유물들이 부장품으로 많이 나타난다.

묘실의 구조는 단실분(單室墳) 이실분(二室墳) 삼실분(三室墳) 등이 있고, 바닥은 흔히 'ㅅ'자로 전(塼)을 깔고 벽은 가로뉘어 서너 줄, 모로 세워 한 줄씩 번갈아 쌓아 올렸다. 그리고 벽면은 위로 향하면서 차츰 굽어들었을 뿐만 아니라 평면도 정사각형이 아니고, 각 변이 약간 완곡한 배부른 사각형(원방형)으로 설계된다.

전을 쌓는 데는 회(灰)를 쓰지 않고, 천장부로 올라가서는 궁륭을 이룬다. 연도는 없는 것이 많으나, 대동강면(大同江面) 1호분과 같이 연도가 있고 전·후실과 동측실의 삼 실로 된 것도 가끔 있다.[5]

이상은 평양 부근 한계 고분의 일반적인 양식이거니와, 이 고분의 묘실구조는 다만 이러한 것뿐만이 아니라, 동북 방면의 한계 고분과 조선 내의 한계 고분 중에는 형형색색의 묘실구조를 가진 것들이 많다. 특히 평양 부근 한계 고분 중에는 고구려의 늑수형 고분양식을 발생케 하

---

5) 關野貞, 「1916년도 古蹟調查報告書」참조.

6) 鳥居龍藏, 「南滿洲調查報告」, 1909, p.100.

11. 방과 방 사이 또는 집과 집 사이의 좁고 긴 통로. 복도.

12. 중국 한(漢) 무제(武帝) 원수(元狩) 4년(119)에 처음으로 주조된 화폐로, 무게의 단위인 수(銖)를 화폐의 이름에 그대로 사용한 것.

13. 빙 도는 낭하(廊下).

28

였다고 볼 수 있는 과도적 형식들도
있는 것이다.

필자는 먼저 중국 산동성(山東省)
하북성(河北省) 요령성(遼寧省) 방
면에서 최근 삼사 년 내에 발굴한
몇 개 고분들의 유형을 예증으로 들
고, 다음 조선에서의 전곽고분과
그것들이 고구려 고분양식에 어떻

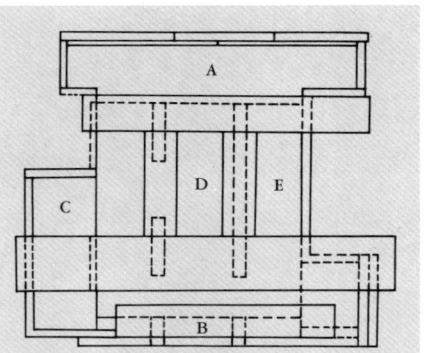

1. 요양 남문 밖 석곽 평면도.

게 영향을 미쳤는가를 고찰해 보기로 한다.

도리이 류조(鳥居龍藏)가 조사한 「남만주 조사보고」에 의하면, 요양(遼
陽) 남문 밖 지하에 묻힌 한 개의 석곽(石槨)은 대략 전한말(前漢末) 이후의
것으로 추정하고 있다. 이 석곽은 좌우로 가장 긴 폭이 약 일 장(丈) 사 척
가량 되며, 구조는 전후로 여러 개의 묘실로 나눈 듯하며 각 실을 중간 낭
하(廊下)[11]에서 연결시켰는데, 바닥은 넓은 판석으로 깔고 A·B·C 부분은
D·E 부분보다 거의 일 척가량이나 높다. 그 중 B 부분은 가장 복잡하여
세 개의 작은 실로 구분하였고, D·E 부분도 길다란 세 개의 실로 나뉘었
으며, 이러한 각 실 천장은 좁고 긴 천장석으로 덮었다.

벽은 북벽을 제한 외에는 모조리 오 촌 두께나 되는 커다란 한 장 돌로
세웠으며, 부장품은 도굴당하고 다만 서편 C 부분에서 인골 파편(頭蓋와
四肢骨 파편)이 나왔고, 오수전(五銖錢)[12] 파편과 또 각 실에서 토기 파편
이 있었을 뿐이었다고 한다.[6](도판 1)

우리는 이 보고에서 전실에 해당하는 B 부분이 삼 구로 구성되었다는 것,
북실 A와 서측실 C와 전실 B가 다른 부분보다 한 자나 높다는 것, 전·후실
사이를 회랑(迴廊)[13]으로 연결하였다는 것 등을 기억해 둘 필요가 있다.

1. 고분 29

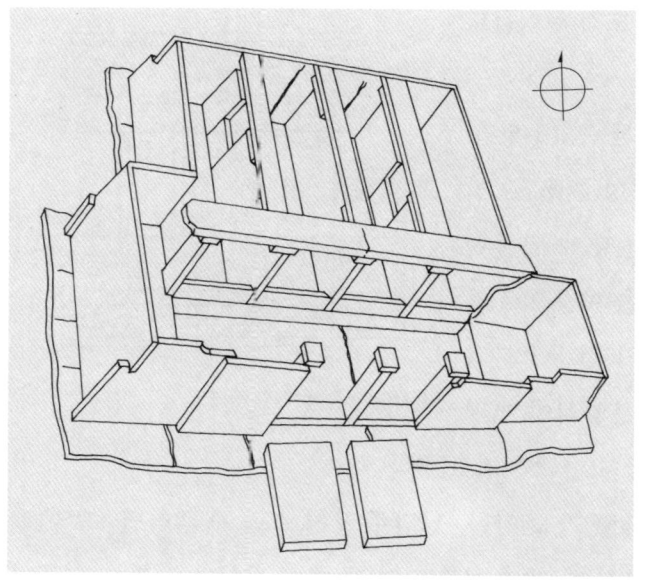

2. 요양 삼도호 요업 현장
제1호분 구조도.

　다음으로 1951년 이래 요령성 요양(遼陽) 태자하(太子河) 부근에서 발굴
정리한 오륙 기의 석실벽화묘에 대한 발굴보고서를 보면 그 정형은 대략
다음과 같다.

　요양 삼도호(三道壕) 요업공장(窯業工場) 채토장(採土場)에서 발견 정리
한 1호분 및 2호분이 있는데, 그 1호분은 고분구조가 요동성총(遼東城塚)
을 그대로 옮겨 놓은 인상을 준다.(도판 2)

　구조는 석회암 판석으로 구축하고 돌과 돌 사이에는 석회로 메지(目地)[14]
를 하였다. 그리고 방위는 남향이면서 약간 서쪽으로 기울었고 연도가 없
다. 또한 묘문에는 세 개의 방형(方形) 석주를 세웠으며 주두(柱枓)[15]가 있
고 동서로 길다란 전실(보고서에는 '낭하'라고 했음)과 그 좌우에 한 단 높
은 감실이 있다. 북으로도 한 단 높게 관실(棺室) 넷이 있는데, 이 관실 벽
중 두 개 벽 상단에는 창문형의 공간이 있고(이러한 창문형은 요양 벽화묘

들에 흔히 있다), 관실 속에는 높이를 가진 석상은 없으나 판석시상(板石
屍床)[16]이 놓여 있다. 그리고 천장과 바닥은 수평으로 판석을 덮고 깔았다.

출토물로서는 팔유(八乳)가 붙은 거치조문경(鋸齒鳥紋鏡)[17] 외에 오수
전·화천(貨泉)[18]·금은 및 칠제품·도기·쇠칼·골척(骨尺) 등이 나왔다.

이 고분구조에서 특히 유의할 점은 순천군에 있는 요동성총과 꼭같다는
것인바, 다른 점을 든다면 요동성총에서는 판석으로 짜지 않았고 창문형
이 없다는 것, 전실 동쪽에 석주가 한 개 섰다는 것, 묘문에 석주가 없다는
것, 동편 감실이 높지 않다는 것뿐이며, 평면구성은 그대로 옮겨 온 느낌
을 준다.

이 요동성총은 전실 남벽에 성곽과 누각을 그렸고, 그 중심부에 '遼東
城' 석 자를 쓴 것이 있는데 이것은 어떠한 이유에서인지 전혀 해결할 길
이 없었던 것이다. 그러나 요양의 이 벽화묘의 출현으로써 비로소 이 수수
께끼는 풀린 셈으로 된다.

삼도호의 1호 벽화묘는 출토한 오수전 외에
골척이 건초동척(建初銅尺)[19]보다는 약간 길고
위(魏)의 정시노기척(正始弩機尺)[20]보다는 약간
짧다는데, 척도(尺度) 발전 법칙으로 보아, 또는
이 묘 주위의 출토물 정형(情形)[21]과 환경 등에
비추어 이 묘를 대략 동한말(東漢末)에서 서진
초(西晉初)경으로 연대를 추정하고 있다. 그런
데 이 묘와 접근한 삼도호 지방에는 구조가 비
슷한 벽화묘들이 여러 개가 있다. 우선 이 묘의
바로 서편에는 1호묘를 동서로 절반을 자른 듯
한 구조의 판석묘가 있으며, 부근에는 '태강(太

14. 건축용어로, 우리말 사춤·줄눈의 일
본어. 돌이나 벽돌을 쌓을 때 그 틈서리에
석회·시멘트·모르타르 등을 채워 다지
는 일.
15. 대접받침. 기둥머리에 치레로 끼우는
넓적하게 네모진 부분.
16. 관을 올려 놓는, 판석으로 만든 받침
대.
17. 여덟 개의 둥근 꼭지가 달려 있고, 톱
날 무늬로 장식된 거울.
18. 중국 신(新)나라 때 왕망(王莽)이 발행
한 엽전. 둥근 바탕에 네모난 구멍이 있
고, 겉면에 '화천(貨泉)'이라는 두 글자가
있음.
19. '건초(建初)'는 후한(後漢) 장제(章帝)
때의 연호(76-83)로, 건초동척은 이때 사
용하던 자(尺)의 이름.
20. '정시(正始)'는 위(魏)나라 때의 연호
(240-248)로, 정시노기척은 이때 사용하
던 자(尺)의 이름.
21. 정황(情況).

1. 고분 31

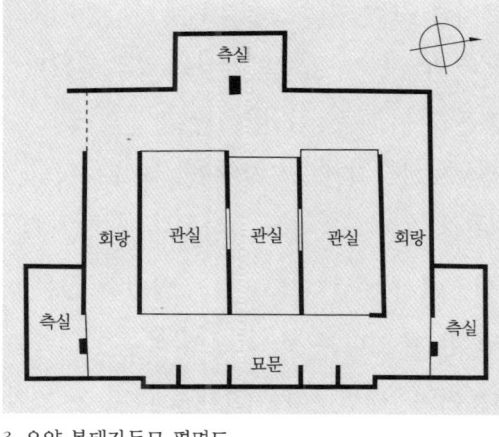

3. 요양 봉태자둔묘 평면도.

康) 2년 팔월조(八月造)'(기원 280)라는 소형의 진대(晉代) 와당이 발견된 진대의 석곽묘도 오륙 기가 있다. 그리고 삼도호 요업 제4현장과 제2현장에서 1951년과 1953년에 발견하여 정리한 두 개의 벽화묘는 그 구조가 역시 1호묘와 흡사하다. 즉 청색 판석으로 구축하고 석회로 메지를 한 것이라든지, 천장이 평천장식으로 된 것이라든지, 좌우에 조그마한 실이 있는 것 등이 모두 같다. 여기에는 묘문 입구에 석주가 한 개씩 섰을 뿐이고, 방위는 남향도 있고 북향도 있다.

이상의 벽화묘들은 요동성총과 구조상 공통점이 있는 것들이지만, 다시 요양 봉태자둔(棒台子屯) 벽화묘는 안악 제3호분의 구조를 연상케 하는 고분이다. 봉태자둔 벽화묘는 동향이며 평면설계에서 보면 동서 약 8미터, 남북이 약 6.6미터로 안악 제3호분보다는 약간 작으나, 역시 담청색 판석재로 구축하였다. 또한 석회로 메지를 한 외에 밖으로 석회로 다지고, 연도는 없으며 묘문 어구에는 석주 넷을 세웠다.

천장부로는 천개판석(天蓋板石)[22]을 덮어 평천장을 이루었고, 곽실(槨室) 한복판에 세 개의 관실(棺室)을 만들고 사면으로 회랑이 돌았으며, 동·서·북에 각기 측실이 있다.(도판 3)

이상에 예거(例擧)한 사오 기의 벽화묘들은 요동성총과 안악 제3호분과 각기 비슷하면서 그 두 가지 형식은 그것대로 서로 맥락이 통하는 것을 보

게 된다. 즉 구조에서 묘문 앞에 석주들이 섰다는 것, 좌우 측실들이 있다는 것, 천장이 평하게 되었다는 것, 넓은 판석재로 구축하고 회로 메지를 하였다는 것, 석상이 없다는 것, 관실과 좌우 측실이 높다는 것, 전실이 길거나 회랑이 있다는 것, 이러한 특징들이 상호 연관성을 보이고 있으며 그것은 또한 요양 남문 밖 석곽과도 통하며, 앞으로 말하려는 기남 화상석묘, 망도 한묘와 또 고구려 고분인 요동성총, 안악 제3호분과도 서로 연결되어 있는 것을 알게 된다. 더욱이 이러한 벽화분들이 그 벽화의 주제(主題)로부터 풍속·복제(服制) 등에 이르기까지 안악 제3호분과 약간의 상통점이 있다는 것은 더욱 우리의 주목을 끄는 바이나, 벽화에 대하여는 앞으로 말하기로 한다.[7]

다음으로는 1954년 봄에 중국 산동성 계호진(界湖鎭)에서 발굴한 기남(沂南) 한(漢) 화상석묘(畵像石墓)로서 이 고분은 대략 동한말(東漢末, 기원 195) 이전의 것으로 추정하는 고분인바, 지하에 석곽을 구축하고 남향한 봉토분으로, 남북이 약 7-8미터, 동서가 약 7.55미터로서 안악 제3호분보다는 약간 작을 정도이다. 석회암·사암 종류의 판석재로 묘실을 구축하였으며, 묘문 밖은 바닥에 전(塼)을 깔고 그 양편에 묘문 높이만큼 전으로 담을 쌓았으나 지금은 허물어졌다. 평면구성은 전실·중실·후실이 있고 전실과 중실 좌우에는 동서 측실들이 있다. 그리고 중실 동쪽 측실에서 북으로 길쭉한 후실이 있으며, 이 후실 끝에는 변소까지 마련해 놓았다. 그리고 전실과 중실 중앙에는 팔각형의 돌기둥을 세웠는데, 상원하방(上圓下方)[23]의 주추(柱礎)와 사각형의 주두(柱枓)가 있고 그 위에 제궁[24](혹 檐遮)이 놓였다. 그리고 제궁 양편 머리에는 소로(小櫨)[25]를 얹었

---

7) 이상의 벽화분들에 대하여는 1955년 제5기 및 제12기 「문물 참고 자료」에 발표된 「요양 봉태자둔 벽화묘」와 「요양 삼도호의 두 개 벽화고분을 정리한 간략 보고」 등 참조.

22. 천개석(天蓋石). 천장을 덮는 돌.
23. 위는 둥글고, 아래는 네모난 모양.
24. 제공(提栱). 주두(柱頭) 위에 놓인 촛가지 모양의 장식.
25. 접시받침. 두공(枓栱)을 받치는 네모난 부분.

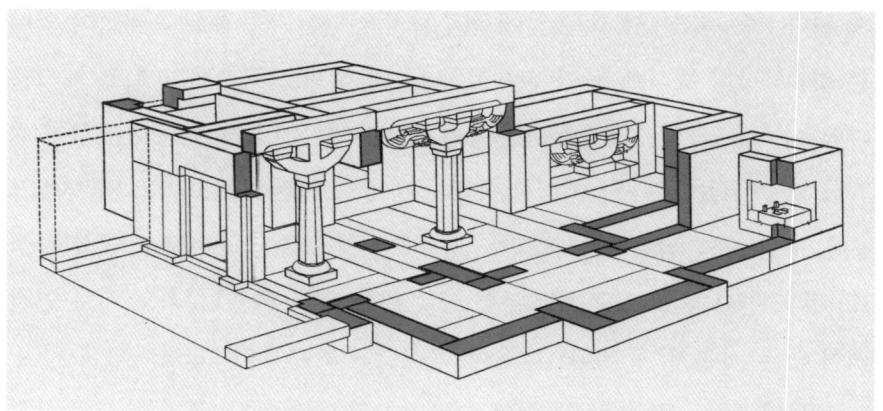

4. 기남 한 화상석묘 구조도.

는데 전실 석주(石柱)에는 두 개의 소로 사이에 촉주(蜀柱)를 받쳤다. 중실 석주에는 촉주는 없고 제궁에 연달아 좌우 편에 거꾸로 반신(半身) 용을 조각하여 붙인 것이 마치 폿집[26] 두공(枓栱)[27]을 짠 듯한 느낌을 준다.

이 돌기둥들로써 전실과 중실이 좌우로 구분되며, 천장 구성은 전실 중앙을 이 구로 나누고 동서의 측실 천장을 합하여 도합 네 개의 천장을 평행 받침이 없는 삼각형 받침 천장식으로 짜 올렸다. 그리고 중실과 후실 천장은 삼단 내지 오단 층급의 평행 받침식으로 짜 올리되, 여기에는 삼각형 받침은 없다. 그리고 천개석(天蓋石)은 모두 삼각형 받침식 또는 4판 행엽문(杏葉紋)[28], 8판 화문(花紋), 관륜문(貫輪紋)[29] 등을 깊이 조각하였다. 묘실 바닥은 전실과 증실만은 낮으나, 다섯 개의 동서 측실과 후실은 지면보다는 약간 높다.

이 화상석묘(畵像石墓)의 평면구성에서 먼저 느끼는 것은 전후좌우의 대칭적 결구법(結構法)으로 구상한 것, 전실과 중실 부분을 삼 구로 나눈 것, 동서의 측실들과 북편의 후실이 전실이

---

26. 전각(殿閣)·궁궐 등과 같이 기둥 위에, 소의 혀 모양으로 된 장식인 쇠서받침이 있는 집.

27. 큰 규모의 건물의 기둥 위에 올린 구조.

28. 은행나무 잎 모양의 무늬.

29. 둥근 바퀴를 꿰뚫은 모양으로 장식한 무늬.

30. 역사(歷史)와 전고(典故).

나 중실보다 높은 것, 판석재(板石材)로 짜 올린 것 등이 요양 석곽과 벽화
묘들을 연상케 하며, 다시 팔각 석주가 서고 천장이 삼각형 받침식 또는
평행 받침식으로 되어 있으며, 묘문 앞 바닥을 전(塼)으로 깔고 이것으로
양편에 담을 쌓아 올렸다는 것은 안악 제3호분을 연상케 한다.(도판 4, 5)
미리 말해 둘 것은 전실 중앙에 서 있는 석주(石柱)인바, 이 석주는 아래
주추와 위에 촉주가 더 있을 뿐, 또 양편 제궁 아랫턱에 안악 제3호분 석주
에서와 같은 미묘한 턱이 붙지 않았을 뿐이다. 그러므로 제궁 모양으로부
터 사각형 주두에 귀면(鬼面)을 그린 것과 팔각형 주신(柱身)의 인상까지
흡사 안악 제3호분 석주를 연상케 한다.(도판 6-8)

이 무덤에 벽화는 없고, 그 대신에 후실을 제외한 전 벽면에 한대(漢代)
에 흔히 보이는 화상석각
(畫像石刻)으로 묘실을
장식하였다. 이 화상석각
의 내용을 보면, 주인공
의 생전과 사후의 행사
(行事)와 역사고실(歷史
故實)30과 명복을 비는 주
제들인 전쟁도 · 제사
도 · 출행도(出行圖) 등과
같은 것과 문양도안으로
가득 차 있다. 또한 여기
에는 당대의 복식, 의관
제도, 풍속 관계, 신화
인물, 기금이수(奇禽異

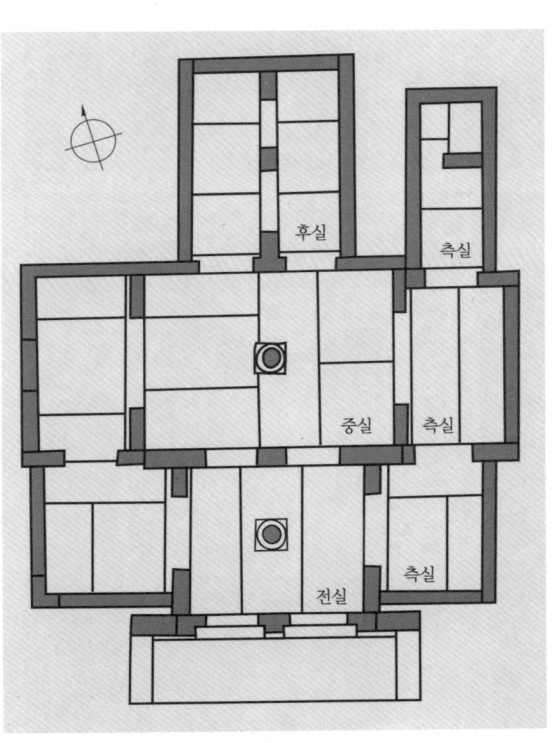

5. 기남 한 화상석묘 평면도.

1. 고분 35

獸) 등이 허다하게 나타난다. 그리고 특히 주목할 것은, 사신도(四神圖)로서의 청룡(青龍) 백호(白虎) 주작(朱雀) 현무(玄武)가 뚜렷하게 묘사된 것이며, 안악 제3호분에서 볼 수 있는 것과 같은 부엌간(廚房)·마구간·반차행렬도(班次行列圖) 등과 부분적으로 비슷한 것은 현수식(縣垂飾)[31] 정절(旌節)[32]과 같은 것들이다.(도판 9, 10)

북중국에서의 석실구조를 가진 무덤의 형식은 대략 이상과 같다. 그리

6. 기남 한 화상석묘 석주 주두.(왼쪽)
7-8. 기남 한 화상석묘 석주.(아래)

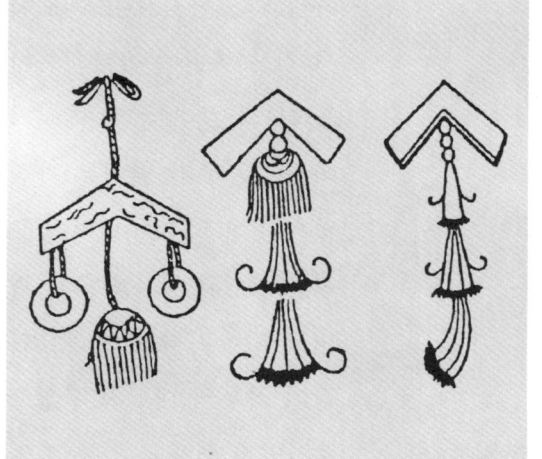 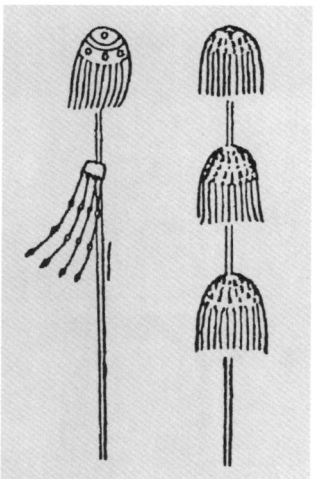

9. 기남 한 화상석묘와 역전 고분 및 안악 제3호분
현수식 비교도.

10. 기남 한 화상석묘와
안악 제3호분 정절 비교도.

고 전곽고분(塼槨古墳)으로서는 목양성역(牧羊城驛) 부근에 있는 영성자
(營城子)의 1호분 · 2호분과, 하북성(河北省)의 망도(望都) 한묘(漢墓)를 들
수 있다. 영성자 제1호분은 연문(羨門)과 전실 그리고 주실(主室)과 그것에
붙은 동측실로 되었고(도판 11), 제2호분은 연도를 지나서 연문 · 전실 · 투
실(套室)33 속에 주실 · 동측실 · 북측실 등으로 구성되어 있다. 주실 내외
벽에 벽화가 있고 바닥은 전(塼)을 평행으로 또는 '八'자형으로 깔았으며,
천장은 일반 전곽고분에서 보는 궁륭형이다. 이 고분벽화에서는 제사도
(祭祀圖)가 있고, 용 · 뱀과 목이 긴 새가 등장하나 사신도로까지는 성숙치
못하였다.

다음 1953년도에 중국 하북성 망도(望都)에
서 발굴한 망도 한묘는 대략 후한초(後漢初) 순
제(順帝) 연간(기원 126–144)으로 추정하는 전
곽고분으로서, 연도는 남향이나 동편으로 10도

---

31. p.159 주 34) 참조.
32. 사신(使臣)이 가지고 다니는 부절(符節)
구실을 하는 기(旗).
33. 무덤에서, 사방이 벽으로 완전히 가로
막혀 있지 않고 기둥 등으로 경계지어진
방.

1. 고분 37

11. 영성자 제1호분 남북 단면도와 평면도.

가량 기울어졌으며 연도에서 후실 북편에 이르기까지(남북)의 길이는 20.35미터이고, 동서 간 넓이는 가장 넓은 곳이 14.74미터의 궁륭 천장으로 된 지하분이다. 평면구조는 기남 화상석묘와 같이 좌우의 대칭적 구상으로, 먼저 연도와 연문이 있고, 전실·중실·후실이 있고, 전실 좌우와 중실 좌우에 각각 동서 양 측실이 있으며 후실 북벽에는 조그마한 감실(龕室)이 붙어 있다.(도판 12)

전실의 네 벽과 중실로 들어가는 통로에는 회(灰)로 바른 위에 전면이 벽화로 가득 찼는데, 상단에 주인공을 호위하는 인물들, 그리고 하단에는 금수(禽獸)를 그렸으며, 인물들 위에는 각기 직명(職名)을 기록하였다. 그리고 전실에서 서측실로 들어가는 통로 왼쪽 벽에는 무덤의 주인공에 대한 명찬(銘贊)이 붉은 글씨로 기록되어 있다.[8]

이상에 열거한 중국의 고분들을 보면, 그 계통 여하는 고사하고 우선 전곽식(塼槨式)과 석곽식(石槨式)의 두 가지 형이 있다. 전곽식 고분은 궁륭 천장이 있고 묘실들의 어느 부분이 특히 높은 곳이 없으며, 석곽식은 평천장 외에 삼각 받침

8) 北京歷史博物館·河北省文物管理委員會 編,「望都漢墓壁畵」, 中國古典藝術出版社, 1955 참조.

38

식과 평행 받침식이 있으며 실의 구조는 흔히 측실들이 있다. 측실이나 북실은 다른 실보다 높고 좌우의 대칭적 평면구성을 가지고 있다. 그 중에는 벽화들도 있고, 방향이 대개 정남에 가까우며, 지하에 구축된 것 외에 여러 가지 특징들을 보게 된다.

망도 한묘에서는 전실의 서측실 입구에 묘지 명찬이 있고, 인물 군상(群像)에 직명이 기록된 것 등이 있다. 이상의 중국 한대 이래 고분들의 편모를 엿보면서 조선 내의 고분형식들과 비교해 보기로 한다.

위에서도 대략 말한 바와 같이 고구려의 봉토고분은 그 축조양식상으로 보아 단실분(單室墳)과 다실분(多室墳)이 있고, 다실분으로는 복잡한 구조를 가진 특수형 고분들이 많은 것을 지적하였다.

필자는 여기에서 단실분 계통, 즉 기본형 고분을 고구려 본래의 석축형식 고분에서의 연장으로 보며, 다실분, 즉 특수형 고분들을 중국 고분형식과의 문화교류가 한층 가까워진 이후에 나타난 발전형으로 보는 점에서(특히 봉토벽화분을 더욱 그렇게 본다), 먼저 중국 고분들과의 유사한 점을 가진 몇 개 고분들의 축조양식을 보기로 한다.

1949년도에 발굴한 안악 제

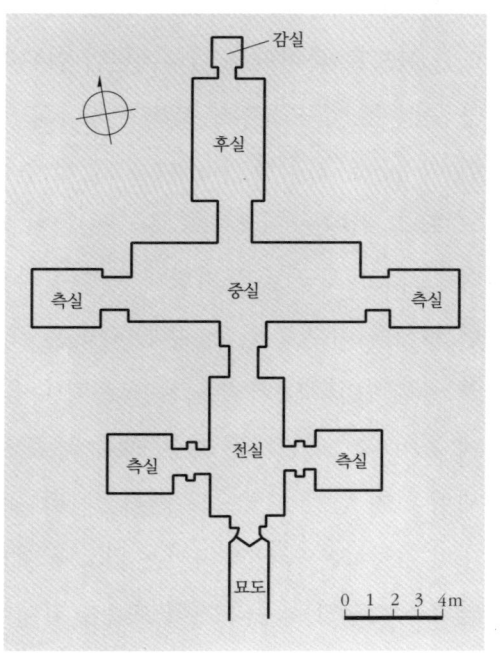

12. 망도 한묘 평면도.

1. 고분 39

3호분은, 그 평면구성이 고구려의 벽화분으로서는 가장 규모가 크며 복잡한 특수형 고분에 속한다. 이 고분은 연도(羨道)가 직접 실(室)로 되었으며 남향이고, 연도실을 거쳐 전실·후실과, 전실에 동서 양 측실이 붙고, 전실 동편에서 북으로 회랑(廻廊)이 돌았다. 그리고 이 회랑은 다시 북에서 서편으로 꺾이어 후실 뒤편으로 연장되었는데, 남북의 길이는 약 10미터, 동서 약 8.5미터로서 망도 한묘보다는 작고 기남 화상석묘보다는 약간 클까 말까 한 정도이다.(도판 87) 묘실(墓室)은 전면에 걸쳐 석회암 종류의 넓은 판석을 세워 구축하였으나, 연도실만은 전(塼) 모양의 납작한 절석(切石)³⁴으로 쌓고 그 위에 두껍게 회죽칠을 하고 벽화를 그렸다.

연도실을 거쳐 전실로 들어서면 후실과의 사이에 벽 대신 세 개의 팔각형의 석주(石柱)가 섰다. 석주는 주추가 없고 위에 사각형 주두(柱枓)가 있으며, 주두에는 귀면(鬼面)을 그렸다. 돌기둥은 또한 복도로 들어가는 어구에뿐만 아니라 동서 양 측실 문 어구와 후실 북벽 부분에도 있는데, 이 석주들은 사각형 주신(柱身) 위에 주두가 붙고 또 그 위에는 제궁과 소로(小櫨)들이 붙어 있다. 그리고 제궁 밑은 가볍게 턱을 받쳐서 미묘한 형태를 이루고 있다. 후실 북벽은 바닥에서 약 60센티미터가량 벽을 쌓아 올린 다음 그 위에 높이 약 1미터가량 되는 팔각 석주 세 개를 세워 마치 난간 모양으로 만들었는바, 이 고분 내의 기둥들은 약간의 차이는 있으나 대체로 기남 화상석묘의 석주와 거의 호흡을 같이하고 있다.

9) 고구려의 벽화고분에 특유한 이 삼각형 받침 천장의 건축적 수법은, 중국의 신강성(新疆省)에서 그 서역(西域) 일대를 거쳐 중앙아시아를 지나 인도에까지 이르는 지역에 뻗쳐 있다. 여기에 대하여는 서역계의 문화의 유전(流轉)으로 보는 이도 많이 있었으나, 그 구조방식이 고구려의 석축형식에서 자연발생적으로 발전할 수도 있고, 또 중국의 대동(大同) 운강(雲崗) 석굴이나 돈황(燉煌) 석굴 내에 이러한 천장형식이 있다. 그러나 그것은 축조가 아니라 천장 도안(圖案)으로 된 것이며 또한 시대적으로 고구려의 것보다 뒤떨어지는 만큼, 그 유전 경로가 명확하지 못하여 약간의 의문점을 내포하고 있었던 것이다. 그러나 1954년도에 발굴한 중국 산동성 기남 한 화상석묘에서 바로 이러한 삼각형 받침식 천장이 발견됨으로써, 이 천장형식은 자연발생설보다는 서역계 문화의 유전으로 보는 편이 더 타당할 것이 아닌지 앞으로의 연구를 기다린다.

10) 안악 제3호분에 대하여는 발굴보고서가 아직 나오지 않았으나, 여기에 참고한 것은 필자의 직접 조사와 '조선물질문화유물보존위원회'에서 1953년 8월에 준비해 둔 안악 제3호분 발굴보고서 원고에 의거한 것이다.

34. 쓰임새에 맞게 자른 돌.

후실은 방형(方形)이며 전실은 동서로 길고 동서의 측실은 남북으로 길다. 그리고 서측실과 후실이 다른 실보다 약간 높은 것은 특히 주의를 요한다.

천장은 연도실을 비롯하여 전실, 후실, 동서의 측실들이 모두 삼각 받침식으로 구성되어 있는데, 그것은 기남 화상석묘에서와 같이 삼각형 받침과 평행 받침이 따로 된 것이 아니라 이 두 개의 양식을 종합적으로 구성한 데 특색이 있으며, 고구려 벽화고분의 천장은 이러한 양식이 보편적 현상으로 되고 있다.[9]

그리고 이 3호분은 묘실 바닥이 지평보다 약 1.5미터가량 낮으며, 벽화로서는 사신도(四神圖)가 전혀 없는 것이 특색이다. 또한 다른 벽화고분들에서와 같이 기둥과 두공을 그림으로 그리지 않고 직접 석면에 인물 풍속을 주로 취제(取題)하였으며, 서측실 입구 좌벽 상단에는 동수(冬壽)에 관한 묘지(墓誌)로 보이는 것이 묵서(墨書)로 기록되어 있는 것이 특색이다.[10]

이로써 안악 제3호분의 축조양식에서 묘실 바닥이 지평보다 낮은 것과 연도실의 좌우 벽을 벽돌처럼 납작한 절석들로 쌓은 것, 그리고 동서 측실들이 있어 좌우로 대칭적 구성요소를 가진 것, 회랑이 있는 것, 후실과 전실 사이에 또는 기타 부분에 돌기둥들을 세운 것, 서측실과 후실이 다른 곳보다 한 단 높은 것, 서측실 입구에 묘지명(墓誌銘)이 씌어 있고 서측실 서벽에 무덤 주인공의 초상이 있는 것 등등의 특색을 발견케 되는바, 이러한 특색들은 중국 요양 남문 밖 석곽 및 벽화묘들과 하북성 망도 한묘와 산동성 기남 화상석묘 들과의 일련의 유사한 점이 있는 것을 발견케 되는 것이다. 즉 서측실과 후실이 높은 것, 후실과 전실 사이에 세 개의 돌기둥을 세워 마치 후실이 네 개의 방 같은 인상을 주는 것, 좌우 측실이 있는 것 등은 요양 석곽을 비롯한 벽화묘들의 인상과 흡사하다. 그리고 전후실과

13. 안악 제3호분 투시도.

좌우 측실들이 있어 대칭적 구조법으로 되었으며, 서측실 편에 묘지가 기록되어 있는 것 등은 망도 한묘를 연상케 한다. 이러한 특색들과 함께 돌기둥의 형태와 삼각형 받침식 천장구조와 벽화 배치에 인물 풍속 등이 많다는 것 등은 또한 기남 화상석묘를 연상케 한다.(도판 13, 14)

이와 같은 점에서 볼 때, 우리는 한편 평안도의 대동군·용강군·순천군 등지와 황해도 방면의 특수형 고분들이 한계(漢系) 문화와의 접촉에서 어떻게 그 발전의 면모를 다양하게 하였는가를 또한 엿볼 수 있다.

안악 제3호분과 관련하여 상기케 되는 고분들은 먼저 요동성총, 감신총, 태성리 제1호분, 평양 역전 벽화분 들을 들 수 있다. 이 고분들에 대하여는 아직 보고서들이 출판되지 않았으므로 자세한 설명을 가할 수는 없으나, 요동성총(遼東城塚)은 묘실이 지하에 있으며 전실이 좌우로 길고 서감실(西龕室)이 높다. 그리고 그 위에 장방(帳房)[35]을 그린 흔적이 있으며, 북쪽으로 약간 높게 네 개의 실을 만들었고 전실

35. 장막.

42

동편에 돌기둥 한 개가 섰다. 남으로는 좌우로 연도인지 감실인지 분명치 않은 것들이 있고, 천장은 판석으로 덮었다. 방위는 정남으로 향한 고분으로서, 이것은 위에서 말한 요양 벽화묘들과 공통성을 가진 특수형의 것이다.(도판 15, 16)

감신총(龕神塚)은 지평에 묘실이 있고 남향이다. 그리고 전실이 좌우로 길며 동서에 감실이 있고 서감실 속에 감신상(龕神像)이 있다.(이것은 무덤의 주인공일 것이다) 천장은 궁륭형이며 현실은 방형인데, 역시 궁륭형

14. 안악 제3호분 석주
(아래)와 천장(오른쪽).

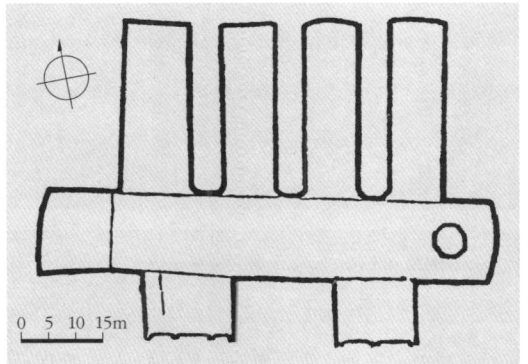

15. 요동성총 투시도.(위)
16. 요동성총 평면도.(아래)

으로 상부를 완곡하게 축감(縮減)해 가다가 삼각형 받침식으로 꾸민 특수형의 고분이다.

태성리(台城里) 제1호분은 약간 지하에 있고 남향이며, 전실과 현실 간의 통로는 없으나 그 사이에 안악 제3호분에서와 같은 돌기둥 한 개가 서 있다. 그리고 전실에 해당하는 방 좌우에는 동서의 감실을 연상케 하는 구조로 짰으며, 서감실 부분에는 안악 제3호분 서측실에서와 같은 인물 초상을 그린 특수형의 고분이다.(도판 17)

평양 역전(驛前) 벽화분은 지하에 묘실이 있고 역시 남향이다. 그리고 연도·전실·현실이 있으며, 전실 좌우에는 자그마한 감실이 하나씩 있다. 바닥은 무늬가 없는 전(塼)을 평행으로 깔았고 동편 감실은 전으로 쌓았는데, 석 단은 길이로 뉘어 쌓고 한 단은 모로 세워 쌓았다. 고분의 윗부분은 허물어졌으나 납작납작한 돌로 벽돌 쌓듯이 가로 쌓아 올린 특색이 보이며, 벽화는 안악 제3호분의 인물 풍속과 같은 그림

44

들이 배치되어 있다.

안악 제3호분이 돌로 석곽을 짠 데 반하여 이 고분들은 벽면에 회칠을 한 것이 다르다. 그러나 한결같이 서로 유사성을 보여주는 많은 특징들이 있다.

이러한 특수형 고분들의 제 특징을 발견하면서 우리는 이와 관련되는 다른 고분들을 언급할 필요가 있다. 먼저 전실을 삼 구로 나누는 것과 장방형(長方形)을 형성하는 데 대하여 본다면, 요양 석곽과 기남 화상석묘에서 이미 전실을 삼 구로 나눈 예를 보았지만, 봉산(鳳山) 지방(사리원역 부근) 장무이묘(張撫夷墓)의 구조를 보면 연도가 있고 전실이 가로 길며 현실이 방형(方形)인 것을 알게 된다.(도판 18)

이 무덤은 물론 전(塼)으로 쌓은 한계(漢系) 고분에 속한다. 천장형식은 한계 고분의 일반적인 궁륭형(穹窿形)으로 쌓아 올렸으나 전실이 동서로 장방형을 이루었다는 것은, 고구려 고분의 장방형 혹은 삼 구로 나눈 전실들과의 어떠한 연관성을 보게 되는 것이 아닐까. 또한 영성자(營城子)의 전곽고분들에서는 연도를 지나 전실이 약간 장방형이며 주실(현실)에 동측실 혹은 북측실이 있고 또 벽화들

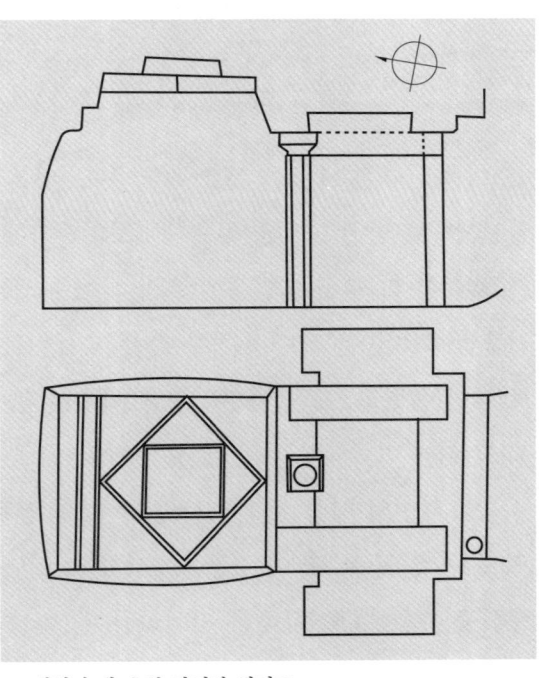

17. 태성리 제1호분 단면과 평면도.

1. 고분 45

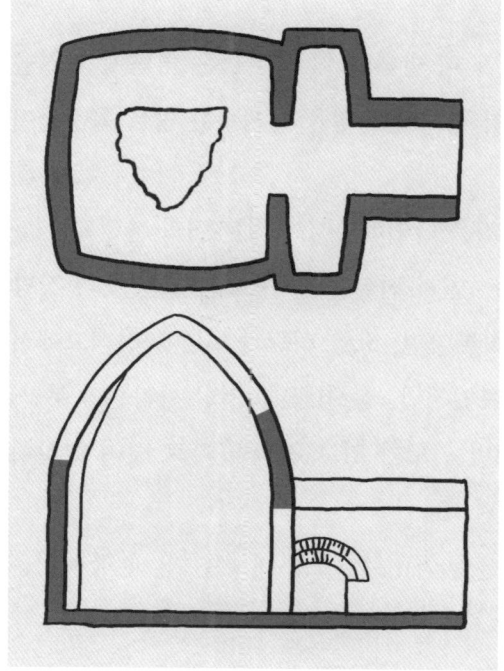

18. 장무이묘 평면과 단면.

이 있는 것으로 보아, 장방형 전실과 좌우 혹은 북쪽에 있는 측실들은 요양 방면의 석곽고분들과 한계 전곽고분과를 분리하여 생각하기 곤란하다.

다음으로 이러한 고분들이 전(塼)·석(石) 혼축형식(混築形式)으로 나타나는 예들을 말하지 않을 수 없다. 안악 제3호분 연도실에서는 전과 같은 돌로 벽돌 쌓듯이 쌓아 올린 것이라든지, 평양 역전 고분에서는 전으로 쌓은 부분도 있고 전과 같은 납작한 돌로 쌓은 곳도 있는 전·석 혼축고분이며, 다시 일제시대에 발굴한 평양역 구내(構內) 지하에 묻혔던 영화(永和) 9년명 전분(塼墳)은 그 현실 벽면을 쌓은 방식이 아래는 한계 고분에서의 일반적인 전축법(塼築法)을 썼다면 상부로 올라가면서는 납작납작한 돌로 전축식으로 쌓아 올렸고, 또 전곽분(塼槨墳)에서는 볼 수 없는 석회를 사용하여 쌓고 그 위에 면회(面灰)[36]를 한 것이다.[11]

평양 역전의 이상 두 개 고분은 한계의 전곽분과도 달라서 전·석 혼축으로 된 것 외에, 드 이 고분들에서의 출토품을 보면 금·동제의 귀걸이와 장신구(裝身具)들이 나온 것이라든지, 한계 고분에서는 별로 쓰지 않은 철제(鐵製) 관정(棺釘)[37]을 쓴 것, 또 귀걸이와 같은 것은 삼국시대(신라와

백제)의 고분 출토품과 양식상으로 같은 것들이므로 전곽고분에서 나오는 한계 유물들과는 다른 것이 특징이다. 그러므로 이 고분들은 한계 고분의 영향을 받은 고분으로 보게 된다. 이 고분들이 축조연대상으로 보아 고구려가 평양으로 천도(遷都)하기 이전 시기리라 하는 것은, 고분들의 위치가 고구려의 장안성(長安城) 안에 있기 때문이다.[12]

이 고분 속에서 나온 양각(陽刻)으로 된 "永和九年三月十日遼東韓玄菟太守領佟利造 영화 9년 3월 10일 요동 한(韓) 현도 태수령인 동리가 만들다"라는 문자명전(文字銘塼)에 대하여 보고자는 다음같이 말하고 있다.

"영화 9년(東晉 穆帝 때)은 기원 353년으로 낙랑군이 멸망한 313년으로부터 사십 년 후이다. 낙랑·대방을 멸한 후의 고구려는 연(燕)나라의 모용씨(慕容氏)와의 일진일퇴의 공방전이 계속되어 혼란을 극하고 있었으므로, 이 틈을 타서 낙랑·대방 두 군 지역에 살던 한(漢)의 유민들은 남방 동진(東晉)을 몰래 통하고 있었던 것이 아닌가.

그것은 황해도 신천(信川) 지방 고분에서 '태녕(泰寧) 5년'(323), '함화(咸和) 10년'(335), '건원(建元) 3년'(345), '영화(永和) 8년'(352)과 같은 두 군 멸망 후의 전(塼)들이 고분에서 나오는 것으로 보든지, 또 출토 유물이 남한 삼국시대 고분의 출토 유물과 같은 점, 한계 고분에도 간혹 있기는 하나(대동강면 1호분) 관정이 철제라는 것은 고구려 고분의 특유한 것이며, 현실 구조가 하부는 전으로, 상부는 납작한 돌로 쌓아서 고구려 양식과 한계 양식을 절충한 점, 전축

---

11) 樋本·野森,「永和九年在銘塼出土古墳調査報告書」(1932년의 古蹟調査報告 제1책) 참조.

12) 이에 대하여 황욱(黃澳)은 1949년 『문화유물』제1집에 다음과 같은 의견을 피력하였다. "연전에 본 평양 정거장 구내에서 커다란 분묘가 토출되었는데, 기본형은 낙랑시대이면서도 벽에 벽돌과 편석(片石)을 병용하였고, 석회를 사용하였다든지 출토유물의 금동 귀걸이며 목관(木棺)·철정(鐵釘) 등이 다분히 고구려적 요소를 보여주는 것이다.(이와 유사한 고분이 황해도에서도 발견된다고 한다) 그리고 '永和九年三月十日遼東韓玄菟太守領佟利造'라는 문자 벽돌이 발견되었다. 만일 그때에 성을 둘러싸고 다소라도 성시적(城市的) 성격을 띠고 있었다면, 제아무리 뻔뻔한 동리(佟利)라 할지라도 감히 성의 한복판에 묻혀 볼 생각을 갖지 못하였을 것이다."

36. 벽면에 회를 바르는 것.

37. 널못. 널을 짜는 데 쓰는 못.

법에서 전과 전 사이에 석회로 메지(目地)를 하는 점, 신천(信川) 봉산(鳳山) 방면의 후기에 속하는 고분에 흔히 납작납작한 돌로 쌓고 석회로 면회(面灰)를 하는 예가 많은 점, 이러한 고분들은 흔히 현실에 석재를 사용하는 예가 많은 점 등을 고려하여 두 군이 멸망하고 고구려의 세력이 이 지역으로 팽창할 때, 한의 유민들은 한편 동진과 몰래 통하며 차츰 고구려화하는 과정이 아니었겠는가."

라고.[13]

평안·황해도 일대에 거주하던 한의 유민들이 자기 본국인 동진(東晉)과의 연계(정치적?)를 가졌으리라고 추상(推想)하는 것은 차치하고라도, 여하튼 그들이 본국의 연호를 사용하였다는 것은 그다지 괴이할 것도 없다. 그러나 이 고분들이 고구려화하는 또는 고구려화한 고분들이란 것은 틀림없는 사실일 것이다.

이상 두 개의 고분은 확실히 한계(漢系)의 전곽분(塼槨墳) 형식에서 고구려화하는 과정을 보여주는 좋은 예증으로 된다. 그리고 이러한 한계와 고구려계의 두 가지 양식이 혼합되어 특수한 고구려 고분양식을 성립시킨 고분들은 이 외에도 많다. 혹은 팔각형 천장을 갖고(대안리 제1호분, 천왕지신총 등), 혹은 전실이 장방형이며 감실(龕室)이 있고(감신총, 간성리 연화총 등), 또 혹은 돌기둥을 배치한(태성리 제1호분, 쌍영총 등) 것과 같은 다양한 묘실구조로 발전하였다. 특히 대안리 제1호분과 같은 것은 천장부가 팔각형 구조를 가지면서, 현실의 네 모서리는 특수한 형의 활개를 X자로 구성하면서 건축역학적 효과를 적절하게 해결하였다. 그리고 천왕지신총은 장식도안으로서의 두공과 실물로서의 활개를 상호 배합하기도 하고, 방형의 묘실을 사각

13) 『문화유물』 제1집(1949), 황욱의 논문 결론.

에서 위로 향하면서 다시 팔각·오각 그리고 다시 사각으로 기상천외한 변화를 일으키면서, 마치 탑으로서의 신라의 다보탑(多寶塔)을 연상케 할 만큼 아취(雅趣)가 흘러 넘치는 건축미의 전당(殿堂)을 이루고 있다. 뿐만 아니라 삼각형 받침식과 평행 받침식 천장형식은 고구려 인민

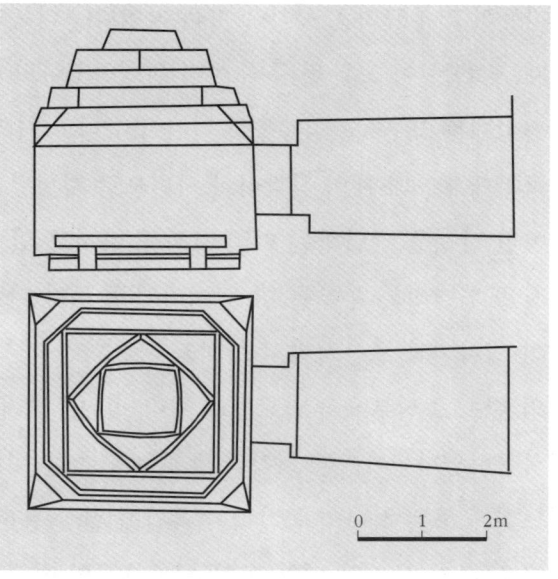

19. 강서 대묘 단면과 천장 평면도.

의 손에 의해 종합 처리되고, 고구려 인민의 취미에 의해 다양하게 발전하였다. 그러나 한계의 문화에서 받아들인 이러한 요소들은 자기 문화의 전통적 수법과 합류하면서 고구려적 특수형 고분형식으로 발전하는 한편, 그것은 다시 자기의 특수성을 강렬하게 강조하면서 높은 향기를 풍기게 되었으니, 강서 삼묘와 같은 것은 실로 고구려 고분문화의 절정을 걷고 있는 것이다. 강서 삼묘는 평지 고분이며 중묘를 제외한 대·소 이묘는 삼각형 받침식 천장형식을 가졌다.(도판 19)

이 묘들은 연도와 현실만을 가진 단순형 고분이며, 두꺼운 판석재(板石材)로 바닥과 관대(棺台)에서 천장까지 가장 능숙한 치석공(治石工)들에 의하여 면밀주도한 계획 밑에, 마치 귀중한 보물을 다루듯이 한 번의 정질도 소홀히 한 곳이 없다.

그리하여 묘실을 들어서면 곱게 도배한 서재에나 들어간 듯한 단정하고

1. 고분 49

따뜻하고 부드러운 공기로 가득 차 있다. 더욱이 그들이 곡선을 다루는 천재(天才)는 이 고분을 통해 이미 완성하였다고 생각된다. 천장부의 삼각형 판석재는 그 사변(斜邊)들이 직선이 아니고 거의 눈에 띄지 않을 정도로 완곡하게 한, 네 개의 삼각석이 사변으로 형성된 사각형은 예리함이 없이 온아한 감정을 전달하는 미적 효과를 가지고 있으며, 또한 네 벽 구석과 천장을 연결하는 부분은 한 덩어리의 돌로써 미묘하게 처리하였는바, 주위의 경사면과 호응하면서 상하좌우로 약간 경사를 이루고, 다시 경사면들의 힘을 중심부에서 받으면서 사각 평면으로써 고요히 조화시키는 수법을 사용하였다. 이러한 시각적 효과는 단순한 형태를 통해 무한한 복잡성을 느끼게 하는 하나의 공간적 여유감을 잘 이용하고 있다. 이러한 특징은 바로 고구려 인민의 미를 인식하는 감정의 솔직한 발현이며 그들의 문화적 전통의 특수성의 구현으로서, 고구려의 고분문화는 이 시기에 이르러 모든 인접문화적 영향을 완전히 자기의 특수성으로 용해하고 체화하여 하나의 위대한 창조의 길을 열어 놓았던 것이다.

3. 고분의 연대

필자는 벽화의 연대 문제를 추정하기 위하여 먼저 고분양식의 선후관계, 즉 양식상의 특징들을 분류 고찰함으로써 어떠한 종류의 고분형식이 선행했으며, 또 어더한 양식이 시기적으로 후기에 속하느냐 하는 문제를 일단 서술하기로 한다. 그러나 고분의 양식 연구는 그것이 거의 고고학 분야에 속하며, 이 방면에 연구가 없는 필자로서는 충분하게 이러저러한 의견을 말하기는 어렵다. 다행히 안악 제3호분은 '永和十三年… 云云' 하는 묘지(墓誌)에 가까운 묵서(墨書)가 기록되어 있어 그 절대연대를 밝혀 주고

있으며, 통구의 모두루총(牟頭婁塚)도 그 명문(銘文) 중에 '好太聖王[38] …
云云'하는 문구가 있어, 이 묘는 광개토왕 이후의 고분으로 대체 짐작할
수 있다. 그러나 그 외의 다른 고분들에 대하여는 매개 고분의 개별적 연
대를 확정하기 지극히 곤란한 것들이 많다. 그러므로 이 문제를 해결하기
위하여는 고분의 양식변천에 관한 면밀한 고고학적 조사도 필요하거니와,
그와 함께 고분벽화에 대한 연구가 종합적으로 해결되지 않으면 안 될 것
이라고 생각한다. 이러한 견지에서 필자는 벽화 연대를 추정하는 데 약간
의 방조(傍助)를 얻기 위하여 먼저 고분의 연대 문제를 서술하는 것이다.
그러므로 개별적인 고분에 대한 연대를 말하지 않고, 개괄적인 의미에서
몇 가지 유형들에 한하여 그 연대상 선후관계를 고찰하기로 한다.

먼저 석축형식과 봉토형식에 관하여 말한다면, 고구려의 고분은 「위지
(魏志)」 '동이전(東夷傳)'을 비롯한 역대 문헌에 다만 "돌을 쌓아 봉을 삼는
다(積石爲封)"라는 문구가 있을 뿐이고, 봉토분롱(封土墳壟)[39]에 관한 기록
은 전혀 보이지 않는다. 그러나 실지에 있어서는 '적석위봉(積石爲封)'이라
는 석축형식분 외에 수많은 봉토고분들이 있는 것이다. 그런데 이 석축형
식과 봉토형식은 어느 편이 선행한 것이며, 어느 시기까지 어떤 형식이 존
재하였는가 하는 문제에 대해 여러 학자들이 논의한 바 있었다. 그리하여
거의 모든 학자들이 봉토식보다는 석축형식이 선행한 것이라는 데 의견이
일치되었다.

그러나 석축형식에서 봉토형식으로 전변(轉變)되는 기간에 대하여는 약
간의 논의들이 계속되었다. 즉 석축형식이 주로 많이 분포된 것은 국내성
(國內城)을 중심으로 하고 압록강을 사이에 둔 지역이라는 관점에서, 대개
석축형식은 고구려의 평양 천도 이전 시기에 성
행한 것으로 본다. 그러나 봉토고분도 통구시대

---

38. 광개토왕의 다른 이름.
39. 흙을 쌓아 올려 만든 무덤.

부터 병존하였다고 보는 세키노 다다스(關野貞)의 견해에 대하여, 이케우치 히로시(池內宏)는 고구려의 평양 천도를 계기로 석축분시대와 봉토분시대는 엄격히 구별되어야 한다고 말했다. 그리하여 그는 통구 방면에 있는 봉토고분들은 모두 고구려가 평양으로 천도한 후에 된 것이라고 보고 있다.[14] 그런데 석축형식이 봉토식보다 선행하였다 함은 말할 것도 없거니와, 그러면 봉토식이 발생하자 석축형식은 그대로 단절되고 말았을까.

이 점에 대하여 우리는 이케우치의 "엄격히 구분해야 한다"는 단정은 좀 고려할 필요가 있다고 본다. 왜냐하면 그들은 통구에 있는 전형적 석축분인 장군총(將軍塚)을 둘러싸고 그것이 '광개토왕릉'이냐 '산상왕릉(山上王陵)'이냐 하고 다투면서, 마치 석축분으로서는 장군총이 마지막인 것처럼 이해한 모양이다. 그러나 사실은 대성산록(大城山麓) 부근에도 석축분들이 있고, 또 대동군(大同郡) 화성리에는 장군총을 연상케 하는 석축고분의 기단(基壇)이 아직도 남아 있는 것으로 보아[15] 석축분시대가 반드시 통구 방면에서 끊어졌다고는 보기 어려우며, 평양 천도를 전후하여 석축분 양식은 점차 봉토분과 합류되고 봉토분은 또한 천도 이전부터 생긴 것으로 보아야 할 것이다.

이케우치와 같은 견해는 나카무라 기요에(中村淸兄)도 역시 가졌는바,[16] 이들은 통구와 평양과의 자연환경, 특히 석재(石材)의 산출 여하라든가 수렵경제(狩獵經濟)에서 농업생산으로의 이행 관계 등에서 석축형식은 봉토식으로 변할 수 있으며 따라서 벽화도 발생한 것으로 보았다.

그러나 실은 고구려의 평양 천도보다 칠십 년이나 먼저 축조된 안악 제3호분이 발견된 오늘 봉토고분의 평양 천도 이후 발생설은 성립될 수 없고, 통구 방면의 봉토고분들도 그 수효로 보

---

14) 池內宏·梅原末治, 「通溝」下, 日滿文化協會, 1940.
15) 대동군 화성리 산기슭에는 마치 장군총의 기단을 연상케 하는 돌기단이 남아 있다.(1956년 6월 답사)
16) 中村淸兄, 「高句麗 壁畵에 對하여」, 「考古學論叢」 제7집, 1938. 6.

든지 벽화나 축조양식들로 보아
평양 천도 이전부터 있었을 것으
로 본다. 다만 봉토고분이 발생할
수 있는 가능성은 통구보다는 평
양설이 유리할 수밖에 없다. 그것
은 우선 통구는 석재 산출이 많으
며 석축고분 양식이 하나의 전통
적 형식으로 되어 있었다는 점에
서 봉토분 발생에 지장을 줄 수 있
으며, 평양 방면은 석재 산출이 통
구와 같지 못하며 그 전부터 한계
(漢系) 고분이 자극을 주고 있었다

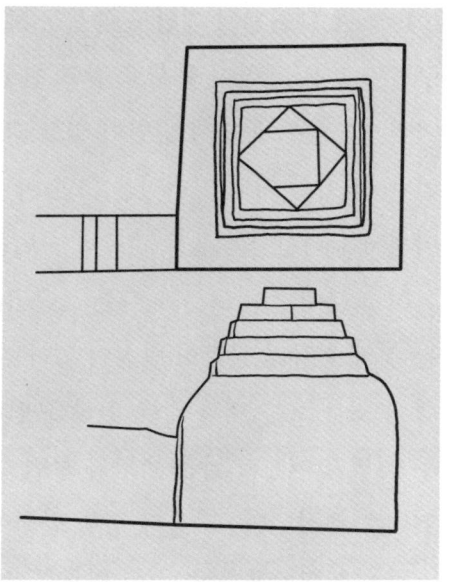

20. 매산리 사신총 천장 평면도와 단면도.

는 사실에서 봉토분 발생은 평양 천도 이전부터라도 이 지역에서 그 가능
성이 충분한 것이다. 이렇게 보아 고구려의 고분은 처음에 석축분 형식으
로부터 차츰 봉토식으로 이행하게 된 것이라고 본다.

그 이행한 과정은 석곽의 외형이 봉토분룡(封土墳壟)으로 개장(改裝)되
며, 벽면을 상부로 올라가면서 차츰 안으로 굽혀 환문총(環文塚)에서처럼
궁륭형으로 만들게도 되고, 천장을 팔각형으로 모를 기워 무용총과 같이
위를 좁혀 가기도 하였다. 그리하여 천장부를 막 덮기도 하고 또 평행 받
침과 삼각형 받침으로 짜 올리기도 하였는데, 매산리 사신총 같은 예로써
보면 평행 받침의 층급(層級)들이 직각으로 되지 않고 매 층급마다 곡선형
을 이루면서 궁륭형을 모사(模寫)하려는 의도가 보인다.(도판 20) 이렇게
하는 과정에서 또한 벽면은 절석(切石)들로 쌓아 올리고, 그 위에 두껍게
회를 바르면서 벽화를 그리기 시작하였다.

1. 고분 53

1956년 11월경에 평남도 증산군(甑山郡) 가장리에서 발굴한 일 기의 고구려 고분은 전실이 동서로 길고 천장을 삼 구로 나누었으며 현실은 방형이며, 벽 상부에 평행 받침이 있고 그 위에 삼각형 받침 천장으로 된 고분인바, 벽화가 거의 떨어졌을 뿐만 아니라 두껍게 올린 회벽까지 완전히 떨어져서 납작한 절석들로 축조한 수법을 역력히 볼 수 있었다.

이 고분이 전곽고분과 다른 점은 전을 쓰는 대신에 납작한 절석을 썼다는 것과 천장의 삼각형 받침이 있다는 것뿐이고, 완전히 한계 고분의 궁륭형 구조를 보는 것과 같은 인상을 던져 주고 있었다. 그리고 곳곳에서 한두 쪽씩 떨어지다 남은 벽화를 보면 그 수법이 매우 고졸(古拙)[40]하여 높은 연대로 추정되며, 더욱이 평행 받침에서는 매산리 사신총에서와 같이 완곡면을 형성하고 있어 역시 비교적 초기의 양식으로 볼 수 있었다. 이렇게 보아 고구려의 석축식 고분에서 삼각형 받침 천장을 가진 봉토식 고분으로 이행하는 과정에는 두 가지 경향을 보게 된다. 즉 하나는 단순형의 형식에서 봉토분으로 이행한 것과, 다른 하나는 전실이 장방형이고 혹 감실들이 있는 특수형 봉토분으로 이행한 것이다. 물론 전자는 고구려의 고유한 형식의 발전이요, 후자는 한계 고분에서 영향을 받은 새로운 발전형의 형식인 것이다. 전자의 예로서는 환문총, 삼실총, 호남리 사신총, 강서 고분, 통구 사신총 같은 것이며, 후자의 예로서는 무용총, 각저총, 안악 제3호분, 요동성총, 감신총, 천왕지신총, 연화총 등등이다.

이러한 고분들은 그 어느 양식을 막론하고 환문총이나 감신총과 같이 천장부가 궁륭형식을 취한 전곽고분 천장의 여운(餘韻)을 보이는 것도 있고, 안악 제3호분이나 태성리 제1호분과 같이 석곽이 방정(方正)하여 요양 부근의 석곽벽화묘들을 연상케 하는 것도 있으며, 기타 다양한 형식으로 착종(錯綜) 변화한 고분

40. 기교는 없으나 예스럽고 소박한 멋이 있음.

들이 많다. 석축형식의 고분과 봉토식 고분은 대체로 석축형식을 전기(前
期)로 볼 수 있다. 그러나 어느 시기까지는 석축과 봉토의 두 가지 양식이
병존할 수 있었다고 볼 수 있다. 그리고 봉토분이 발생하는 데는 역시 일
정한 요인이 있었을 것이므로, 그 내재적 요인으로서는 고분을 축조하는
데 먼저 경제적인 면을 고려하지 않을 수 없다. 그들이 통구시대에는 오랜
전통과 자연적 조건이 묘를 석축으로 축조하는 데 불가피한 조건으로 되었
다. 그러나 그들의 정치적 세력이 평양 방면으로 확대된 뒤로는 통구시대
와는 달라서, 대동강 유역에는 돌보다는 흙이 만만하므로 흙으로 분롱을
쌓는 것은 석축보다는 석재의 절약뿐 아니라 노력의 절약이 또한 큰 것이
었다. 그러나 이러한 내부적 요인만으로 석축분 양식이 곧 봉토양식으로
이행할 수는 없었다. 여기에는 외부적 요인도 있다. 그것은 곧 외래문화와
의 직접적 접촉에서 나타난 것이었다.

고구려는 통구시대부터 북방문화 혹은 한계 문화의 영향을 받지 않을 수
없었겠지만, 통구시대와 한 문화와의 관계는 역시 평양에서와 같이 직접
적으로 받을 수는 없었을 것으로 본다. 그리고 평양 방면에서는 보다 많은
한인들이 살고 있었고, 그들의 문화는 고구려족에 일상적으로 접촉하는
것으로 되었다. 한계 문화와의 직접적인 접촉은 석축분 양식에서 봉토양
식으로 이행하는 데 큰 자극으로 되었으며, 이리하여 봉토분과 벽화의 형
식은 완성되었을 것이다. 그들은 벌써 4세기 초·중경부터 봉토분 양식을
시작한 것으로 보이며, 그것은 곧 통구 지방에도 함께 진행된 듯하다. 환
문총·산연화총·무용총·각저총·삼실총 등은 이 시기에 된 것으로 보인
다. 환문총이나 삼실총 같은 봉토 벽화고분이 발생할 시기에 평안·황해
도 일대에는 다른 각도로 영화 9년명 전분, 평양 역전 벽화분, 안악 제3호
분, 요동성총, 태성리 제1호분, 감신총과 같은 한계 고분에서의 발전적 고

분양식들도 시작되었다. 이러한 양식들은 매산리 사신총, 대안리 제1호분, 천왕지신총 같은 그분들로 발전하였으며, 그것은 다시 안성동 대총, 간성리 연화총, 쌍영총, 안악 제2호분 같은 고분들로 발전하였다. 그리하여 고구려 고분은 외래적 요소들을 도입하여 착종 변화한 고분형식들을 창조하다가, 이러한 모든 시련을 겪은 뒤에 마지막 시기로 오면서 자기의 전통을 다시 재정리하여 개마총, 호남리 사신총, 통구 사신총, 강서 삼묘, 내리 1호분과 진파리 고분 같은 순서로 발전된 것이리라고 보게 된다.

그런데 이 마지막 시기의 고분형식이란 것은 고구려 고분의 전형으로 간주되는 단순형 체제로서, 일견 그것은 단순한 복고(復古)이며 발전적인 면모가 없는 것처럼 피상적으로 관찰하기 쉽다. 그러나 필자가 말하고자 하는 것은 어디까지나 발전이요, 복고는 아니라는 것이다. 이 고분형식이 석축분 형식에서보다 확실히 발전한 형식이란 것은, 우선 천장구조에서 좁은 공간을 최대한으로 이용하였다. 그 대표로 들 수 있는 강서묘에서 보면, 다만 삼각형 받침식이란 수법상 문제를 떠나서 평범한 구조에서 무궁한 묘미를 나타내었다는 것은, 벌써 그들의 예술적 역량이 높은 수준에 도달하였다는 것을 의미한다.

필자는 이 소제목을 '고분의 연대'라고 하였으나 매개 고분에 대한 확정한 연대를 말하지는 않았다. 대략 위로는 4세기로부터 마지막으로는 7세기까지의 기간을 두고 말했는데, 확정한 연대에 대하여는 벽화 연대를 고찰함과 동시에 서술하기로 한다.

2. 벽화

1. 벽화고분과 벽화의 제재(題材)

위에서 말한 바와 같이 고구려 고분의 벽화는 통구나 평양 어느 방면을 막론하고 봉토분롱(封土墳壠)을 가진 고분에 한하여 그려 있다.

통구의 벽화고분으로서는 환문총(環文塚) 삼실총(三室塚) 미인총(美人塚) 산연화총(散蓮花塚) 무용총(舞踊塚) 각저총(角抵塚) 구갑총(龜甲塚) 사신총(四神塚) 17호분 등과, 묘지명(墓誌銘)만을 기록한 모두루총(牟頭婁塚)까지 벽화고분에 편입시킨다면 그 수효는 대략 십여 기에 달한다. 그리고 평양 방면 벽화고분으로서는 대성산록(大城山麓) 일대에 고산리(高山里) 1호분, 고산리 9호분, 내리(內里) 1호분, 개마총(鎧馬塚), 호남리(湖南里) 사신총과, 순천군(順川郡)에 천왕지신총(天王地神塚)·요동성총(遼東城塚)과, 강서군(江西郡) 삼묘리(三墓里)의 강서 삼묘와 간성리(肝城里) 연화총(蓮華塚), 태성리(台城里) 제1호분, 용강군(龍岡郡)에 쌍영총(雙楹塚), 안성동(安城洞) 대총(大塚), 대안리(大安里) 제1호분, 온천군(溫泉郡)에 매산리(梅山里) 사신총, 성총(星塚), 감신총(龕神塚)과, 중화군(中和郡)에 진파리

(眞坡里, 혹은 王陵里) 1호분과 4호분 그리고 황해도 안악군(安岳郡)에 제1호분·제2호분·제3호분과 평양 역전(驛前) 벽화분 등 이십사오 기에 달한다. 또한 이 밖에 온천근 방면에 계명동(鷄鳴洞) 고분에도 약간 벽화의 흔적이 남아 있다고 하나 주요한 것이 아니므로 약(略)하기로 하고, 이상 통구와 평양 방면의 중요한 벽화고분들을 합하면 그 수효는 대략 삼십사오 기에 달한다.

이상 고구려의 벽화고분들은 연도(羨道)로부터 전실(前室)과 통로를 거쳐 현실(玄室) 또는 측실(側室) 들과 혹은 기둥·천장에 이르기까지 석벽면(石壁面)에 직접 벽화를 그리기도 했고 두껍게 회죽을 칠하고 그 위에 프레스코법[1]으로 벽화를 그리기도 하였는바, 대다수의 고분들에서는 현실 안 네 벽 모서리에 기둥과 두공(枓栱)을 그리고 기둥과 기둥 사이에는 도리(樑)[2]를 그렸으며 도리의 위에는 활개(枊木)를 그리기도 하였다. 이러한 부분에는 흔히 구름문양으로 장식하여 현실 방옥(房屋)[3]을 연상케 한다. 또한 천장부에는 일월(日月)과 성수(星宿)[4] 들을 배치한 고분들도 있다.

벽화의 주제로 보면 형형색색으로 나타나 있으나, 크게 나누면 생활 풍속을 주제로 한 것과 사신(四神)을 주제로 한 것, 또는 문양장식(文樣裝飾)을 주로 한 것, 문자(文字)만이 있는 것 등을 볼 수 있다.

생활 풍속을 주제로 한 것 중에도 안악 제1호분·제2호분·제3호분, 평양 역전 고분, 감신총과 같이 풍속 관계만 그린 것도 있고, 통구의 삼실총·무용총·각저총과, 매산리 사신총, 대안리 제1호분, 쌍영총 등과 같이 사신과 인물 풍속을 섞어 그린 것도 있다. 또한 순 사신도만 그린 고분으로는 호남리 사신총, 진파리의 1호분·4호분, 강서 삼묘, 통구의 사신총 등이 있고, 문양만 그린 고분은 통구의 산연화총·구갑총이 있고, 문자만 기록한 것은 통구의 모두루총이 있다.

이 외에 통구의 환문총은 문양을 주로 하고 네 벽 상부에는 사신도를 그렸으며,[1] 온천군의 성총은 사신도 벽화가 많이 박락(剝落)되어 원모를 알기 어려우나, 지금 남은 것으로는 남벽에 커다란 주작(朱雀)과 사면에 원형(圓形) 성문(星紋) 들이 있다.

2. 벽화의 유별(類別) 고찰

1. 인물 풍속

먼저 벽화고분 중 인물 풍속을 주제로 한 것을 보면, 그 중심인물이 북벽에 있는 것과 서벽에 있는 것과의 두 종류로 나눌 수 있다. 서벽에 주인공 초상이 있는 안악 제3호분, 감신총, 태성리 제1호분, 평양 역전 벽화분, 요동성총 들을 보면, 감신총 외에는 수렵도가 없고 사신도도 거의 보이지 않으며 인물의 복색(服色)이 이채를 띤다.[2]

이 벽화고분들은 서벽 주인공상을 중심으로 하여 주로 시위(侍衛)[5]하는 인물들이 서 있으며, 주인공은 장방(帳房)[6] 속 얕은 좌상에 걸터 앉아 있다. 그리고 복식은 합임(合袵)[6]으로 된 긴 장의(長衣)를 입고 붉은 줄을 내려 친 것이 특징이며, 여성들은 앞치마 같은 것을 입기도 하였다. 이 고분들 중에는 안악 제3호분 벽화가 가장 화려하며 관모·복식 등에 여러 가지 특징들이 나타나고 있는바, 그 개별적인 특징들에 대하여는 앞으로 서술하기로 한다.

풍속화(風俗畵)를 주제로 하되 주인공 인물이

---

1) 환문총 벽화에 대하여는 색환문(色環文) 사이에 한두 곳 인물을 그렸던 흔적도 있다고 하나, 직접 조사하지 못했으므로 그것이 벽화의 흔적인지 무엇인지 확언할 수 없다.
2) 안악 제3호분 외의 여러 고분들은 벽화가 박락되어 확실한 것을 알기 어려우나 여러 가지 면으로 보아 사신도나 수렵도도 없을 것으로 간주한바, 이에 대하여는 후에 서술하기로 한다.

1. fresco. 완전히 마르지 않은, 회칠을 한 벽면에 수채화 물감으로 그리는 벽화기법. 벽이 마르면 물감이 회칠의 석회분과 결합하여 색채가 오래도록 보존되는 것이 특징임.
2. 서까래를 받치기 위해 기둥 위에 건너지르는 나무.
3. 가방(假房). 크거나 길다란 방 안에 장지를 들여 한 칸 정도로 조그맣게 막은 아랫방.
4. 성좌. 모든 별자리의 별들.
5. 곁에서 모시고 호위함.
6. 중국의 영향으로 생긴 복식의 하나로, 옷섶이 겹치지 않고 맞닿도록 여미는 방식.

21. 무용총 현실(玄室) 북벽 벽화.

22. 무용총 현실
서벽 벽화.

23. 무용총 현실
동벽 벽화.

현실 북벽을 차지하고 사신도(四神圖)를 겸한 벽화분을 들면 삼실총, 무용총, 각저총, 매산리 사신총, 대안리 제1호분, 쌍영총 들이 있는바, 이 고분 중에는 쌍영총을 제외하고는 모두 수렵도(狩獵圖)가 있다.

안악 제2호분은 북벽에 주인공이 그려 있으나, 풍속도만 있고 사신도나 수렵도는 보이지 않는다. 그리고 이 고분들의 인물 풍속 관계를 처리한 것을 보면, 우선 북벽 인물을 중심으로 하여 일련의 사건들이 전개되었는바, 복식 등은 평양 방면 고분과 통구 방면 고분이 부분적으로 다른 곳이 있기도 하나 모든 초점이 북벽을 본위로 전개된 것을 볼 수 있다. 즉 주인공의 생전 사실과 사후의 명복(冥福)을 기원하는 장면들이 전개되는 것이다. 그 실례를 몇 개의 벽화고분에서 보기로 한다.

(1) 무용총

무용총(舞踊塚)은 현실이 팔각 천장이고 전실은 장방형(長方形) 궁륭(穹窿)을 형성한 이실분(二室墳)으로서, 역시 현실 북벽의 장방(帳房) 인물을 중심으로 하여 벽화가 전개된다. 북벽의 약간 오른편에 방산관(方山冠)[7] 비슷한 관모를 쓰고 통이 넓은 바지[3]를 입고 높은 수각(獸脚) 의자[8]에 걸터 앉은 중심인물을 둘러싸고 그 앞에는 한 다리를 굽힌 인물이 무엇인지 손에 든 것을 중심인물에게 주는 것이 있고,[4] 그 다음으로는 승려(僧侶)인지 제관(祭官)인지 머리를 삭발하고 치마같이 잔주름이 잡힌 옷 위에 검은 장의(長衣)를 입고 수염이 난 인물 두 사람이 중심인물을 향하여 앉고, 그 뒤에는 역시 통이 넓은 바지를 입은 두 인물이 시립(侍立)하였으

3) '통이 넓은 바지'는 『북사(北史)』의 "服大袖衫 大口袴… 옷은 긴 소매 적삼에 통이 넓은 바지…"에 해당한다.
4) 『위서(魏書)』에 "跪并史一脚 엎드려 절하고 다리 하나를 뻗었다"이란 바로 이것일 것이다.
5) 고구려 고분에 씨름을 그린 벽화분으로서는, 이 외에 무용총과 안악 제3호분에도 있다.

7. 옛 악인(樂人)들이 쓰던, 길쭉하고 각이 진 관(冠).
8. 네 다리가 말굽 모양으로 된 의자.
9. 고깔처럼 생긴 관(冠)으로, 절풍건(折風巾)을 가리킴. 우리나라 관모 형태의 기본형으로, 여기에 새의 깃을 꽂아 '조우관(鳥羽冠)'이라고도 했음.

며, 중앙에는 음식과 과실을 고인 식탁들이 놓여 있다.

그리고 북벽 하단에는 변관(弁冠)⁹을 쓴 여덟 명의 인물이 서 있는바, 이 인물들이 쓴 변관은 사서(史書)에 이른바 "頭着折風 形如弁 旁挿鳥羽 貴賤 有差 머리에는 절풍건(折風巾)을 썼는데 그 형상이 고깔과 같았다. 두건 옆에는 새의 깃털 을 꽂았는데 귀천을 따라 차별이 있었다"라는 것이 분명하며, 이러한 관모에는 흔 히 새의 깃을 꽂은 그림들이 많은 벽화에서 보이고 있다. 이 북벽을 중심 으로 하여 동벽의 그림은 북벽을 향한 인물들과 주방(廚房)과 무용하는 장 면이 전개되고 있으며, 서벽에는 주로 수렵 광경을 그렸다. 이 모든 벽면 은 일견(一見)하여 곧 북벽이 중심이란 것을 알게 된다.(도판 21-23)

(2) 각저총

각저총(角抵塚)은 현실 동벽 중심부에 씨름을 겨루는 두 인물이 있어 이 렇게 명명한 고분이다.⁵⁾ 이 고분도 역시 현실 북벽이 주실(主室)로 되어 있 다. 여기에도 무용총과 같이 장막을 드리운 실내의 광경이 전개되고 있다.

먼저 장방 중앙에 무인(武人)으로 보이는 주인공이 칼을 차고 수각 의자 에 걸터 앉은 오른편에는 두 여성이 시좌(侍坐)하였고, 그 뒤에도 한 여성 이 서 있다. 그리고 왼편에는 그림이 박락하여 다소 불분명한 인물이 앉아 있고 다시 그 왼편에 한 여인이 서 있으며, 뒤로는 여러 가지 음식들을 괴 어 놓은 식탁들이 있다. 이 벽면과 호응하여 동벽에는 주방과 씨름하는 두 인물과 씨름 구경을 하는 노인이 서 있고, 서벽에는 수목(樹木)과 차마(車 馬) 들이 묘사되어 있다.(도판 24-26)

이상 통구의 두 고분은 현실 북벽에 주인공을 배치한 생활 풍속을 주제 로 한 고분이며, 사신도는 천장부의 층급(層級) 받침돌에 있으나 그것도 완전한 사신을 이루지 못하고 가로 길다란 청룡(靑龍)과 백호(白虎)와 주작

24. 각저총 현실 북벽 벽호-.

25. 각저총 현실
    동벽 벽화(아래)와
    부분(씨름도, 위).

26. 각저총 현실
    서벽 벽화.

기남 한 화상석묘 　　　　 낙랑(樂浪) 한대 칠기

27. 신선 비교도.

(朱雀)이 있을 뿐 현무(玄武)는 보이지 않는다.

(3) 매산리 사신총

　매산리(梅山里) 사신총(四神塚)은 연도가 오른쪽으로 편향한 단실분(單室墳)으로서, 현실 북벽에 장방을 그리고 그 안에 인물 네 사람이 얕은 좌상에 앉았는데, 그 중 오른쪽 동편 인물이 주인공으로 인정되며 왼쪽 인물들은 주인공의 처첩같이 보인다. 이 인물들은 허리에서 어깨 위를 걸쳐 날개 같은 것을 날리고 있다. 이것은 확실히 기남(沂南) 한(漢) 화상석묘(畵像石墓) 혹은 한대(漢代)의 칠기(漆器) 동경(銅鏡) 등에 묘사된 신선(神仙)과 공통되며, 당시의 종교관념인 신선사상의 표징(表徵)으로 간주된다.[6](도판 27) 중앙에 이러한 네 인물을 배치한 다음, 그 오른편에는 말을 몰고 가는 인물이 주인공 편을 향하고 있으며, 왼쪽 상부에는 조그마한 쌍현무(雙玄武)를 그렸다. 동벽 상부에도 역시 북벽을 향한 조그마한 기마인물(騎馬人物)이 있고 하단에는 커다랗게 체구가 옆으로 길다란 창룡(蒼龍)을 배치하고(도판 28), 서벽에는 아래에 역시 길다란 백호(白虎)를 배치한 외

6) 이와 같은 인물 형상은 감신총 전실의 서감실(西龕室) 상부의 인물에도 보인다.

10. 당초문(唐草紋). 여러 가지 덩굴풀이 비꼬여 뻗어 나가는 모양을 그린 무늬.

에 상부에 수렵하는 그림이 있는데 여기에는 활을 쏘는 인물과 쫓겨 가는 사슴들이 눈에 띄며, 남벽에는 꽁지를 웬만큼 쳐든 주작(朱雀)이 있는데 필치는 고구려의 벽화고분 중 치졸(稚拙)한 편에 속한다. 그리고 천장부의 평행 받침에는 단선(單線)으로 간략한 구름문 혹은 권초문(卷草紋)10 같은 것을 배치하였다.

이 고분에는 건축적인 기둥 두공들도 없고 도안화(圖案化)된 두공도 없으며, 불교적 영향도 보이지 않는다. 그리고 대체로 주인공의 생전과 사후의 세계를 그대로 연상하여 표시하려는 의도가 농후하다.(도판 28-30) 인물의 양편 어깨로 날개가 돋친 듯한 그림은 위에서도 말한 바와 같이 기남

28. 매산리 사신총
현실 북벽 벽화
(아래)와 부분(위).

29. 매산리 사신총
현실 동벽 벽화.

한 화상석묘의 일상(日像) 월상(月像)을 표시한 그림 속에, 또는 한경(漢
鏡), 한대 칠화(漆畵) 등을 통해 널리 보이는 것으로, 그것은 바로 '신선(神
仙)'으로서의 동왕부(東王父)와 서왕모(西王母)를 상징한 것들이다. 이 신
선은 일월상(日月像)에서뿐만 아니라 하나의 독립한 '신선계'의 인물로서
군데군데 이용되어 오는 것이다.

68

30. 매산리 사신총
현실 서벽 벽화.

고구려에 도교(道敎)가 전해 왔다는 기록은 훨씬 후대(後代)에 보이나, 이 고분벽화로 보아 벌써 그 이전부터 회화형식을 통하여 신선사상이 들어온 자취를 알 수 있다.

(4) 쌍영총

다음 쌍영총(雙楹塚) 벽화는 연도 동벽에 유명한 미인행렬도(美人行列圖)가 있고,[7] 현실 북벽에는 장방 인물이 낮은 좌상에 앉고 남벽 상부에 주작, 그리고 전실 동·서벽에는 커다랗게 청룡과 백호를 그렸으며, 북벽 인물도의 왼쪽 상부에 조그마하게 쌍현무를 그린 것이 매산리 사신총의 그것을 연상케 한다.(도판 31, 32)

쌍영총의 벽화는 동·서벽에 청룡과 백호가 있을 뿐으로, 통구의 각저총·무용총과는 다르다. 북벽 장방 인물은 주인공 부처(夫妻)가 낮은 좌상에 앉은 것이며, 그

_____
7) 이 유명한 미인행렬도는 일본인들이 약탈해 갔다.

2. 벽화 69

31. 쌍영총 연도(羨道) 동벽 벽화(위 왼쪽)와 부분(미인도, 위 오른쪽).
32. 쌍영총 현실 북벽 벽화.(아래)

33. 쌍영총 현실 동벽 행렬도.

좌우에 시위(侍衛) 인물들이 있는 것으로 보아 역시 주인공임을 확인케 한
다. 그런데 쌍영총 벽화에서 특이한 것은 현실 동벽 상단의 북벽을 향하여
행진하는 행렬도이다.

여기에는 무엇보다 먼저 눈에 띄는 것이 맨 앞장에 촉대(燭臺)[11]를 머리
에 인 인물과 그 다음으로 확실히 가사(袈裟)[12] 같은 옷을 걸치고 따라가는
인물이니, 이것이 과연 승려(僧侶)라고 한다면 매산리 사신총과 무용총 ·
각저총과도 제재(題材)의 내용을 달리하고 있다.(도판 33)

무용총 · 각저총은 확실히 주인공의 생전생활(그가 살면서 생활을 영위
하고 나들이와 수렵을 한 것 등)의 장면들, 즉 현실생활의 가지가지의 사
건들을 묘사한 것이라면, 매산리 사신총은 생전의 사실과 사후에 신선이
된 주인공과의, 즉 현세(現世)와 내세(來世) 간의 간격을 설정하지 않고 그
렸으며, 쌍영총의 벽화는 이들과는 반대로 벌써 유명(幽明)을 달리한 묘의
주인공을 위하여 그의 명복을 기원하려는 어떠한 종교적 행사를 암시한 것
으로 보인다.

_____

11. 촛대.
12. 승려가 장삼 위에, 왼쪽 어깨에서 오
른쪽 겨드랑이 밑으로 걸쳐 입는 법의(法
衣).

이상과 같은 벽화들로 보아 우리는, 사신도가
벽면의 주역(主役)을 하기 전까지의 인물 풍속
관계가 다만 죽은 자의 혼령을 위로하기 위한

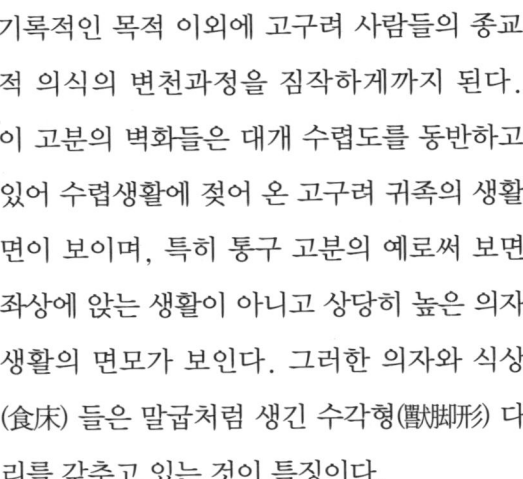

기록적인 목적 이외에 고구려 사람들의 종교적 의식의 변천과정을 짐작하게까지 된다. 이 고분의 벽화들은 대개 수렵도를 동반하고 있어 수렵생활에 젖어 온 고구려 귀족의 생활면이 보이며, 특히 통구 고분의 예로써 보면 좌상에 앉는 생활이 아니고 상당히 높은 의자 생활의 면모가 보인다. 그러한 의자와 식상(食床) 들은 말굽처럼 생긴 수각형(獸脚形) 다리를 갖추고 있는 것이 특징이다.

34. 쌍영총 연도 서벽 인물도.

여기에는 상무적(尚武的)인[13] 그들이었음에도 불구하고, 삼실총에 한두 사람이 무장을 갖춘 기마인물들이 창검을 휘두르며 공성(攻城)[14]하는 장면이 있는 외에, 대개 전쟁도는 없으며 출렵(出獵)을 위한 장면, 씨름 장면, 무악(舞樂) 장면 등 주로 생활을 향락하는 낙천적인 장면이 전개되어 고구려 사람들의 명랑한 기질을 보이고 있다. 특히 주인공은 식탁을 차려 놓기도 하고, 주방에는 단발을 한 듯하기도 하고 머리를 틀어 가볍게 얹은 듯한 여인들이 음식을 나르는 장면이 무용총·각저총과 대안리 제1호분 같은 데서 보이고 있다.

또 벽화에 묘사된 복식을 보면, 문헌에 보이는 "服大袖衫 大口袴 素皮帶 黃革履 婦人裙襦加襈 옷은 긴 소매적삼에 통이 넓은 바지를 입고, 흰 가죽띠를 매고, 누런 가죽신발을 신었다. 부인들 옷의 가장자리에는 선을 둘렀다" 혹은 "女子首巾幗 여자는 머리에 두건을 썼다"

13. 무예를 숭상하는.
14. 성이나 요새를 공격함.

이라는 조목과 같이 포류(袍類)의 장의(長衣)는 보이지 않고, 마치 오늘의 양복 저고리와 같이 긴 소매에 선을 두른 웃옷과 아래 통이 넓은 바지를 입었다. 그리고 여성들은 잔주름을 친 치마에 머리에는 수건을 썼으며 빨간 무늬를 놓은 누런 신을 신었고, 또 문헌에 '頭着折風 形如弁 士人加揷二鳥 羽 머리에는 절풍건(折風巾)을 썼는데 그 형상이 고깔과 같았다. 벼슬아치들은 새의 깃털 두 개를 꽂았다'라는 것은 고깔 비슷한 모자에 앞으로 금속장식을 붙인 듯 뾰족한 관을 썼으며, 악사(樂士)나 혹은 사냥하는 인물 중에는 이러한 변관(弁冠)에 새 깃(鳥羽)을 두서너 개씩 꽂은 것이 보인다.(도판 34)

이러한 풍속관계도는 삼실총, 무용총, 각저총, 대안리 제1호분, 쌍영총, 안악 제2호분, 매산리 사신총, 개마총 등에 묘사되었다. 통구와 평양 방면에 걸친 고분들에 이렇게 공통적인 인물 풍속이 있는 데 대하여, 안악 제3호분, 평양 역전 벽화분, 태성리 제1호분, 감신총 같은 특수형 고분에는 전자의 고분벽화와는 달리 인물 풍속 관계에서 제재(題材)의 내용과 복식 등이 다르게 나타나고 있다. 우선 이 고분들은, 전자가 북벽에 주인공

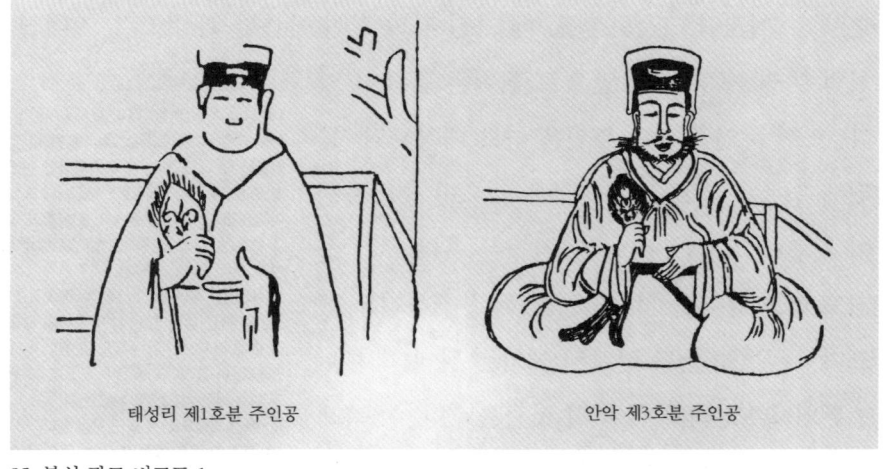

태성리 제1호분 주인공   안악 제3호분 주인공

35. 복식 관모 비교도 1.

2. 벽화 73

역전 고분   안악 제3호분   감신총

36. 복식 관모 비교도 2.

이 있는 데 반하여 현실의 서측실 혹은 서감실에 주인공상이 배치되어 있
다. 그리고 주인공이 앉는 의자는 수각식(獸脚式)이 아니라 고개지(顧愷
之)[15]의 〈여사잠도(女史箴圖)〉에 그린 것과 같이 야틈한 좌상으로, 지네 발
처럼 여러 개의 발이 안으로 휘어든 특색이 있
다. 또한 주인공과 그 부인은 따로 배치하되, 등
뒤에 병풍을 두르그 음식상은 없으며 측근자들
이 시립하고 있다. 이 측근자들은 홀(笏)[16]을 들
기도 하고 분부를 기다리는 태세를 취하기도 했
으며, 두관(頭冠)도 전자의 예와는 달리 책(幘)[17]
종류의 흑모(黑帽) 위에 흰 덧관을 쓴 것이 특색
이다. 여자의 머리는 거추장스러운 계환(髻鬟)[18]

15. 중국 동진(東晉) 때의 화가 · 화론가.
자는 장강(長康) · 호두(虎頭). 초상화와 옛
인물을 잘 그렸으며, 중국 회화사상 인물
화의 최고봉으로 알려졌다. 송(宋)의 육탐
미(陸探微), 양(梁)의 장승요(張僧繇)와 함
께 육조(六朝)의 삼대가(三大家)로 일컬어
진다.
16. 옥(玉) · 상아(象牙) · 대나무 등으로 만
든, 관위(官位)에 있는 자가 관복을 했을
때 손에 가지는 수판(手板). 왕 앞에서 교
명(敎命)이 있거나 아뢸 것이 있으면 그 위
에 써서 비망(備忘)으로 삼았던 것.
17. 두건 모양으로 된 옛 관모의 하나.
18. 머리를 틀어 올릴 때 쓰는 쪽이나 상
투.

안악 제3호분   역전 고분

안악 제3호분   감신총   쌍영총   안악 제2호분

안악 제2호분   쌍영총   감신총

37-39. 복식 관모 비교도 3, 4, 5.

2. 벽화 75

을 틀어 올리고 의복은 반드시 합임(合袵)으로 된 겉옷을 입었다. 그리고 통이 넓은 바지와 선을 두른 옷은 거의 보이지 않으며, 혹 장의(長衣)를 입지 않은 인물도 바지 통은 아래편이 좁아진 것이다. 또한 풍속 관계를 보면 부월(斧鉞)[19]을 든 인물들이 등장하고 수렵도는 없다. 대행렬도(大行列圖)와 격고도(擊鼓圖)가 있고, 차고(車庫)·육고(肉庫)·외양간·마구간·부엌·우물·방앗간 등이 구비되어 있는 것이 특색이다. 여기에서 변관(弁冠)은 보이지 않고 대개는 흑책(黑幘) 또는 적책(赤幘)을 썼으며, 뒤로 두 뿔이 솟은 흑관(黑冠)도 있다.

이상의 여러 가지 풍속 관계는 주로 안악 제3호분에서 예를 든 것이고, 이 외에 평양 역전 벽화분에는 부월을 가진 인물 행렬, 방앗간, 북을 치고 각(角)을 부는 장면과 인물의 복식·의관이 안악 제3호분과 같다. 그리고 감신총 인물 복식도 대체로 비슷하며, 이 외의 고분들은 벽화가 박락되어 분명치 않으나 서측실에 주인공상들이 있는 것과 고분구조 등으로 보아 대략 같은 계통으로 보게 된다.(도판 35-39) 이러한 고분벽화에 대하여는 다음에 다시 서술하겠으므로 약(略)하기로 하고, 다만 이러한 고분들에서는 주로 주인공의 계급적 지위와 위신을 최대한으로 과시하며 지배자의 권력 앞에 모든 것을 복종시키려는, 당시 귀족층의 지배욕을 집중적으로 표현하고 있는 것이다.

다음으로 평양 방면 벽화고분으로서 매산리 사신총, 쌍영총, 안악 제2호분 등의 벽화는 북벽에 주인공상이 있으나 생활양식이 통구 고분과는 다르다. 우선 이들은 낮은 좌상에 앉은 것과, 관모가 통구 고분이나 안악 제3호분 등의 것과도 다르다. 쌍영총 주인공상은 탕건(宕巾)같이 그물로 짠 것을 쓰고 있으며, 안악 제2호분에서는 전형적인 고구려 복식 외에 또 색다른 복색이 함께 나타나고 있는 것이다.

대략 이상과 같은 특색들을 종합해 볼 때, 평양 방면 고분들에서 복식 풍속 관계가 여러 가지로 달리 나타난다는 것으로 보아, 문헌에는 뚜렷하게 기록되어 있지 않으나 고구려의 풍속과 복식은 시대에 따라 어느 정도의 변천이 있은 것이 아닌가 생각된다.

2. 사신도

다음 고구려 고분벽화 중에서 가장 뚜렷한 특색을 이루고 있는 '사신수도(四神獸圖)'에 대하여 서술하기로 한다.

동서남북 사방의 '방위신(方位神)'을 창룡(蒼龍) 백호(白虎) 주작(朱雀) 현무(玄武)의 네 개 '동물신'으로 설정한 것은, 그것이 바로 고대인(古代人)의 오행천문사상(五行天文思想)의 점성술(占星術)과 밀접히 연관된, 일종의 소박한 종교관념이다. 그들은 천체(天體)의 운행 여하에 의하여 인간의 길흉화복(吉凶禍福)을 결정하는 주요한 요인으로 보면서, 고대인들의 토테미즘과 결부되어 하늘에 있는 성좌(星座) 중 이십팔수(二十八宿), 즉 각항저방심미기(角亢氐房心尾箕) 두우녀허위실벽(斗牛女虛危室壁) 규루위묘필취삼(奎婁胃昴畢觜參) 정귀류성장익진(井鬼柳星張翼軫) 들을 일곱 개씩 사분하고, 그 일곱 개 별들의 나열된 모양을 이러한 네 개의 '이상신수(理想神獸)'로 상징하였던 것이다.

『사기(史記)』「천관서(天官書)」에서 방위를 표시하는 사신의 이름이 나타났고 「이아(爾雅)」에는 그 빛깔을 규정하였으며, 『예기(禮記)』「월령(月令)」에는 그 형태를 규정하였다. 그리하여 '사신'이란 신수(神獸)는 동에 창룡, 서에 백호,

8) 고유섭(高裕燮)의 『조선미술문화사논총(朝鮮美術文化史論叢)』에서 보면 사신에 관한 인용문들은 다음과 같다.
"東宮蒼龍 南宮朱鳥 西宮咸池 北宮玄武 동궁은 창룡(蒼龍)이고, 남궁은 주작(朱鳥)이고, 서궁은 함지(咸池)이고, 북궁은 현무(玄武)이다"(『史記』「天官書」)
"春爲蒼天 夏爲朱明 秋爲白藏 冬爲玄英 봄은 창천(蒼天)이고, 여름은 주명(朱明)이고, 가을은 백장(白藏)이고, 겨울은 현영(玄英)이다"(『史記』「爾雅」)
"孟春之月… 其虫鱗 孟夏之月… 其虫羽, 孟秋之月… 其虫毛 孟多之月 其虫介 첫봄에 나오는 동물은 물고기이고, 첫여름에 나오는 동물은 새이며, 첫가을에 나오는 동물은 짐승이며, 첫겨울에 나오는 동물은 갑각류이다"(『禮記』「月令」)

19. 작은 도끼와 큰 도끼.

남에 주작, 북에 현무로서, 동방은 청색, 서방은 백색, 남방은 주색, 북방은 흑색으로 표시되고, 다시 동방은 비늘이 붙은 용, 서방은 털이 돋은 범, 남방은 깃이 있는 새, 북방은 껍질이 굳은 거북으로 형태를 규정하였다.[8]

이것은 물론 사신의 방위·빛깔 및 그 형태에 한하여 말한 것이지만, 중국의 오행설(五行說)은 다시 중앙에 황룡(黃龍)을 설정하여 목화토금수(木火土金水)로도 되고, 인체 장부(臟腑) 조직에 결부하여 간심비폐신(肝心脾肺腎)과도 연관시켜, 오행의 상생상극설(相生相剋說)[20]과 함께 의학에 이용된다. 그리고 궁상각치우(宮商角徵羽)의 오음(五音)으로 설명하여 음악에도 이용되었고, 기타 군사적 행동과 심지어는 군신좌사(君臣佐使)[21] 등

40. 소연사신경(素緣四神鏡, 왼쪽)
41. 한전(漢塼)의 사신도.(四神圖, 아래)

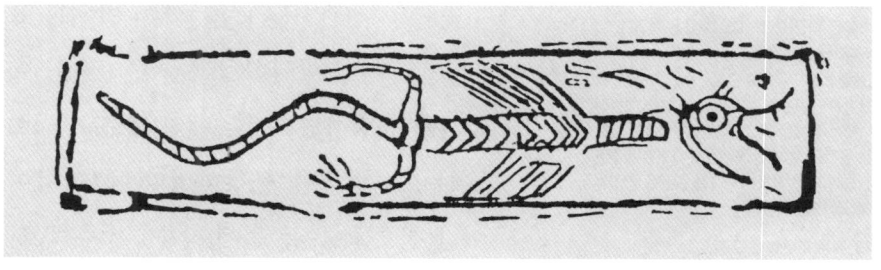

42. 한와(漢瓦)의
사신도.

위계제도(位階制度)에도 결부시켜 당시 통치계급들의 통치를 강화하기 위한 술책으로도 이용하였던 것이다.[9]

음양오행설(陰陽五行說)이 중국에서는 적어도 기원전 4세기 이전 전국시대(戰國時代)부터 있었다고 보는바,[10] 그것이 조형적(造形的)으로 나타난 것은 주로 한대(漢代) 유물로서, 전(塼)·와조(瓦竈)[22]·경감(鏡鑑)과 고분벽화 들에 나타나고 있다. 이 중에는 용(龍) 호(虎)만 그린 것도 있으나, 동경(銅鏡)이나 벽화의 성질을 가진 화상석(畵像石) 중에는 뚜렷하게 사신도를 구비하기도 하였다.

9) 오행설을 표로써 설명하면 다음과 같다.

오행	방위	빛깔	계절	사신	장부	소리
木	東	靑	春	蒼龍	肝	角
火	南	赤	夏	朱雀	心	徵
土	中央	黃	土用	黃龍	脾	宮
金	西	白	秋	白虎	肺	商
水	北	黑	冬	玄武	腎	羽

10) 飯島忠夫,「天文曆法과 陰陽五行說」.

20. 상생(相生)은 목에서 화가, 화에서 토가, 토에서 금이, 금에서 수가, 수에서 목이 생(生)함을 이르고, 상극(相剋)은 목은 토를, 토는 수를, 수는 화를, 화는 금을, 금은 목을 이김을 이름.
21. 상하가 각기의 직분을 지키는 일.
22. 기왓가마. 기와를 구워내는 가마.

그런데 한대 유물에 속하는 사신도는 막새기와[23]같이 둥근 면에 새긴 것은 형태가 비교적 사실적이며, 둥근 기와 면에 순응하여 자유롭게 처리한 것도 있다.[11] 그러나 전(塼)의 무늬로 된 것[12]과 경감에 나타난 것,[13] 화상석으로 묘사된 것,[14] 등은 대개 형태가 가로 길다란 것이 많다.(도판 40-42)

그런데 한대의 유물 중 사신수(四神獸)는, 흔히 전문(塼紋)이나 고분벽화에서 용·호만 있는 예가 많은 것으로 보아 주작과 현무보다는 용·호가 선행한 듯하며, 또한 동경이나 전과 같은 좁은 면적을 이용한 관계로 형태가 가로 길어진 듯하다. 그러므로 대체로 가로 길다는 용·호의 형태는 시대적으로도 앞섰다는 것을 알게 되며, 남북조(南北朝)·수(隋)·당대(唐代)로 오면서는 형태가 현저히 달라진 현상을 보게 된다.

고구려 고분벽화어 사신이 등장한 고분으로서는 통구의 삼실총·무용총·각저총·환문총·사신총과, 평양 방면의 고분으로서는 매산리 사신총, 성총, 쌍영총, 요동성총, 대안리 제1호분, 고산리 1호분, 고산리 9호분, 노산리 개마총, 호남리 사신총, 삼묘리 대·중묘, 진파리 1·4호분 등에 있고, 기타 고분은 벽화가 박락되어 유무를 알기 어려운 것이 많다. 그리고 안악 제1·2·3호분에는 사신이 없고, 태성리 제1호분, 감신총, 평양 역전 벽화뭄에도 없는 것으로 보인다.

사신도가 있는 고분 중에도 환문총·삼실총·무용총·각저총 등에는 사신이 천장부 받침돌에 흔히 배치되어 있다. 또한 사신이 구비되지 않고 몇 개만 있는 수도 있고, 그 형태가

11) 『世界美術全集』 卷3, 平凡社, 1954, 도판 129.
12) 『世界美術全集』 卷3, 平凡社, 1954, 도판 130.
13) 도미오카(富岡謙藏)의 『고경연구(古鏡研究)』 중 '소연사신경(素緣四神鏡)' 참조.
14) 曾昭燏·蔣寶庚·黎忠義, 『沂南古畵像石墓 發掘報告』, 文化部文物管理局, 1956 참조.

23. 한쪽 끝에 둥근 모양 또는 반달 모양의 허가 달린 수키와. 막새.
24. 묘실구조를 지상의 건축처럼 보이기 위해 건축적 도식으로서 기둥과 두공을 네 벽 모서리에 그려 놓은 것.

43. 무용총 현실 천장부 창룡(蒼龍, 위)과 백호도(白虎圖, 아래).

옆으로 길다란 태세를 취한 것이 특징적이다.(도판 43) 매산리 사신총, 쌍
영총은 용·호와 주작은 넓은 벽면을 차지했지만 현무만은 북편 왼쪽 상부
에 조그맣게 쌍현무의 형태로 나타나고 있다. 또한 대안리 제1호분의 사신
도는 네 벽에 구비되었으나 하단에 있고, 상단에는 인물들이 배치되었으
며 현무는 역시 쌍현무의 형태이다. 이 고분들 중 매산리 사신총과 대안리
제1호분은 화주(畵柱)와 화두공(畵枓栱)[24]이 없는 것이 또한 특징적이다.

다음으로 사신도가 고분 네 벽 전면(全面)을 차지하고 있는 고분으로는

2. 벽화 81

두 가지로 분류할 수 있다. 호남리 사신총, 노산리 개마총, 강서 이묘 같은 데는 사신도가 거의 전 벽면을 차지한다. 그러나 통구의 사신총과 진파리 1·4호분은 사신을 둘러싸고 장식적인 문양(飛雲紋·蓮花紋 등)들이 요란하게 장식되어 있다. 이 중에서 노산리 개마총은 인물풍속화가 매산리총이나 대안리 제1호분보다 썩 올라가서 동벽 받침돌에 묘사되어 있어, 무용

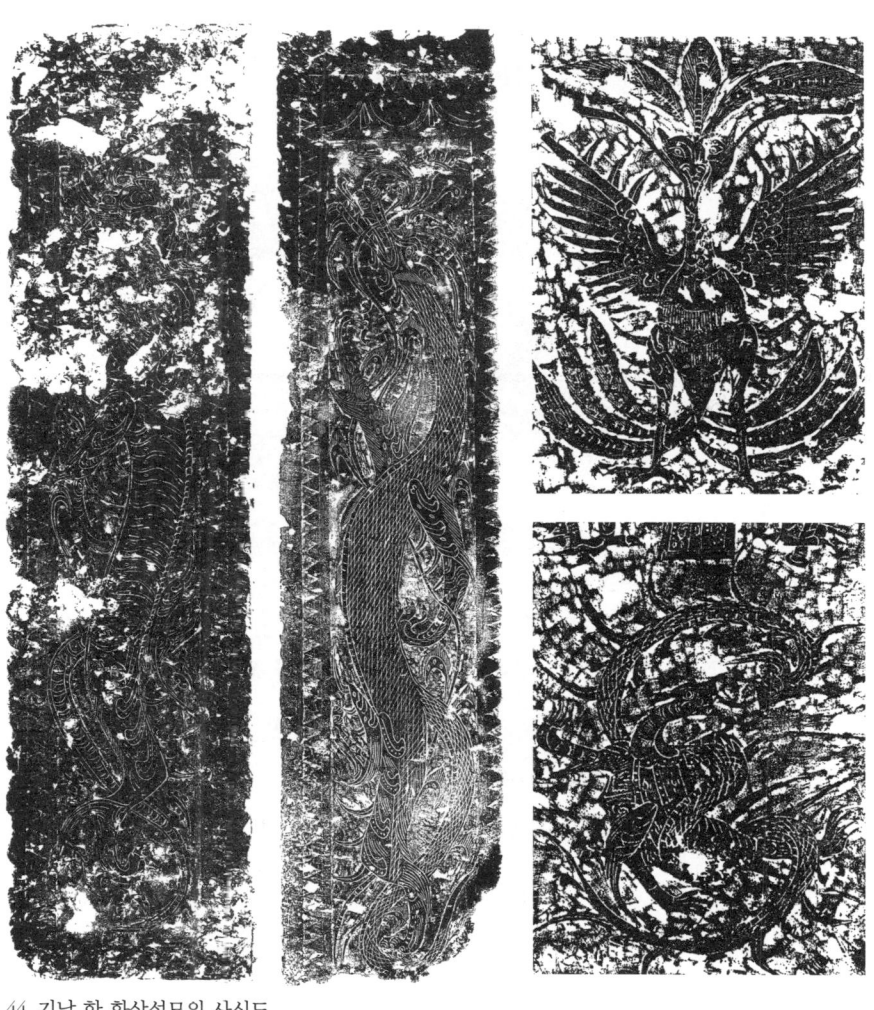

44. 기남 한 화상석묘의 사신도.

45. 영성자 제1호분의
창룡(왼쪽)과
백호도(오른쪽).

총과는 정반대의 위치를 차지한 것이 특징적이다.

이상 대개 대표적인 사신도 고분의 예를 들었는바, 고구려 고분벽화에서 사신도의 형태 및 그 위치의 변천을 보면 다음과 같다.

1. 사신의 수가 완전히 구비되지 못했거나 그 위치가 천장부에 배치되어 옆으로 길다란 형태로 표현된 것.
2. 사신의 수가 구비되고 그 위치가 네 벽면을 차지하면서 인물풍속화를 겸한 것.
3. 순전한 사신만이 벽면을 차지하되, 장식운문(裝飾雲紋) 등이 극히 적고 건축적 도식(기둥 · 두공 등)이 없는 것.
4. 사신이 네 벽을 차지함과 동시에 사신 주변에 변화한 장식문양(구름문, 연화문 등)이 가득 찬 것.

대략 이와 같은 순서로 발전한 면모를 보게 되는바, 물론 이 순서는 절

2. 벽화 83

대적인 것은 아니다. 사신도와 병행하여 기타의 회화 요소와의 관계, 고분의 양식 관계 등과 결부하여 사신의 변천과정에는 약간의 특수한 예가 없는 바는 아니다. 그런데 고구려 벽화에서 사신도가 차지하는 위치는 대단한 것으로서, 그것은 인물 풍속과 같은 현실적 풍모를 보여주는 제재(題材)들보다 더 뚜렷하게 나타나고 있으며, 후기에 올수록 사신도가 거의 중점적으로 취급되고 있다. 뿐만 아니라 고분벽화로서의 사신도의 완성은 그 시원지(始源地)인 중국에서보다 오히려 고구려 땅에서 완성하였다는 데 큰 주의를 돌리게 되는 것이다.

중국에서는 한대(漢代) 이래로 근대에 이르기까지 사신도는 문양장식 등으로 널리 이용되고 있다. 그러나 지금까지 발굴된 고구려 벽화에는 도저히 비할 바 못 된다.

영성자(營城子) 고분의 사신도는 동서에 용·호가 있기는 하나 그 형태와 배치가 사신도로까지는 발전하지 못했고, 대동강면 오야리(梧野里) 고분의 사신도는 그것이 벽화로서가 아니라 목관(木棺)의 장식구에 새긴 것이며, 기남(沂南) 한(漢) 화상석묘(畵像石墓)의 사신도도 역시 벽화가 아니고 화상석(畵像石) 수법으로 처리된 것이다.(도판 44, 45)

중국의 사신도는 한(漢) 위(魏) 진(晉) 남북조(南北朝)를 거쳐 수(隋)·당대(唐代)에 이르기까지 동경(銅鏡)의 문양장식을 통해 특이한 발전을 했다면, 고구려에서는 고분의 벽화를 통해 다양한 형식과 찬란한 예술적 수법으로 발전하였다. 『후한서(後漢書)』나 『당서(唐書)』에서 보면, 고구려는 "好祠鬼神 社稷靈星 귀신과 사직(社稷)·영성(靈星)[25]에 제사지내기를 좋아하였다"이라든지 "俗多滛祠 祀靈星及日 풍속이 제사를 몹시 많이 지냈는데, 영성(靈星)과 해에게 제사를 올렸다"이라고 기록된 것으로 보아, 그들은 불교가 전해 온 뒤에도 중국의 사정과는 달리하여, 불교적 요소는 샤머니즘에 깊이 뿌리를 박

은 고구려의 원시적 종교관념에 제압되고 말았던 것으로 보인다. 때문에 마지막까지 고구려의 고분벽화에는 불교적인 요소가 침투되면서도 비천(飛天)이나 연화(蓮花) 인동(忍冬) 같은 문양은 사신도나 귀면도(鬼面圖)나 일월성신도(日月星辰圖) 등에 대하여 종속적 위치밖에 차지하지 못했던 것이다. 이러한 요소들은 그들의 지배적인 이데올로기 형태가 어느 방향으로 흐르고 있었으며, 고구려 인민의 심미감정(審美感情)이 무엇으로 반영되었는가를 추측하게 된다.

3. 장식도안(裝飾圖案)

고구려 고분벽화에서 장식적 성질을 가진 벽화 요소로서는 건축적 도식(圖飾)에 속하는 기둥(畫柱) 두공(畫枓栱) 활개(枳木) 등과, 비운(飛雲) 권운(卷雲) 기운(夔雲)[26]과 같은 일체 구름 무늬와, 일월성신문(日月星辰紋) 연화문(蓮花紋) 연엽문(蓮葉紋) 인동당초문(忍冬唐草紋) 귀면문(鬼面紋) 중권문(重圈紋)[27] 관륜문(貫輪紋) 사격문(斜格紋)[28] 병풍문(屏風紋) 기타 다양한 문양으로 장식되었는바, 필자는 이 중 주요한 몇 가지의 문양장식에 대하여 서술하기로 한다.

(1) 건축적 도식

건축적 도식(圖飾)으로서의 기둥과 두공을 네 벽 모서리에 그린 것은 벽화고분의 대다수에 있다. 이것은 확실히 묘실구조를 지상의 건축처럼 전사(轉寫)[29]하려는 데서 나온 것으로, 안악 제3호분 등의 예와 같이 실물로서의 기둥·두공·활개와 같은 수법이 이용됨과 동시에 회화적 수법을 통해서도 묘실을 현실적 방옥(房屋)으로 인상 주도록 하였다.

---

25. 곡식 농사를 맡은 별 이름.
26. 도깨비같이 생긴 구름.
27. 동그라미를 중첩한 모양의 무늬.
28. 비스듬한 격자무늬.
29. 옮겨 베낌.

연차(年次) 문제는 별개로 하고, 고구려 고분 중에는 실물로서의 기둥·두공·활개 등이 있는 고분과, 또 실물과 건축적 도식이 함께 있는 것과, 그러한 건축적 요소들이 전혀 없는 것들이 있다. 안악 제3호분, 태성리 제1호분 같은 것은 실물 기둥만 있고 사신도가 전혀 없는 예이며, 요동성총, 대안리 제1호분, 천왕지신총, 쌍영총 등은 실물 기둥 또는 활개 등과 혹은 사신도들이 있는 예이며, 통구의 삼실총·무용총·각저총 등과 평양 방면의 일련의 풍속화 고분에는 실물 기둥 대신에 건축적 도식이 대체되고 있는 예이다. 그러다가 호남리 사신총, 강서묘, 진파리묘, 통구 사신총같이 사신도만이 벽면을 차지하는 고분들에는 건축적 도식마저 소멸한 현상을 보게 된다.

이상의 논거로써 톤다면, 묘실 속을 지상건축처럼 모사(模寫)하거나 벽화로서도 건축적 인상을 부여하려는 시도는, 그것이 확실히 인물 풍속 관계를 묘사하기 때문에 필요했던 것이며, 일단 그러한 벽화 주제가 사라지자 건축적 인상이란 불필요하게 되었던 것이다. 우리는 사신수와 인물 풍속이 있는 고분, 즉 개산리 사신총과 대안리 제1호분 등에서 건축적 도식

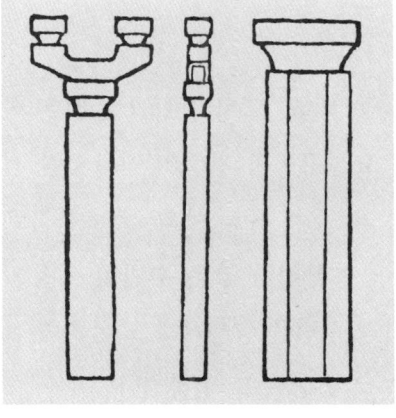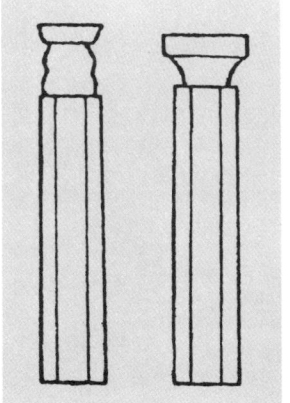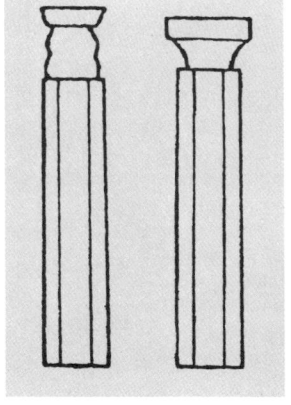

46. 안악 제3호분 석주.(왼쪽)
47. 요동성총과 태성리 제1호분의 석주.(오른쪽)

으로의 기둥이 없는 예는 볼 수 있으나, 사신도만 전 벽면을 차지한 고분에서 건축적 도식을 발견한 예가 없기 때문이다. 오직 통구 사신총만이 네 벽 모서리에 괴수(怪獸)가 받침돌을 떠 받는 형상을 보게 되나, 이것은 벌써 기둥의 현실적 의의를 상실한 것으로 된다.(도판 86)

48. 효당산 석실 입구 석주.

다음 고구려 고분에 나타나는 기둥들의 양식상 특징들을 보면, 팔각형 또는 사각형 주신(柱身)에 좌우로 뻗은 제궁이 있고 그 위에 소로(小櫨)를 받치고 있는 실물 석주와, 그림으로 표현된 것 중에는 이중 제궁으로 마치 포(包) 형식을 연상케 하는 것도 많다. 소로와 제궁 사이, 또는 주두(柱枓)와 주신 사이에 접시받침이 있는 것이 대다수이며, 주신은 대안리 제1호분 벽화에서와 같이 엔타시스(entasis)[30]가 현저히 보이는 것도 종종 있다.

먼저 실물 석주부터 보기로 한다.

안악 제3호분 석주는 주추(柱礎)가 없고 바로 팔각 기둥이 섰으며 주두는 사각형이며 아래편을 완곡(彎曲)하게 깎아 내린 것과, 다른 하나는 주두 위에 다시 제궁이 좌우로 있고 그 위에 전자와 같은 소로가 붙은 것이 있는데, 이 제궁은 아랫턱에 겹으로 미묘한 턱을 새기고 그 상부의 곡면(曲面)은 반달형에 가까운 모양으로 팠다.(도판 14, 46)

이와 방불한 팔각 석주 또는 사각 주두는 요동성총, 태성리 제1호분 기둥 들의 예를 들 수 있는데, 이 고분들에는 건축적 도식은 없다.(도판 47) 팔각형 석주는 쌍영총

---

30. 그리스·로마 건축의 외벽면 기둥처럼, 기둥의 중배가 약간 나오도록 한 건축양식.

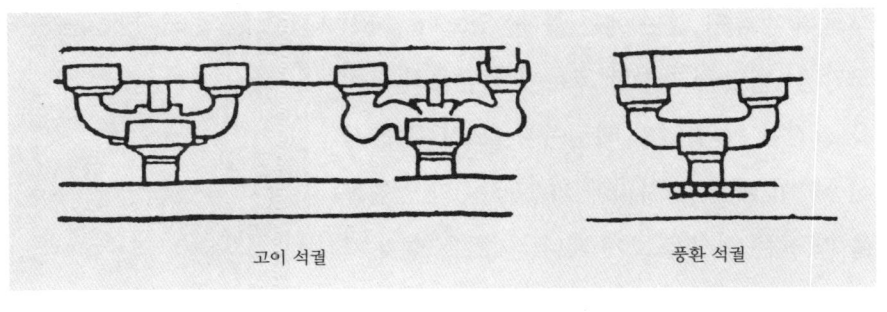

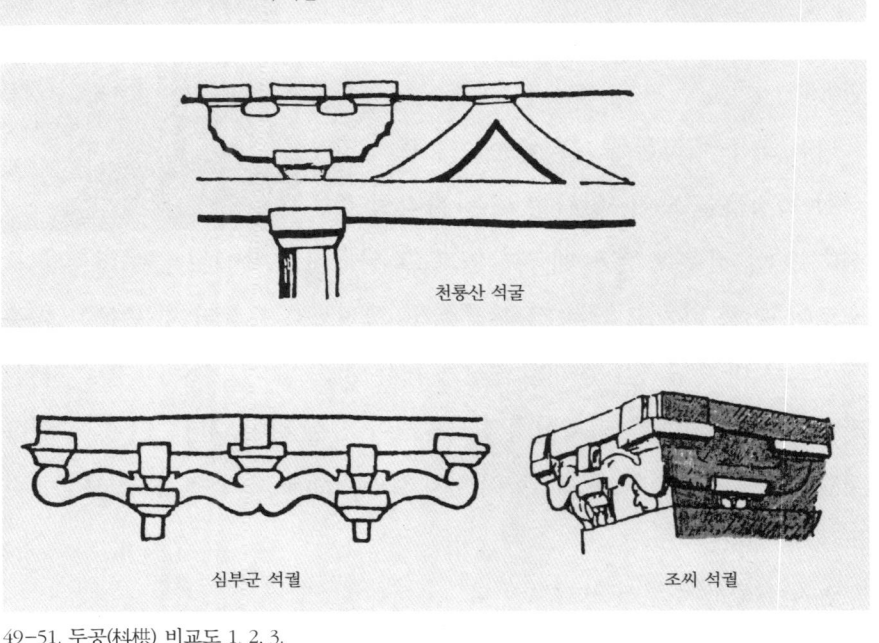

49-51. 두공(枓栱) 비교도 1. 2, 3.

에도 있으나, 먼저 시대적으로 앞선 듯한 이 고분들의 석주의 양식상 특징
을 보기로 한다.

안악 제3호분과 태성리 제1호분의 팔각 석주는 중국 산동성 비성현(肥
城縣) 효당산(孝堂山) 석실(石室) 입구에 선 팔각 석주와 기남 한 화상석묘
의 팔각 석주를 연상케 하는데, 저편 것은 주추가 있다는 것뿐이고 주신에
서 주두에 이르기까지 이 석주들과 양식상으로 동일하다.(도판 6-8, 48)
그리고 안악 제3호분 석주의 두공(제궁과 소로)은 중국 사천성(四川省)에

88

있는 석궐(石闕)[31] 중 풍환(馮煥) 석궐과 고이(高
頤) 석궐의 두공과 양식상 공통성을 보게 된
다.(도판 49)

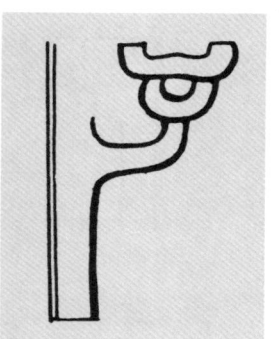

52. 성총 벽화에 나오는 두공.

그런데 이상의 석주와 두공들은 후한(後漢) 시
기에 속하는 것으로, 효당산 석실은 기원 129년
이전 것이고[15] 기남 화상석묘는 기원 195년 이전
것이며[16] 풍환 석궐은 기원 121년경이고 고이 석
궐은 기원 209년경으로 그 연대를 추정하고 있는
만큼, 모두 후한대에 속하는 건축적 수법들이다.[17]

그러나 이러한 양식은 육조시대(六朝時代)에 된 천룡산(天龍山) 석굴에
도 나타나고 있다.(도판 50) 천룡산 석굴에는 팔각 석주와 사각 주두가 있
다. 그리고 주두 위에 곡선형으로 된 제궁과 그 위에 세 개의 소로가 있고,
액방(額防)[32]과 도리 사이에는 'ㅅ'자형 활개가 놓여 있으므로, 이러한 건
축적 수법은 육조시대까지 존속된 것이었다.

또한 이와 함께 말해 둘 것은, 중국에서 한(漢) 이래 육조(六朝)까지의 두
공형식에는 후한의 심부군(沈府君) 석궐, 조씨(趙氏) 석궐, 고이 석궐 들에
서와 육조의 천룡산 석굴에서 곡선형 공목(栱木)이 계속되었다는 것인바,
이러한 형식은 고구려에서는 그리 이용되지 않은 듯하며, 고구려 고분벽
화 두공에서는 오직 성총에서 그 예를 보게 되
나 이것도 벽화가 박락되어 과연 곡선형인지 아
닌지 알기 어렵다.(도판 51, 52)

다음 건축적 도식으로서의 화두공(畫枓栱)을
본다면, 통구의 삼실총과 환문총에서는 두공을
형성하지 못했고 기둥머리에 단포(單包)와 같은

---

15) 濱田耕作, 「東洋美術史研究」, p.159 참
조.
16) 曾昭燏·蔣寶庚·黎忠義, 「沂南古畵像
石墓 發掘報告」, 文化部文物管理局, 1956
참조.
17) 濱田耕作, 「東洋美術史研究」, p.161 참
조.

31. 능묘나 묘(廟) 앞에 좌우 한 쌍으로 돌
을 쌓아 겹친, 장식적인 문.
32. 지붕 밑 도리 위로 가로 건너간 나무.

2. 벽화 89

삼실총　　산연화총　　환문총

구갑총　　안악 제2호분　　각저총　　무용총

안성동 대총　　감신총　　쌍영총

53-55. 화두공(畵枓栱) 양식 비교도 1, 2, 3.

층급(層級)만 표시했다. 단포형으로 된 것은 통구의 산연화총·무용총·각저총과 요동성총, 안악 제2호분이 있고, 중포형(重包形)으로 된 것은 감신총, 안성동 대총, 간성리 연화총, 쌍영총과 같이 주로 평양 부근 고분에 있고, 접시받침이 붙은 것은 통구의 삼실총·환문총과, 평양 방면에는 안악 제2호분을 제외하고는 모두 구비되고 있다.(도판 53-55) 그리고 'ㅅ'자형 활개를 그렸거나 만들어 붙인 고분으로는 안성동 대총, 쌍영총, 안악 제2호분, 천왕지신총, 대안리 제1호분과 같은 평양 방면 고분들에 있다.

이상 기둥과 두공의 양식상 특징을 총괄한다면 실물 석주와 화주(畵柱) 및 화두공이 같은 시기에 다른 계열로서 동시적으로 존재하였느냐, 실물 석주가 화주보다 시기적으로 앞섰느냐 하는 것이 문제 되고, 평양 방면 고분들은 중포형식(重包形式)과 활개가 많은데 이러한 고분들만은 활개가 없고 단포형식으로 된 것으로 보아, 통구 고분보다 아무래도 시기적으로 늦어진 것을 짐작하게 된다.

(2) 운문과 권초문 장식

운문(雲紋)과 권초문(卷草紋 혹은 唐草紋) 장식은 주로 평행 받침, 기둥, 두공, 활개 또는 벽면에 장식되어 있다. 운문은, 특히 사실(寫實)에 가까운 형태를 가진 것은 흔히 벽면에 배치되어 있고, 좀더 도안화한 것은 건축적 도식인 도리·기둥 같은 곳에 배치되었으며, 권초문은 건축적 도식 부분과 천장을 구성하는 삼각형 받침돌에도 배치되어 있다. 이러한 운문·권초문 들도 거의 벽화고분에 있는데, 마멸된 것이 많고 지금 뚜렷하게 그 형적(形迹)[33]이 보이는 것은 그리 많지 못하다.

먼저 자유스럽게 그린 운문으로부터 본다면 통구의 무용총·각저총과 평양 방면의 매산리 사신총, 대안리 제1호분, 천왕지신총, 안악 제3호분,[18] 안성동 대총, 쌍영총 등의 운문이 거의 같은 양식수법으로 나타나고 있으며, 이 중에서 매산리 사신총의 운문은 가장 간단하게 처리되어 있다.(도판 56, 57) 이러한 운문들은 피어 오르는 구름을 거의 수평 혹은 수직 방향으로, 반은 사실적이며 반은 도안화된 형식으로 그린 데 반해, 통구의 사신총·17호분과 평양 방면의 삼묘리 대·중묘, 진파리묘의 운문은 보다 더 양식화하여 복잡하고 아름답게 만든 것과, 보다 사실적으로 경사지게 날아가는 듯한

---

18) 안악 제3호분에서는 서측실의 여주인공 복식 무늬로써 운문이 나타나고 있다.

33) 남은 흔적.

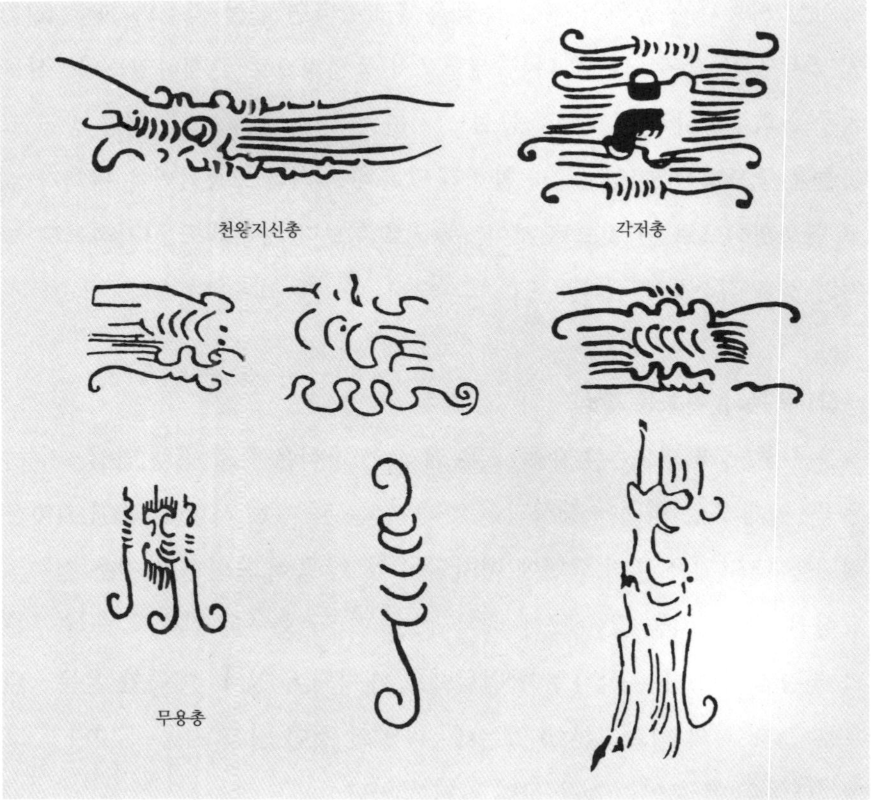

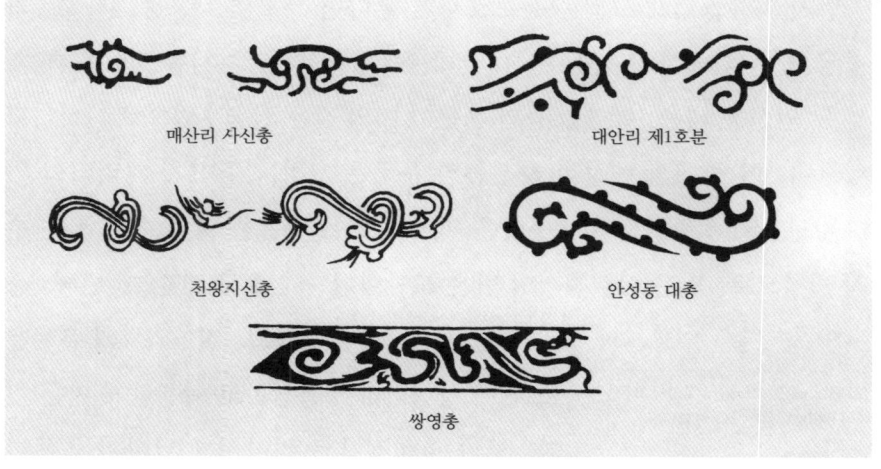

천왕지신총   각저총

무용총

매산리 사신총   대안리 제1호분

천왕지신총   안성동 대총

쌍영총

56-57. 운문(雲紋) 비교도 1, 2.

두 가지 양식으로 나타나고 있
다.(도판 58) 그리하여 운문은
전자 고분들의 소박한 형태 처
리에서 후자와 같은 미화(美
化)로 발전한 경로를 찾게 된
다.

다음 건축적 도식이 활개·
도리·기둥 등과 같이 횡대(橫
帶) 혹은 수대(垂帶)[34]로 된 틀
안에 메우기 위하여 처음부터
장식화한 운문은 그 구성법이
흔히 ∽형 혹은 파상(波狀)[35]
으로 되어 있는바, ∽형으로
서로 교차시킨 것은 삼실총,
환문총과 매산리 사신총, 안악
제3호분 및 제2호분이 있고,

통구 사신총

진파리 제1호분

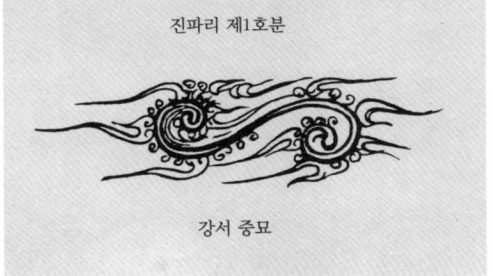

강서 중묘

58. 운문 비교도 3.

∽형으로 교차시키지 않고 좌우로 연속시킨 것으로는 천왕지신총, 대안리
제1호분, 개마총 같은 고분들에 있으며, 파상형으로 된 것은 안성동 대총,
쌍영총 등에서 보인다. 이러한 ∽형 운문은 기룡문(夔龍紋)[36]이 변화한 것
으로 보며, 그 중에서 교차시킨 문양들이 시대적으로 앞선 것으로 보인다.

그런데 이 ∽형의 운문은 매산리 사신총, 안성동 대총에서와 같이 그것

---

34. 위 아래로, 즉 세로로 된 띠.
35. 물결 모양의 형상.
36. '기(夔)'는 고대 중국의 용같이 생긴 한
발 달린 상상의 동물로, '기룡문'은 '기'의
형상을 본뜬 무늬.

이 운문인지 권초문인지 명확치 않은 것들이 있
다. 이러한 관계로 후기의 벽화분에서는 권초문
이 두 가지 역할을 겸하고 있는 현상을 보게 된

2. 벽화 93

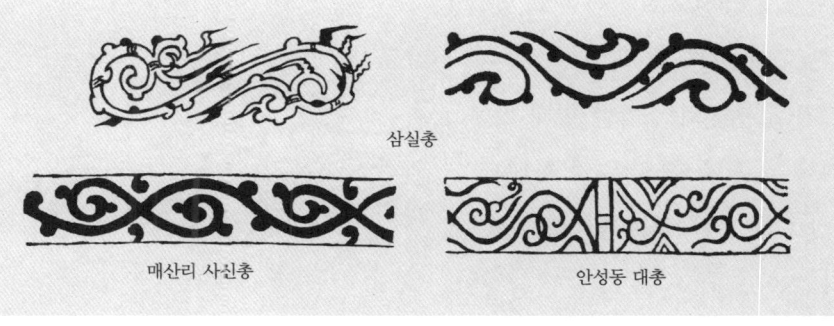

삼실총

매산리 사신총

안성동 대총

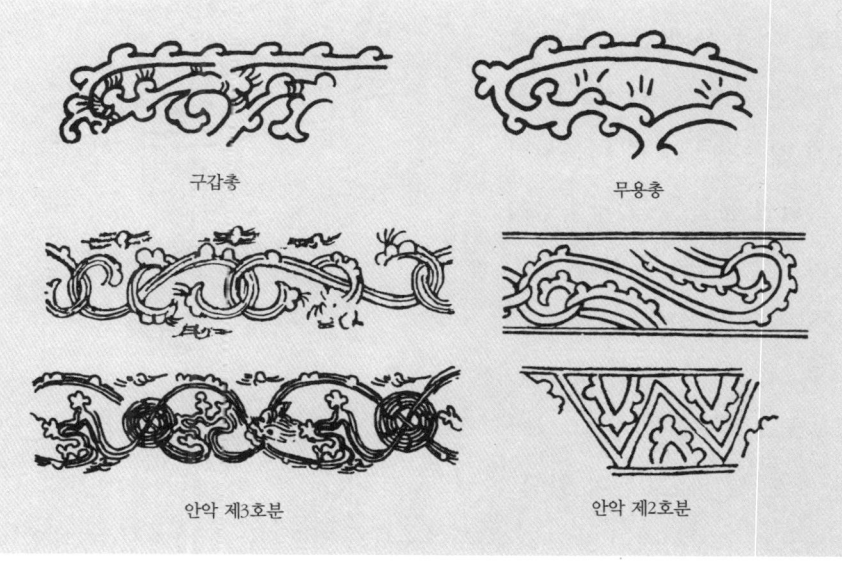

구갑총

무용총

안악 제3호분

안악 제2호분

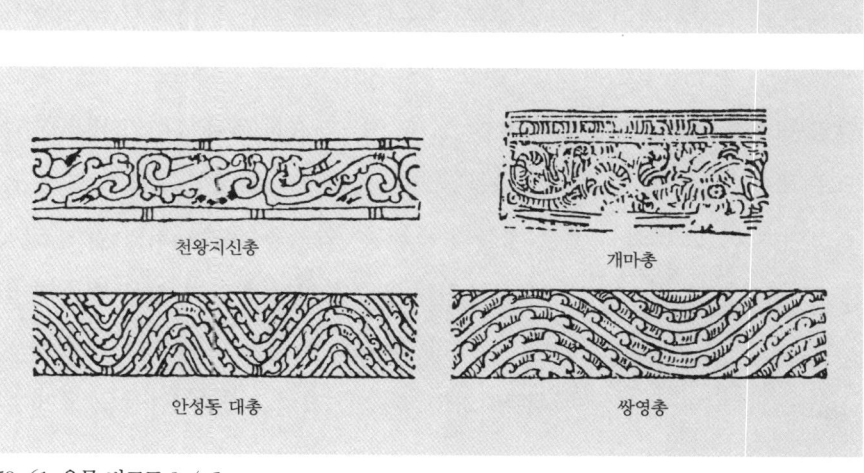

천왕지신총

개마총

안성동 대총

쌍영총

59-61. 운문 비교도 3, 4, 5.

진파리 제1호분

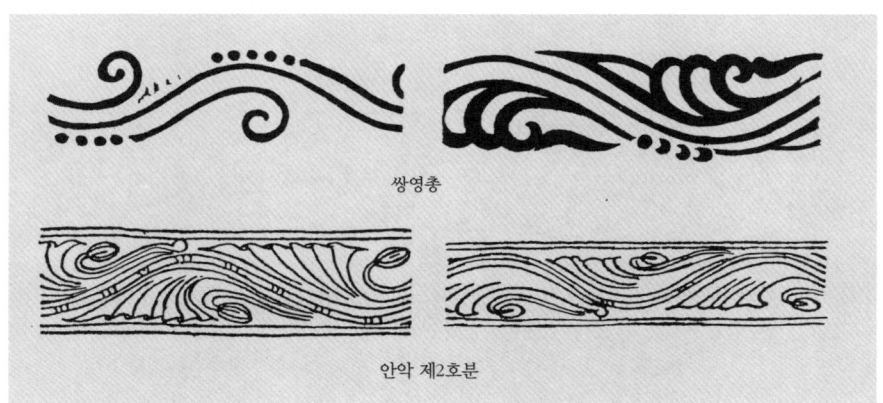

쌍영총

안악 제2호분

62. 운문 비교도 6.(위)
63. 연엽문(蓮葉紋) 비교도.(아래)

다. 즉 파상형도 쌍영총이나 안악 제2호분에서는 벌써 연엽(蓮葉) 형태를
취하고, 강서의 두 묘와 진파리분과 내리 1호분, 통구 사신총 등에서는 완
전한 권초문으로 화하였을 뿐만 아니라 여기에 연화문(蓮花紋) 인동문(忍
冬紋)까지 아름답게 배합되어 나왔다.(도판 59-68)

　운문의 선후관계를 보면 환문총의 기운문(夔雲紋) 형태가 아무리 보아도
앞선 것이고, 삼실총, 안악 제3호분, 무용총, 각저총, 감신총 등이 다음으
로 된 것이다. 여기에는 교차한 ∞형과 교차치 아니한 것들이 있기는 하
나, 대개 수법상 공통성을 발견할 수 있기 때문이다.

2. 벽화　95

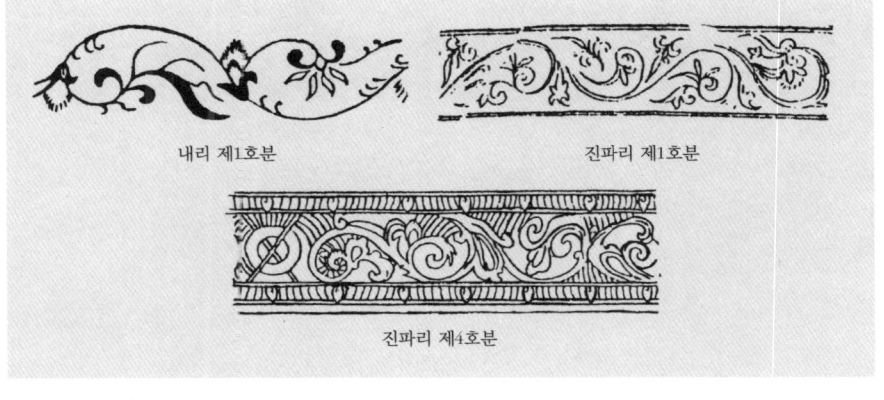

내리 제1호분   진파리 제1호분

진파리 제4호분

강서 대묘   강서 중묘

통구 사신총

64-65. 인동당초문(忍冬唐草紋) 비교도 1, 2.

    세키노 다다스(關野貞)는 삼실총의 운문을 기미명(祁彌明) 화상석(畵像石) 횡대(橫帶) 운문(雲紋)에 비교하고, 이 화상석의 인물 형상은 고개지(顧愷之)의 〈여사잠도(女史箴圖)〉와 회화형식이 같다는 점에서 동진말경(東晉末頃, 기원 400년대)으로 보았으나,[19] 그것은 속단인 것 같고 좀더 시대를 올려 보아야 할 것이다.

    다음으로는 대안리 제1호분과 천왕지신총이고, 그 다음은 파상(波狀) 운문이 있는 안성동

___

19) 『世界美術全集』 卷4, 平凡社, 1954, 도판 100 해설.

66. 강서 대묘 천장부 문양.(위)
67. 강서 대묘 인동연화문(忍冬蓮花紋, 가운데)
68. 강서 대묘 인동당초문.(아래)

대총, 연화총, 쌍영총, 안악 제2호분이 될 것이다. 그리고 권초문 형태로 변화한 것은 개마총이고, 완전히 인동당초문으로 변화한 것은 강서, 내리, 통구 사신총 및 17호분, 진파리묘 등일 것이다.

(3) 연화문

고구려 고분벽화에서 운문과 함께 중요한 장식적 요소로 되는 연화문(蓮花紋)은 주로 천장부를 비롯하여 평행 받침과 벽면에 널리 이용되고 있는데, 화염문(火炎紋)[37]과 함께 그것이 있고 없는 데서 곧 불교의 유전(流傳) 관계와 결부시킨 일이 많았다.

연화문·화염문·인동문이 나타나기만 하면, 그것은 곧 불교가 전래한 이후의 것으로 속단하였던 것이다. 그러나 고구려 벽화고분의 예로써 보면 반드시 그러한 것은 아니었다. 원래 연화문 그 자체는 불교의 발생지인 인도에서 시작된 것도 아니고, 그리스·로마에서부터 '로터스(Lotus)'[38]의 이름으로 나타났다. 장식문양으로서의 로터스는 메소포타미아를 거쳐 페르시아로, 인도로 흘러 왔으며, 다시 불교의 유전과 함께 동양 일대에 퍼지기 시작한 것이었다.

그러나 그것은 반드시 종교의 교류, 종교적 의식과 맞붙어서 온 것이라고만 볼 수는 없는 것이다. 종교의 유전을 선행하여 하나의 회화장식만으로도 흘러 올 수 있었던 것이다. 예를 들어 고구려에 불교가 전해 온 것은 부진(符秦)[39] 때(372년), 즉 고구려 소수림왕(小獸林王) 2년으로 기록되어 있는데, 물론 이보다 약간 앞서 민간을 통해 불교는 들어왔으리라고는 보나 그것이 국가적으로 인정하게 된 것은 소수림왕 2년 이후

---

20) 池內宏·梅原末治,「通溝」下(제2책), 日滿文化協會, 1940 참조.

37. 불꽃 무늬.

38. 로터스는, 그리스 전설에서 그 열매를 먹으면 꿈꾸듯 황홀한 기분이 되어 온갖 시름을 잊고 즐거운 망각 상태가 된다는 상상의 식물. 수련(水蓮).

39. 중국 오호십육국의 하나로, 부견왕(符堅王) 때의 전진(前秦)을 가리킴.

40. 여러 색깔로 이루어진 동심원문.

로 볼 수밖에 없다. 따라서 국가적으로 인정을 받은 후에라야 벽화로서도 나타날 수 있는 것인데, 실지 고구려의 벽화고분에는 거의 연화문이 없는 곳이 없고, 안악 제3호분과 같이 연대가 뚜렷하게 372년보다 앞선 357년에 벌써 문양으로 나타나고 있다. 안악 제3호분은 다만 연화문이 천장부와 장방(帳房) 위에만 있을 뿐이고 기타의 벽화에서는 전혀 불교적 요소를 찾을 길이 없는 점으로 보아, 연화문의 유무로써 불교 수입과 관련시켜 벽화 연대를 추정할 수는 없다.

우리는 대안리 제1호분에서 아무런 불교적 요소가 보이지 않으나 오히려 전실 천장부에 화염문이 있는 예를 보며, 이러한 것은 통구의 무용총이나 각저총 같은 고분에서도 동일하게 나타나고 있다.

그러므로 필자는, 고구려 고분벽화의 연화문 장식은(화염문도 동일하다), 반드시 불교의 유전과 관련시키는 방법에서 출발하지 않는다는 것을 전제로 한다.

환문총은 천장 평행 받침 부분에 용·호 등 사신도의 부분이 남아 있고 벽면에도 인물 흔적이 있는[20] 것으로 보아, 원래는 인물풍속화 고분이 아닌가 생각한다. 그러나 지금은 벽면에 뚜렷하게 색환문(色環紋)[40]만 그려 있고 인물 흔적은 두어 곳에 남아 있다는데 직접 조사하지 않고서는 무엇이라고 단정하기 곤란하며, 이 고분에서 연화문 유무는 알 수 없고 매산리 사신총에도 연화문 장식은 없다.

삼실총에는 측연화문(側蓮花文)과 8판 연화문이 있는데, 고구려 초기의 야성적(野性的)이며 날카로운 기질이 연판(蓮瓣)의 끝마다 두드러지게 나타나고 있다. 무용총·각저총의 연화문은 삼실총의 것과 비슷하나 연잎 끝을 약간 다듬으려는 의취가 보이며, 감신총의 연화문은 무용총과 비슷하다. 그리고 대안리 제1호분은 연화문이 없고 소박한 화염문만이 있다.

2. 벽화 99

삼실총

무용총

감신총　　　　　　천왕지신총

69. 연화문(蓮花紋) 비교도 1.

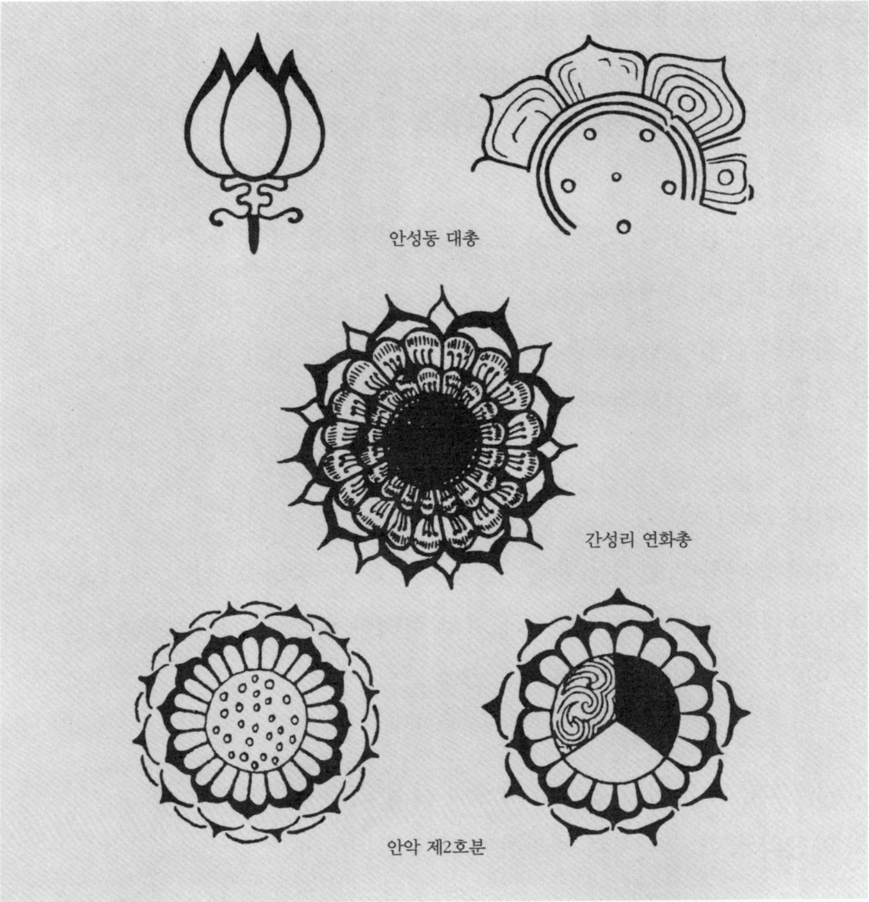

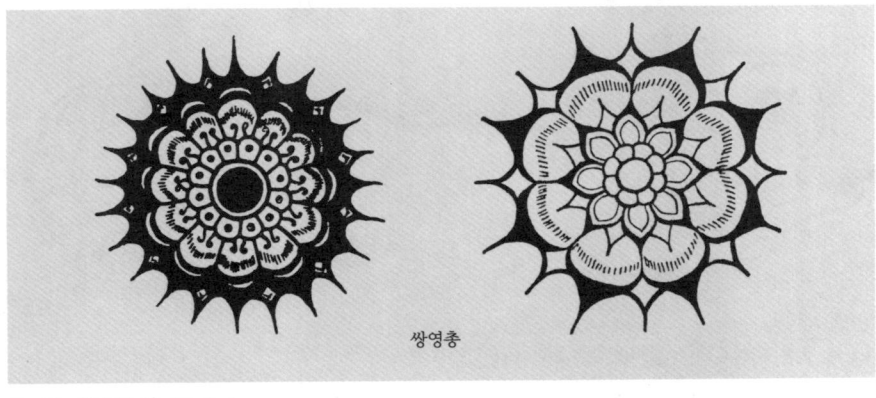

안성동 대총

간성리 연화총

안악 제2호분

쌍영총

70-71. 연화문 비교도 2, 3.

그리고 천왕지신총은 통구의 구갑총에서와 같은 정육각형의 윤곽 속에 전자 고분의 예와 같은 측연화문이 있다.

이상 여러 고분의 연화문들은 다음과 같은 특징들이 있다.

1. 접시에 받친 듯한 모양으로 꽃받침을 양식화한 측연화문이 많은 것.

2. 화판의 끝이 날카로운 것.

3. 화판의 설명이 단조로운 것.

4. 화판의 끝을 진하게 칠한 것.

등이다.(도판 69)

여기에 비하여 안성동 대총, 간성리 연화총, 쌍영총, 안악 제2호분의 연화문은 소박한 처리에서 벗어나 자못 화려한 문양으로 변화한 과정을 보이고 있다. 그 특징을 들면 다음과 같다.

1. 측연화문의 양식이 전자와 다르며 사실적 의취가 보이는 것.

2. 화판의 끝이 전자처럼 예리하지 않은 것.

72. 안악 제2호분 비천도(飛天圖) 및 색환문(色環紋).

3. 화판의 수효가 늘고 복잡하게 구성되고 설명을 친절히 한 것.
4. 화판의 끝이 진하지 않고 복엽형식(複葉形式)[41]을 흔히 취한 것.
5. 화판이 8판에 그치지 않고 9판(간성리 연화총) 내지 12판(쌍영총)까지 나타나는 것.

(도판 70, 71)

73. 돈황 석굴 조정도안(藻井圖案).

이렇게 보면서 필자는 다시 안악 제2호분의 연화문에 대하여 서술하기로 한다.

안악 제2호분 천장 받침에는 8판 또는 12판의 연화문이 나타나는데, 12판 연화문에서는 중심부에 십수 개의 구멍이 뚫린 연밥이 있고 그 밖으로 보드라운 속 화판으로 둘러싸고, 다시 밖으로 두 둘레의 12화판으로 둘러싸게 하였다. 안악 제2호분에는 이와 함께 화염문 장식도 나오고 비천(飛天)도 있고 보륜문(寶輪紋)[42] 혹은 색환문(色環紋)이라고도 하는 찬란한 오색 환문이 나오는데, 이 환문과 연화문은 비천과 함께 돈황(敦煌) 막고굴(莫高窟) 제148A굴 천장의 연화문과 비교할 필요가 있다.[21]

막고굴 148A굴의 천장에는 한복판 연방(蓮房) 속에 많은 구멍이 뚫리고, 그 밖으로 적(赤) 녹

---

21) 돈황 막고굴 번호에 대하여는 펠리오(P. Pelliot)와 돈황문물연구소와 『돈황예술서록(敦煌藝術敍錄)』의 저자인 사치류(謝稚柳) 씨와의 명명(命名)한 번호가 각기 다르므로, 필자는 우선 최초로 된 펠리오 씨의 번호를 인용하기로 한다.

41. 겹입형식. 잎자루 하나에 여러 개의 낱잎이 붙어 겹을 이룬 형식.

42. 바퀴 형태의 무늬.

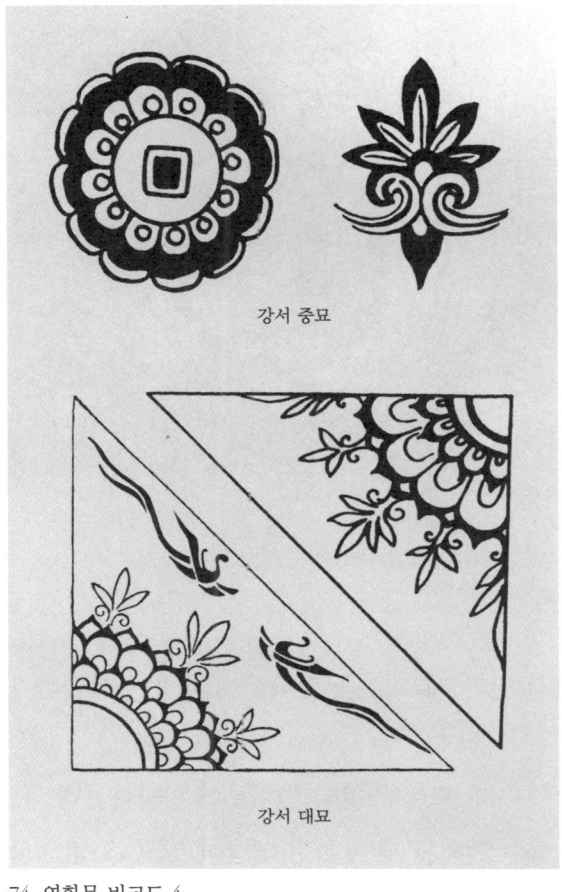

강서 중묘

강서 대묘

74. 연화문 비교도 4.

(綠) 남(藍)의 순서로 윤환문(輪環紋)[43]이 있고, 안악 제2호분의 연화문과 같이 속잎과 12판 이중 화판들이 밖으로 둘러싸였으며, 그 주위로 안악 제2호분의 비천과 흡사한 것이 연화를 들고 날고 있는 장식이 있다.

이 두 개의 장식문양을 비교할 때, 우리는 안악 제2호분의 그것은 다만 연화문과 보륜문과 비천을 서로 분리시켰을 뿐 이것들은 그 시대적 호흡을 같이하고 있다는 것을 명확하게 알게 된다.(도판 72, 73) 그런데 12판 연화문은 쌍영총에도 나타나고 있으며, 보륜문은 간성리 연화총에도 나타나고 있다.

그 다음으로는 강서묘와 내리 1호분과 진파리 고분, 통구 사신총에 있는 연화문들로서, 이 고분들에서는 연화의 형태가 전자보다 한층 더 부드러워졌으며, 연방의 구멍들은 본래의 위치를 떠나 화판으로 자리를 옮기면서 연화의 사실감과 장식미를 함께 구현하는 방향으로 발전하기도 했고, 연화문과 인동문이 혼

43. 고리 형태의 무늬.
44. 매우 넓고 큼.

104

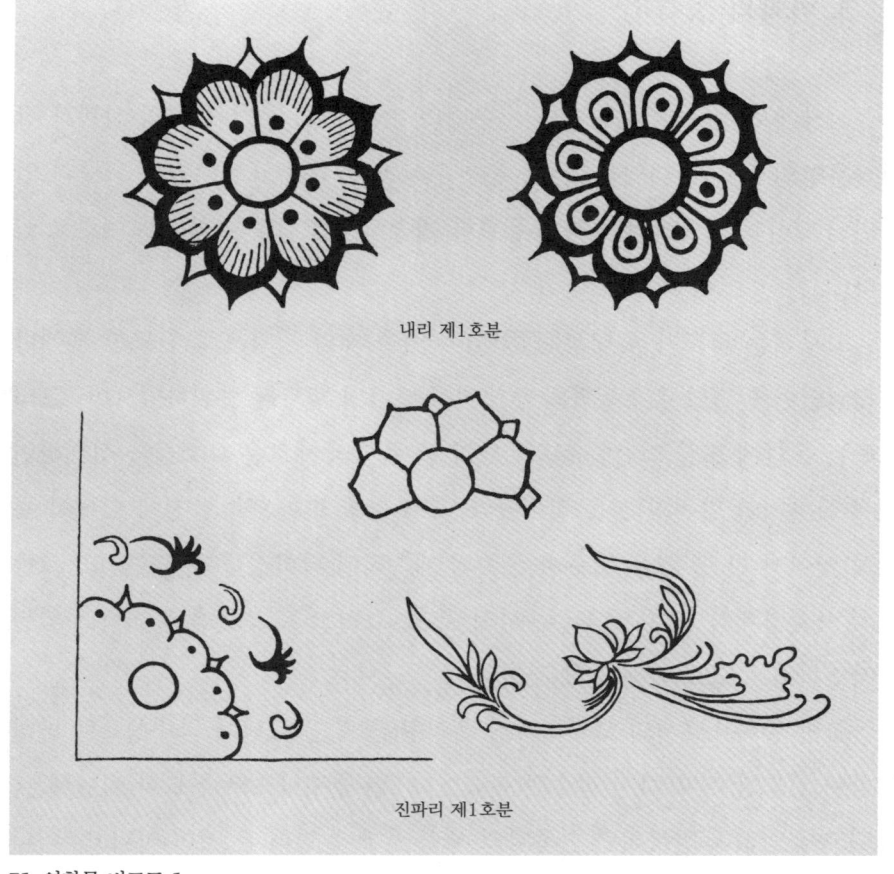

내리 제1호분

진파리 제1호분

75. 연화문 비교도 5.

용되기도 하여 자유스럽게 장식적 효과를 노리고 있다.(도판 74, 75)

　고구려 고분벽화의 장식적 요소로서는 이 외에 일상(日像) 월상(月像) 성신(星辰) 귀면(鬼面) 문자(文字) 괴인(怪人) 기타 기금이수(奇禽異獸) 들이 많으나, 연구의 범위가 호한(浩瀚)[44]하므로 이러한 것들 중에는 필요에 의해 생각나는 대로 서술하기로 한다.

2. 벽화　105

3. 벽화의 성격

이상에서 서술한 바와 같이 고구려의 고분벽화는, 그 제재의 선택과 장식문양의 처리가 다양하고, 웅대한 구상과 능숙한 표현수법은 고구려 인민의 기상과 생활감정 그리고 풍부한 예술적 창조력을 여실히 보여주고 있다.

고구려는 국도가 국내성(國內城)에 있을 때나 평양으로 천도한 후에나 끊임없이 인접한 종족들과의 투쟁에서 자기의 국토를 보위하였으며, 그리하는 동안에 또한 인접한 문화, 특히 한 문화의 새로운 요소들을 섭취하면서 독자적인 발전의 길을 걸어왔다. 고구려의 회화예술 발전에 있어서 특히 잊어서 안 될 것은 고구려 종족의 계속적인 남하정책(南下政策)과 그들의 사회경제적 토대로 되는 생산적 조건, 그리고 또 그들을 둘러싸고 있는 자연환경 등도 고려해야 할 것이다.

북방 종족으로서의 고구려족이 유리왕(瑠璃王) 22년에 국내성으로 남하하여 천도한 이후 다시 장수왕(長壽王) 15년에 평양으로 천도한 이면에는, 결코 끊임없이 반복되던 한족과의 세력 쟁패에 밀려 온 것이 아니고, 어디까지나 그들이 역사적으로 견지해 온 남하정책의 결과란 것은 고구려의 역사가 충분히 설명해 주고 있다.

고구려는 실로 한사군(漢四郡)을 사이에 두고 이를 쟁탈하기에 격렬한 투쟁이 전개되었다. 때로는 한(漢) 우북평(右北平)의 어양(漁陽) 상곡(上谷) 태원(太原)까지 진격하기도 했고, 몇 번이나 요동(遼東)을 쳐들어가기도 했다. 이렇게 고구려는 차츰 그 영토를 확대하고 신진기예(新進氣銳)[45]의 기세를 마음대로 발휘하였다. 이러한 고구려는 때로는 전패(戰敗)도 하였으니, 그것은 특히 관구검(毌丘儉)[46]의 침입과 모용외(慕容廆)[47] 모용황(慕容

�)[48]의 침입이었다.

관구검의 난으로 인하여 국도인 환도(丸都)가 폐허로 되자 부득이 평양성을 쌓고 인민과 종묘사직(宗廟社稷)을 옮긴 일도 있고, 모용씨의 침공으로 타격을 받은 일도 있었으나, 고구려는 다시 사기를 수습하고 반격전을 가하여 퇴세(頹勢)[49]를 만회하였을 뿐만 아니라, 그후 광개토왕대(廣開土王代)에 이르러서는 요하(遼河) 이동(以東)으로부터 한강 이북에 이르는 광대한 영토를 소유한 동방의 강대국으로 발전했던 것이다.

사서(史書)에 고구려 사람들의 동작을 표현하여 "걸음걸이가 달리는 것 같다(行步如走)"고 한 만큼, 그들의 동작은 날래고 민첩하고 활동적이며 전투적이었다. 그들의 이러한 전투적 기질은 오로지 그들을 둘러싸고 있던 정치경제적 및 자연환경적 조건에서 형성된 것이었다.

『삼국지』「위지」'고구려전'에는 고구려의 자연환경을 말하되, "큰 산과 깊은 골이 많고 벌판과 소택(沼澤)[50]이 없으며, 골짜기를 따라 사는데 시냇물을 먹고, 양전(良田)이 없어서 힘들여 농사를 지어도 구복을 채우기 어려울 지경이라(多大山深谷 無原澤 隨山谷以爲居 食澗水 無良田 雖力佃作 不足以實口腹)"고 하였다. 그렇기 때문에 그들의 풍속은 식량을 절약하였다. 그러나 궁실(宮室)을 짓기를 즐겨 하였다는 것이다. 그들은 토지가 척박한 자연환경에서 바람과 추위와 싸우면서, 주로 농경생산보다는 수렵경제(狩獵經濟)에 의거하면서 자기의 운명을 손수 개척해 나간, 자립정신이 강렬한 종족이었다. 그렇기 때문에 그들은 성질이 급하고 전투에서 물러날

---

45. 새롭게 진출하여 의지와 용기가 날카롭고 대단함.
46. ?–255. 중국 위(魏)나라의 장수. 고구려 동천왕(東川王) 16년(242)에 고구려가 요동 지방을 공략하자, 동왕 18년에 정벌군의 장군이 되어 고구려를 침공하여 한때 고구려를 위태롭게 했음.
47. 269–333. 중국 오호십륙국의 하나인 전연(前燕)의 시조. 선비족(鮮卑族)인 모용씨는 3세기초 이후 세력이 커졌고, 외(廆)가 족장이 되어 진(晉)의 요서 지방을 침략했으나 패하여 진에 항복하고 그 선비도독에 임명되었음.
48. 297–348. 모용외의 아들. 외(廆)가 죽자 요동군공(遼東郡公)의 자리를 이어받아 선정을 펴고 중국문화 보급에 힘썼으며, 337년 종래의 동진(東晉)에 대한 종속적 관계를 끊고 스스로 연왕(燕王)이라 칭했고, 후에 고구려를 격파하는 등 영토를 넓혀 대세력을 떨쳤음.
49. 쇠퇴해 가는 형세.
50. 못이나 늪.

줄을 몰랐던 것이다.

고구려 종족은 산험(山險)을 이용하여 경제 토대를 구축하고 문화를 건설하면서도, 그들이 지향하는 바는 항상 보다 넓고 비옥한 토지와 농경생활의 동경이었다. 그리하여 그들은 기원초인 유리왕 21년에는 국내성으로 도읍을 옮겼는데, 이것은 바로 국내성이 산천은 심험(深險)하나 오곡이 잘될 수 있었고 미록(麋鹿)과 귀별(龜鼈)[51]의 생산이 많은 곳이기 때문이었다. 이리하여 고구려는 그후 사백여 년간이나 국내성을 중심 거점으로 하여 그들의 문화를 건설하였다. 그리고 그들의 팽창 의욕은 다시 요동(遼東)과 요서(遼西) 방면으로 세력을 뻗치어 강대한 한족과의 각축전을 전개하는 한편, 또한 남으로 주력을 돌리기 시작하여 마침내 5세기초에는 평양으로 그 발판을 옮기게 된 것이었다.

고구려의 남하정책은 그들의 정치·경제·문화에 심대한 변화를 일으켰다. 한 말로 말하자면, 수렵을 주로 하던 그들이 농경생활로 방향을 전환하게 된 후로는, 그들로 하여금 원시적 생산방식에서 급격한 속도로 생산력의 발전을 가져오게 되었다. 그리하여 그들은 경제적 기초를 점차 튼튼히 하기에 이르렀다. 뿐만 아니라 고구려사회는 고대사회에서 흔히 볼 수 있는 것과 같이 다분히 민주적 요소들이 내포되어 있었다. 그들은 인민을 대표한다는 '왕'으로서 인민을 못살게 하고 잔학한 행동을 할 때에는, 곧 인민의 원수로서 죽였던 것이다. 그것은 모본왕(慕本王)을 죽인 두로(杜魯)[52]와 봉상왕(烽上王)을 죽인 창조리(倉租利)[53]의 행동에서, 우리는 고구려사회가 내포한 민주적 정신이 남아 있었다는 것을 말하게 된다. 고구려 종족의 이러한 민주적·자립적·진

51. '미록'은 고라니와 사슴을, '귀별'은 거북이와 자라를 가리킴.
52. 고구려 제5대 왕인 모본왕(재위 48-58)의 시종. 모본왕이 날로 포악해져 사람들을 함부로 죽였는데, 이를 보고 생명에 위협을 느끼던 차에, 주위 사람의 충동으로 동왕 6년(53)에 왕을 시해했다.
53. 고구려 제14대 왕인 봉상왕(재위 292-300) 때의 재상. 봉상왕이 왕족들의 세력을 억압하고 왕권 강화를 기도하자 귀족들이 반발했으며, 300년 왕이 사냥 나간 기회에 거사하여 왕을 폐하고, 결국 왕은 자살했다.
54. 신변(身邊)에 필요한 것.

취적 정신은 그들의 문화형태를 규정하는 데 주요한 원동력으로 되었으며, 외래문화와의 교류에서도 자기의 전통을 고수하는 힘의 근원으로 되었다.

오늘날 남아 있는 고구려의 문화를 연구함에 있어서, 우리는 무엇보다 그들의 문화가 단순히 자체 발전에서 속도를 촉진시킨 것뿐만 아니라, 한(漢) 문화와의 접촉에서 이용할 수 있는 모든 점을 섭취하면서 새롭고 다양한 고구려의 문화를 창조하였다는 것을 발견케 된다.

고구려 고분은 그 분묘구조의 특수성으로 말미암아 수다한 고분이 도굴을 당하여 출토 유물의 전모를 파악하기는 곤란하다. 그러나 그간 약간의 고분 또는 기타에서 나타난 금·칠제품들과 기와·벽돌 들에서는 고구려의 문화가 한족의 문화를 얼마나 자립적인 태도로써 받아들였고, 또 자기의 것으로 소화시켰는가를 쉽게 발견하게 된다.

고분양식의 특이한 발전에서는 위에서 서술하였지만, 고분 속에 남아 있는 벽화들의 독특한 발전은 거의 세계의 벽화사상(壁畵史上)에서 유례를 찾기 드물 만큼 우수한 발전 면모를 보이고 있다.

고구려의 고분벽화는 물론 우리가 여러 가지 측면으로 분석할 수 있다. 그들이 제재를 선택한 내용을 보면, 생활 풍습을 주제로 한 것과 사신도를 주제로 한 것 등으로 나눈 것은 일반이 다 아는 바이어니와, 이 벽화 중에는 그들의 수렵생활을 말해 주는 많은 벽화와 무력을 자랑하는 전투적인 장면과 복식제도, 풍속 관계, 차마(車馬), 일용(日用) 가구, 악기 등 제반 조도(調度)[54]와 그들의 신앙생활을 말해 주는 신선사상·불교사상 또는 샤머니즘 관계의 다면적인 묘사 들도 있다. 순차적으로 전개되는 이러한 다양한 제재들은 한결같이 고구려의 양식으로 검토되고 처리되었다.

아직까지 고대인(古代人)의 신비관념이 지배적이었던 이들에게는, 다만 무덤이란 하나의 생전생활이 질적으로 변화되었을 뿐인 그대로의 연장이었다. 그들에게는 완전히 '영혼'이라는 것이 불멸의 존재로 가상되었으며, 그러한 영혼을 위하여는 모든 호위(護衛)의 수단을 강구할 필요가 있었고, 생전의 생활과 꼭같이 계속시킬 필요가 있었다. 그리하여 그들은 묘실을 다만 하나의 거실(居室)과 같이 꾸몄을 뿐만 아니라, 영혼으로 하여금 하나의 우주를 만들어 주기도 하였다.

먼저 천장에는 북두칠성을 비롯한 모든 성신(星辰)을 배치하였다. 다음에는 해와 달을 그렸으며, 또는 이러한 일월성신을 주제로 하는 방위신(方位神)인 사신(四神)들을 형상화하기도 했다. 혹은 신선이 날기도 하고 이상한 금수(禽獸)들을 배치하기도 했으며, 꽃이 피고 구름이 나는 것을 표시하기도 했다. 그리고는 생전생활과 꼭같은 집과 방안을 꾸미고 기둥과 두공을, 그리고 그들을 옹위하는 인물 군상을 배치하였다. 혹은 사냥을 하며 씨름을 하고 수레를 타고 나들이를 가며 부엌에서 음식을 만들고 우물에서 물을 긷거나 방아를 찧고 베를 짜며 혹은 주악(奏樂)과 무용을 하고 혹은 전투를 하며 다과(茶菓)를 나르며 승려(僧侶)를 따라 불사(佛事)를 행하는 등 현실생활의 다양한 모습이 그대로 반영되는 것이었다.

통일신라에서나 고려의 분묘는 내부의 치장보다는 외부의 치장에 전력을 기울였다면, 고구려의 분묘는 외형에서보다는 내부의 장식에 전력을 기울였던 것이다. 이러한 특징들은 고구려 인민의 의식형태를 반영하고 있는 것이다. 고대사회에서 흔히 볼 수 있는 소박한 종교적 신비관념, 꼬집어 말한다면 조기(早期)에 속하는 고구려회화에서의 신비적 상징물들은 다분히 샤먼적 요소들이 농후하게 나타나고 있다는 것이다.

그들의 소박한 신비관념은 거의 현실적인 것으로 아무런 거리낌 없이 등

110

장할 수 있었다. 분묘 네 벽에 현실생활이 전개되는가 하면, 바로 그 위에 신비적인 상징물들이 배치되는 것을 보기 때문이다. 그들은 적어도 죽은 자에게 있어서는 산 사람과 다만 유명(幽明)을 달리한다고 생각하였을 뿐, 현실생활이 그대로 연장한다고 믿었던 것으로 보인다.

고구려의 상층계급들이 모든 재보(財寶)를 아끼지 않고 후장(厚葬)하는 풍습이 생긴 것, 분묘의 외형보다 내부 치장에 전력을 기울인 것 등은 바로 이것을 말해 주는 것이다. 고구려의 고분벽화는 물론 지배계급들의 생활의 반영이며, 또한 그들의 지배적 이데올로기의 소산인 것이다.

그러나 이러한 신비관념은 고구려사회의 특권계급만이 가진 것은 아니며, 해당 사회 성원 누구나 가질 수 있는, 일반적 성격을 띤 관념형태였다. 피착취계급이 비록 큰 규모로 분묘를 축조한다거나 벽화로 장식하지는 못했을지라도, 그들이 영혼에 대한 관념, 신비한 힘에 대한 위압감은 누구나 가졌을 것으로 추측된다. 언제나 그들은 모든 정력을 집중하여 높은 수준의 예술을 창조하였으며, 또한 그들의 신비에 대한 관념은 결코 현실을 초월한 환상 세계에서 찾은 것이 아니며 그들을 둘러싸고 있는 자연현상에 의거했다는 데서 생동하는 묘사가 가능했던 것이다.

고구려의 고분벽화는 그들의 국도를 평양으로 옮긴 후 한(漢) 문화와의 보다 더 접근한 접촉에서 성행하였고, 다시 농업경제가 대동강 유역에서 발전함을 따라 벽화의 성격은 더욱 새로운 면모를 띠었다. 그것은 전에 성행하지 않던 사신도가 묘실 장식의 주인으로 등장한 것과, 또한 그것들이 화려하고 찬란한 문양화(紋樣化)의 경향으로 기울어졌다는 것이다. 그 대표적인 예로서 강서의 대묘와 중묘의 사신도를 들 수 있다. 사신도의 유래에 대하여는 아래 말하겠거니와, 벽면에서 생활 묘사가 자취를 감추고 사신도가 주인공격으로 등장한다는 것, 또 그것이 장식적 묘사로 이행한다

는 것에 대하여는 먼저 불교의 전래(傳來)를 고려하지 않을 수 없다.

대동강 유역에서 농업생산이 증대하면서 벌써 고구려의 경제적 기초는 면모를 달리하기 시작했다. 이러한 경제적 토대는 그들의 정치적 상부구조에도 일정한 변화를 일으켰다. 따라서 모든 문물제도의 체제를 갖추게 되며, 원시적 종교관념은 보다 법도를 갖춘 불교에 대하여 새로운 동경으로 나타났다.

불교가 고구려에 전쾌한 것은 기원 372년(고구려 소수림왕 2년)으로, 고구려가 평양으로 천도하기 이전이었다. 불교적 문화는 다분히 자극적인 색채와 장엄한 장식적 요소들로써 현란하게 꾸미는 데 치중하였다. 그것은 불교의 종교사상적 본질이 현실을 부정하고 신비·불가지(不可知)의 세계를 꿈꾸는 데 구경(究竟)[55] 목적을 두고 있기 때문이다. 이러한 사상체계는 필연적으로 예술에서의 신비화 혹은 장식화의 형식수법을 보다 많이 이용하게 되는 것이다.

고구려 고분벽화에서의 사신도가 차츰 문양화하며 벽면에서 생활 묘사가 줄어들게 된 것은 여기에 기인한 것이었다. 이것은 고구려의 회화예술이 일단 생활적인 것에서의 후퇴를 의미한다. 그러나 역사 발전의 단계에서 고구려회화는 장식적인 예술의 발전을 보여주는 하나의 긍정적인 측면도 있다. 여기에서 우리는 사신도가 가지는 회화사적 의의에 대해 잠간 언급할 필요가 있다.

고구려 벽화에서 사신도의 완성과 함께 생활 묘사의 제재들이 줄어졌다는 것은 무엇보다 유감이다. 그러나 한편 사신도의 성행으로써 우리 미술의 사실주의적 전통이 중단되었다고 보는 것은 극히 위험한 일이다. 왜냐하면 그들의 불

55. 궁극(窮極). 필경(畢竟).
56. 표현이 진실하여 거짓이 없음.
57. 대상을 있는 그대로 묘사하는 것.
58. 중국 남제(南齊, 479~502) 때 활동했던 사혁(謝赫)이 『고화품록(古畵品錄)』에서 그림의 가장 중요한 요건에 대해 말한 육법(六法) 중 첫번째로, 물체가 운동하면서 방출하는 근원적인 무형의 생명력인 기(氣)의 쓰임이 운율(韻律)에 의해 조형을 이루며 생동(生動)함을 일컬음.
59. '명(明)'은 죽은 사람의 영혼이라는 뜻으로, '명기'는 죽은 사람과 함께 무덤 속에 묻는 그릇·악기·무기·생활용구 등의 기물을 이름.

112

교적 사상으로 인한 신비적 관념은 장식적인 수법을 요구하기는 했으나, 한편 사실적 추구에 대한 강한 의욕은 결코 저버리지 아니했기 때문이다.

그들은 종교적 제약을 통해 일정한 한계 내에서도 현실 긍정의 강한 고집이 숨어 흐르는 것을 보여주고 있기 때문이다. 사신도는 물론 한(漢) 문화에서 받아들인 것이었다. 오행사상(五行思想)과 천체(天體)에 대한 신앙과를 결부시키면서, 하늘의 이십팔수(二十八宿)를 대표하는 창룡(蒼龍) 백호(白虎) 주작(朱雀) 현무(玄武) 등 방위신(方位神)을 분묘의 네 벽에 배치하면서 가상적인 신수(神獸)를 설정한 데서 출발하였다. 고구려의 사신도는 이러한 신수들이 결코 환상적인 형상으로서가 아니라 '있을 수 있는 동물'로 나타났다는 데 의의가 있는 것이다. '있을 수 있다'는 것은 무엇을 말하는 것인가. 그것은 사신도가 가진 동물적 형태와 동물적 특성 들을 구비하고 있다는 것이다. 고구려의 벽화는, 이러한 모든 특징들이 아주 핍진(逼眞)[56]한 묘사를 통해 생동성을 부여하고 있다는 데 큰 의의가 있다.

또한 그들의 사실적 추구는 사물의 객관적 진실을 심도있게 파악하면서 다만 속학적(俗學的)인 형사(形似)[57] 추구에만 급급하지 않았으며, 보다 본질을 파악하려는 노력이 더 많이 작용하였다는 것이 특징적인 것이다. 이러한 특징의 집약적 표현은 고구려회화로 하여금 웅건하고 패기로 충만케 하였으며, 흘러 넘치는 정열을 느끼게 한다. 고구려의 사신도에서 '기운생동(氣韻生動)'[58]의 최고 경지를 유감 없이 구현하고 있다는 정평(定評)은 바로 여기에 기인한 것이다.

물론 이 사신도라는 동물 형상은 그 시원(始源)을 한대(漢代)에 시작한 오행사상에서 출발하여 한(漢)의 명기(明器)[59]나 와당(瓦當)에서도 볼 수 있고, 또 한계의 고분에서는 직접 벽화로 나타난 것은 없으나 화상석(畵像石)으로 혹은 목관(木棺)의 장식으로 나타나기도 했으며,[22] 경감(鏡鑑) 기

타에 광범히 이용되었다. 그러나 강서 고분의 사신도는 수대(隋代)의 인수경(仁壽鏡)[60]의 그것과 객박을 같이하면서도, 기운생동의 높은 예술적 경지에서는 인수경으로서는 도저히 따를 수 없는 높은 수준에 놓여 있는 것이다. 더욱이 고구려의 예술은 외래문화와의 접촉에서 결코 기계적으로 받아들이지 않았다는 데 특색이 있다.

고구려 고분벽화에서는 중국 분묘에서 볼 수 없는 건축적 도식으로서의 기둥과 두공(枓栱)을 벽화 장식으로 이용한 것이라든지, 사신도를 대담하게 배치한 것과 생활 풍속 등을 그들의 직접적인 사회생활에서 취재한 것 등이 모두 그들의 자주정신의 반영인 것이다.

그들은 회화예술에서뿐만 아니라 종교사상·문물제도에 이르기까지 자기의 특성을 버리지 않았다. 벽화로 나타난 불교적 요소는 허다하나 그것들조차 뚜렷하다고 할 만큼 불교적 색채가 농후한 것은 아니고, 어디까지나 그들의 고유한 신앙과 혼일(混一)하려는 종합적 형태로 나타나고 있다는 것이다.

사실상 고구려에서는 4세기 후반(372)에 불교가 수입되었다든가 말기에 이르러 도교(道敎)가 전해 왔다든가 하는 기록들이 문헌에서 보이며, 가라빙카(伽陵頻加)[23] 비천문(飛天紋) 연화문(蓮花紋) 인동문(忍冬紋) 같은 것 또는 승려(僧侶)인 듯한 인물들이 벽화로 나타나기도 하고, 석조(石造) 혹은 토제(土製) 불상들과 가람(伽藍) 건축의 유지(遺址)들도 있기는 하나, 그것들은 다만 고구려에도 불교가 있었다는 인상을 주는 데 그칠 뿐이고 신라나 고려 때와 같이 뚜렷한 인상을 남기지는 않았다. 이것은 물론 고구려의 자주정신이 강렬하다는 것을

22) 대동강면 오야리(梧野里) 고분 출토 관구(棺具).

23) 가라빙카는 인면조신(人面鳥身)의 이상조(理想鳥)로서 호음조(好音鳥)라고도 부르며 불교 관계 미술에 애용되는 것인바, 통구 무용총 천장부에 나타나고 있으나 인면조신의 이상조는 불교가 들어오기 이전에도 「중산경(中山經)」 「산해경(山海經)」 등 문헌을 통하여 이상신(理想神)으로 기재되고 있으며 기남 화상석묘에도 묘사되어 있다.

60. 수나라 때 장수를 기원하며 만든 동경으로, 뒷면에 '仁' 자와 '壽' 자가 장식으로 새겨져 있음.

의미하며, 외래 요소들이 강력한 고구려적 체취에 흡수되고 말았다는 것을 반증하는 사실로 된다.

필자는 고구려의 회화가 생동하고 패기발랄하며 진취적이고 낙천적인 인상을 던져 주는 그 내재적 요인으로서 그들을 둘러싸고 있는 역사지리적 또는 정치경제적 배경을 잠간 서술하였으며, 그들의 생활 풍습이 검소하고 정갈함을 좋아했으며, 기질적으로 강인하고 대담성이 풍부하며 자립정신이 강한 데서 나올 수 있었다는 것을 말했다. 그러면 이러한 요소들은 형상예술을 통해 어떠한 방법으로 반영되었는가. 먼저 그들의 구상 방법, 선조의 운용, 색채에 대한 감각 등에서 보기로 한다.

고구려 고분벽화의 대다수는 회화의 발생사적(發生史的) 견지로 보아 아직 초기적 단계를 면치 못했다. 우선 그들은 사물을 형상함에 있어서 원근관념(遠近觀念)이 명확하지 않았으며, 공간 처리에 요령을 얻지 못했다. 그들은 기억 표상(表象)에 떠오르는 사건들을 정리하고 체계를 세우려 하지 못했으며, 다만 있는 그대로 화면에 나열하였다. 모든 개별적인 사건들을 아동심리에서와 같이 단순한 기호식 나열 정도로 그치고 말았다. 다시 말하면 하나의 화면을 구상함에 있어서 선후(先後)와 주종(主從)을 가린다든가 설화(說話)의 연결을 꾀한다든가 하는 방면에서 극히 서툴며, 즉흥적으로 처리해 버리고 마는 수단을 택했다. 매산리 수렵총이나 통구의 무용총·각저총 같은 데서 예를 든다면, 사냥하는 인물들의 상호 연계가 없고 원근과 대소를 고려하지 못했으며, 화면의 아무런 공간에나 덮어놓고 나열하였다.

그들은 매개 벽면의 주벽(주인공이 앉은 벽)을 향해 약간 관련되는 듯한 의도에서만 처리했을 뿐이고, 한 개의 벽면이 어떻게 해야 예술적으로 정리되는지를 몰랐다. 한 개의 벽면이 이러할 바에야 개별적인 디테일에서는

2. 벽화 115

76. 무용총 현실 동벽 무용도(舞踊圖).

더 말할 것도 없다. 원근이 뒤집히기도 하고 형태가 비뚤어지기도 했다.

그들은 주체로 되는 인물을 크게 그리고 부수적인 인물은 극히 작게 표현하였다. 이것은 고대예술에서 흔히 보는 현상인바, 주체 인물의 권위와 위신을 높이기 위한 수단으로서 일부러 강조한 것이었다.(도판 21, 98, 101)

이러한 방법은 중국 송대(宋代)의 인물화에서도 보게 되는 것이며, 현대 예술에서도 정도의 차이는 있으나 주인공으로 되는 인물을 특히 강조하여 약간 크게 처리하는 예도 많다. 그러나 고구려의 벽화에서는 그것이 상식을 벗어날 정도로 주체 인물이 훨씬 크게 표현되어 있는바, 이러한 특징들은 고구려의 예술이 아직 발전의 초기 단계에 머물고 있었다는 것을 보여주는 것이다.

77. 무용총 현실 서벽 수렵도(狩獵圖).

그들은 사냥하는 인물이 활을 겨누고 있는 위치와 달아나는 짐승과의 일정한 거리를 미리 계획할 줄 몰랐다. 때문에 왕왕 쫓겨 가는 동물들은 바로 활과 접근해 있거나 또는 활보다 뒤떨어지기도 했다. 그들은 다만 활을 쏘는 사람을 즉흥적으로 그렸으며, 그 다음 남은 공간에 짐승들을 연달아 그렸을 뿐이다.

그들은 또한 앞집을 그리고 다시 뒷집을 그릴 때 앞집에 비해 뒷집이 얼마쯤 작아지기도 하며, 집의 어느 부분만 보인다는 데까지 주의를 돌리지 못한 데서 앞집을 아래 그렸다면 뒷집은 위에 그리는 것이 항례이다. 뿐만 아니라 전혀 내용을 달리하는 딴 장면을 한 화면에 함께 나열하기도 했다.

그들은 어떠한 사건을 문자로 기록하듯 기호식으로 나열한 것에서도,

2. 벽화 117

거기에서 조금도 어색함을 느끼지 않았다. 오히려 그렇게 하는 것만이 그들에게는 자연스러웠다. 그러므로 고구려 벽화에는 아무런 분식(粉飾)[61]도 있을 수 없었으며, 적나라하게 그들의 사실 의욕을 만족시킬 수 있었다.

고구려 화가들의 이러한 객관 인식에 대한 태도는 필연적으로 묘사된 사물에 기운생동성(氣韻生動性)을 요구하지 않을 수 없었다. 단순한 선조(線條)로서 즉흥적으로 처리할 줄밖에 모르는 당시의 조건하에서, 또 그들의 성급한 기질은 불가피적으로 형사(形似) 추구에 정력을 기울이기보다는 더 직관적 감흥을 요구하게 되었던 것이다.

가령 활을 쏘는 사람을 그렸다면 그 사람의 체구 각 부분의 비례라든가 활과 짐승의 거리라든가, 그러한 외부적 조건들의 정확성을 요구하는 것보다는, 한두 붓질로 처리했을지라도 활을 쏘는 기세와 그 순간의 움직임이 살아날 것을 요구하였다.

우리는 고구려의 어느 그림에서나 움직이지 않는 것을 보지 못한다. 극히 소박한 표현방법을 통해서도 패기와 속력과 생명의 약동을 느낀다. 그것은 벌써 화법상(畫法上)의 모든 모순을 내포하면서도 오히려 진실감을 느끼게 하는 데 특징이 있다.

매산리 사신총에서 보이는 비운문(飛雲紋)이나 현무도(玄武圖) 같은 것을 보면 그들은 단순한 한 줄의 선조로 그것의 기분만을 묘사하기에 주의를 기울였다. 이러한 방법은 차츰 인물과 동물 들에도 적용되었다.

객관 사물의 음양과 입체적인 면을 고려에 넣는다는 것은 그들에게는 무척 힘들었다. 웬만큼 형태를 구성한 다음에는, 그 형태들이 가지는 표정과 동태(動態)만이 그들에게는 가장 중요한 것이었다. 그것은 달리는 말에서나 활을 쏘는 사람에서나 춤을 추는 동작에서나 마찬가지로, 다만 움직임과 힘만이 강조될 뿐이

61. 실제보다 좋게 보이도록 거짓으로 꾸미는 것.
62. 너더분하고 자질구레함.

었다.(도판 76, 77)

그러나 그들은 결코 형태를 무시한 것은 아니었다. 머리털과 눈썹과 눈과 코, 입, 얼굴 윤곽, 키의 크기, 동작의 방향 들에서 번쇄(煩瑣)[62]한 세부를 보려고 하지 않았고, 중점적으로 큰 시야에서 큰 비례로 보아 대국적(大局的)으로 처리하였던 것이다. 그러므로 이들의 그림에서는 조금도 어색하거나 무리함을 느끼기보다 먼저 그들의 기상을 엿보여 주는 데 특징이 있다.

그들의 수법은 점차로 세련되기 시작했다. 붓질이 세련되면 될수록 박력과 기운은 더욱 살아나기 시작했다. 그들은 벅차 오르는 감정과 용솟음치는 힘을 억제할 길이 없었다. 때문에 그들이 그린 그림들은 구름에도 날개가 돋친 듯하며 수염에도 날개가 돋친 듯하고 심지어는 옷자락 끝까지도 날개가 돋친 듯, 도무지 정상적인 태도로서는 견딜 수 없을 만큼 예리한 선들은 꺾이고 날고 있는 형용으로 묘사하였다.

다양하게 변화한 비운·당초 문양에서든지, 사신도나 인물에서나 이러한 특색은 어디서나 나타난다.(도판 78-81, 98, 101) 특히 인물도에서 예를 든다면, 통구 삼실총의 도리를 받드는 인물에서 그 기백을 볼 수 있고(도판 82), 안악 제3호분 주인공 부처상(夫妻像)의 옷 주름에서와, 무용총의 탄금도(彈琴圖) 취각도(吹角圖)의 묘사에서와(도판 83, 84), 기타 많은 인물들의 궁둥이의 처리에서 예리한 선을 꺾으면서 동세(動勢)를 강조하려는 의욕을 보게 된다.

고구려 벽화의 이러한 강력한 투지는 대안리 제1호분의 현실 네 귀에 그린 역사(力士)들과, 통구의 사신총 현실 네 귀에 기둥 대신에 그린 괴이한 짐승들에서도 나타난다.(도판 85, 86) 나체로 두 눈을 부릅뜨고 있는 것이 소박한 표현이기는 하나, 돌과 같은 근육을 내밀면서 활개형으로 건축적

2. 벽화　119

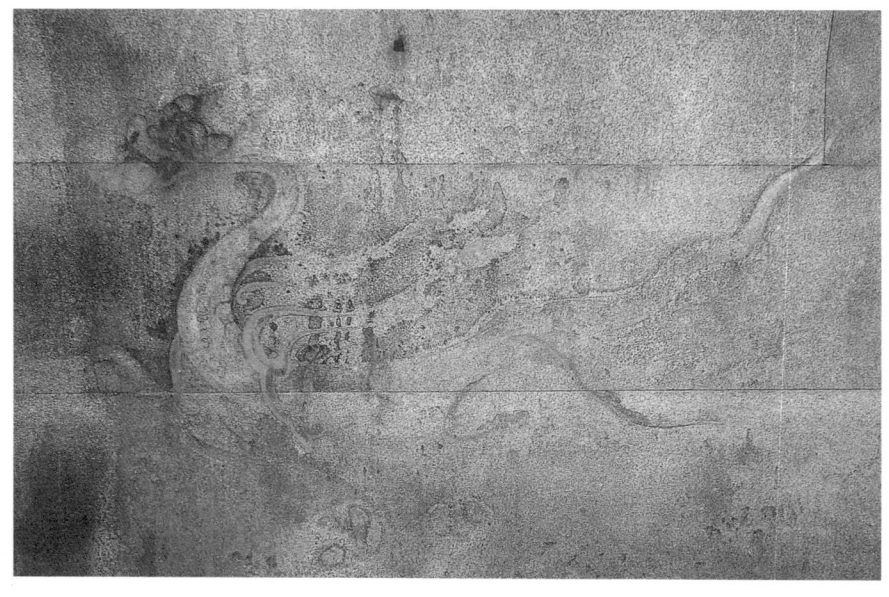

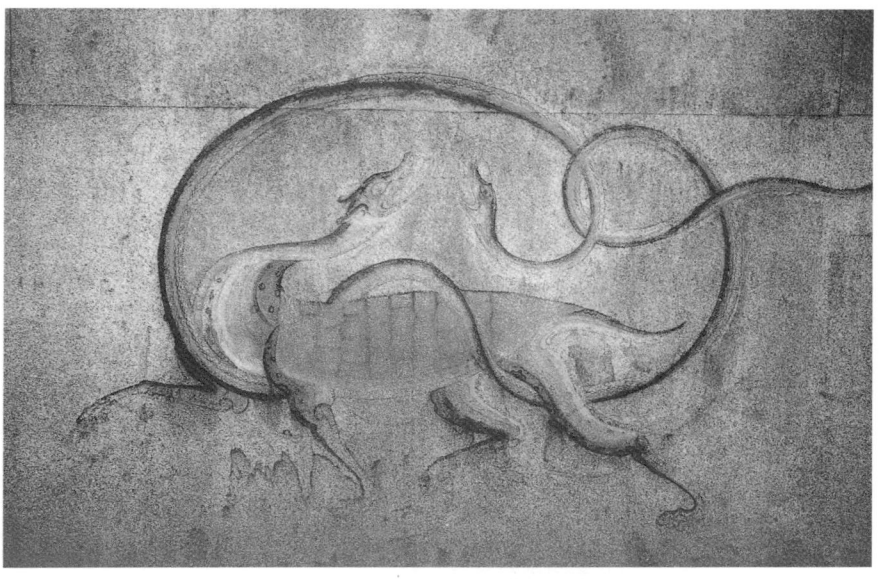

78. 강서 대묘 현실 동벽
창룡도.(왼쪽 위)
79. 강서 대묘 현실 서벽
백호도.(왼쪽 아래)
80. 강서 대묘 현실 북벽
현무도.(위)
81. 강서 대묘 현실 남벽
주작도.(아래)

2. 벽화 121

82. 삼실총 역사도(力士圖).

부분을 떠 받드는 기세는 바로 태산이라도 움직일 듯한 힘의 여유를 느끼게 한다. 고구려 벽화에는 투지 만만한 힘의 자랑뿐만 아니라 또한 해학(諧謔)과 낙천성(樂天性)도 있다.

안악 제3호분에 전실 동측실의 풍속도 중 부엌간 부분에는 지붕 마루에 앉은 새들도 그렇거니와, 버리는 음식을 기다리는 개가 음경(陰莖)을 늘어뜨리고 있는 장면은 웃음을 금할 수 없으며, 통구의 각저총과 무용총의 씨름도에서는 씨름꾼들의 얼굴 모습과 그 장면을 구경하는 백발 노인, 나무 위에 앉은 까마귀들, 이러한 모든 해학적 표현은 확실히 그들의 감정 세계의 일단을 보여주는 것이다.(도판 25)

무용총의 오인조가 춤을 추며 돌아가는 장면은 그 각이한 동작과 표정에서 확실히 그들의 낙천적 성격을 엿보게 된다.(도판 76)

그들의 색조는 극히 단조(單調)하였다. 무덤을 축조하고 벽면에 두껍게

83. 무용총 천정부 탄금도(彈琴圖).
84. 무용총 천정부 취각도(吹角圖).

2. 벽화 123

85. 대안리 제1호분의 역사(力士).

회죽을 칠한 다음 회가 채 마르기 전에 프레스코법으로 즉흥적으로 그리고 마는 이들의 그림에는, 먼저 묵선(墨線)으로 형태를 결정하고 그 다음 주(朱) 황(黃) 토황(土黃) 혹은 연분(鉛粉, 白色) 등 단조로운 몇 가지 색채만으로 만족할 수밖에 없었다. 그러나 가끔 남청(藍靑) 혹은 녹청(綠靑)도 이용하였으나, 후기로 오면서 사용하는 색채의 수가 많아지고 특히 녹색을 광범히 이용하였다.

통구의 사신총과 진파리 고분 들에서는 현저한 녹색의 사용을 보게 된다. 또한 그들은 자극적인 화려한 색채를 쓰면서 금박까지도 이용하여 화면을 아름답게 꾸몄다. 그들은 혼합색을 별로 쓰지 않았고, 되도록 강렬한 원색 대조로써 무덤을 밝고 찬란하게 했다. 물론 그들은 양식상으로나 제재들에서 인방(隣邦) 중국의 영향을 많이 받았다.

한(漢) 이후 위(魏) 진(晉) 남북조(南北朝) 수(隋) 당(唐)의 예술 영향을 빈번히 받았다. 여기에서는 강서 고분의 사신도에서 보는 바와 같이 인도에서 중국을 거쳐 들어온 약간의 운염법(暈染法)[63]의 영향도 있다. 그러나 고구려의 벽화는 그러한 모든 것이 인도와 중국의 그것과는 판이하게 고구려적 체취로 흡수한 득자적인 것으로 소화시켰다.

고구려의 고분벽화는 후기로 내려오면서 차츰 장식화(裝飾化)의 경향으로 사신도가 발전하였다. 그 대표적인 예로서는 위에서 서술한 강서 고분의 신수(神獸)들이다. 이때에는 벌써 인물이나 생활 풍속은 자취를 감

63. 물형을 묘사하는 데 선조(線條)나 균일한 설채(設彩)만으로 그리지 않고, 물형의 입체적인 둥근 맛을 내기 위하여 묵색이나 색채를 농담이 있도록 풀어 나가는 기법.
64. 논·밭으로 이루어진 들.

추게 되고, 실내에서 건축적인 장식(기둥 두공과 같은 것)은 없어지고, 사신도와 천장부에 화려한 장식문양이 대체하였다. 이것은 그들의 경제 토대의 발전, 원시적 수렵경제로부터 농경생활로의 이행으로, 또한 그에서 공고한 기초를 담은 조건하에서 불교적인 이데올로기의 강화와 함께 그들의 심미의식(審美意識)은 다른 방향으로 뻗어 나갔던 것이다.

산성생활(山城生活)에서 광활한 전야(田野)[64]로 환경을 바꾼 그들의 생활이 점차로 넓은 자연과 거리를 가까이할수록, 그들은 훨씬 생활감정의 폭을 넓혔다. 다만 생활 기록의 즉흥적 재현에만 만족할 수 없었으며, 보다 세련되고 보다 이상적으로 꾸미는 장식예술의 세계를 동경하였다.

그러나 그들의 관념의 세계는 의연히 변함이 없었으며, 역시 영혼은 불멸하는 것이며, 죽은 자는 방위신수(方位神獸)들에 의해 보호되어야 하며, 생전과 마찬가지로 실내의 연장이어야 했다. 그리하여 천장에는 일월(日月)이 뜨고 구름이 날며 용 · 호와 주작과 현무는 사방을 호위하였다. 다만 현실세계의 가옥과 다르다는 것은 기둥이나 두공과 같은 건축적 암시물들이 없어진 것뿐이었다.

그들은 이러한 직접적

86. 통구 사신총 괴수.

2. 벽화 125

인 건축적 도식들을 배치함이 없이도 실내를 상상할 수 있을 만큼, 그들의 의식형태는 변화하였다. 그보다도 중요하게 제기되는 것은 이때에 이르러 사신도의 형태상 전진이었다. 전기(前期)의 사신도들—통구의 삼실총·무용총·각저총과 매산리 사신총 등에서 나타나는 사신도는 표현수법이 고졸(古拙)하였음은 물론 형태에 있어서도 거의 형사적(形似的) 방법을 취하여 가로 길다란 몸뚱이를 가졌다면, 그후의 사신도는 벌써 완전히 장식화한 것이어서 상하와 좌우의 균형을 바로잡기에 힘썼으며 대칭적인 구도를 시험하였다.

주작이나 현무에서는 거의 원형 윤곽 안에 배치되는 것이었다. 사신뿐만 아니라 북위(北魏)의 영향이 농후한 연화문·인동문 같은 문양장식들도 정제하고 복잡 화려하며 다채로운 면모를 갖추게 되었다.

그들은 생산력 발전에 따라 모든 문물제도가 정비되었으며, 중앙집권적인 체제의 강화와 함께 이러한 복잡한 사회생활은 그들의 예술로 하여금 보다 화려하게 장식하는 길로 반영되었다. 그러나 이렇게 장식화하는 경향성을 띠면서도 그들의 예술에는 고구려적 기백이 줄기차게 계승되었다. 장식적 외곽을 통해 앞을 내다보며 전진하려는 숨은 힘은 굴강한 기세로써 신수들을 둘러싸고 있다. 이것은 바로 고구려의 고분벽화가 고구려 인민의 손으로 된 것이며, 고구려 인민의 피 끓는 정열과 불패의 정신이 낳은 산물이기 때문이다.

3.
벽화의 연대 문제

1. 지금까지의 연대 고증들

고구려 고분벽화들은 그것이 미술사적으로 체계화하기 위하여는 무엇보다 먼저 벽화 연대의 순차가 정해지지 않으면 안 된다. 그러나 개개의 고분벽화에서 기명(紀銘) 연월(年月)이 발견되지 않는 한 물론 그 절대연대에 관하여는 밝힐 도리가 없고, 다만 대략적인 시기만은 어느 정도 추정할 수도 있는 것이다. 이러한 추정연대의 고증은 이상에서 서술한 바와 같이 고분의 구조양식상 변화와 연관시키면서, 벽화에 있어서도 제재(題材)의 선택의 변화, 표현 기술의 교졸(巧拙)[1], 장식문양들의 양식 변천 들을 종합함으로써 그 대략적인 연대를 추정케 될 것이다. 이러한 연대의 고증은 과거 많은 내외의 학자들이 시론(試論)한 바 있었다.

먼저 벽화 연대를 고증한 제가(諸家)의 설을 간략히 소개하기로 한다.

세키노 다다스(關野貞)의 견해에 의하면, 그는 주로 연화문(蓮花紋)의 양식과 두공(科栱)의 접시받침 유무와 회화수법의 교졸, 또는 불교 수입 선후 등으로 상세한 고찰 경위는 서술치 아니하고 추정연대를 기록하였다.

127

그는 매산리 사신총(일명 수렵총)과 통구의 삼실총 벽화를 인도의 굴원(窟院) 벽화[2]를 제외한 동양에서 가장 오래 된 벽화로 대략 천오백 년 이전, 즉 5세기경의 것으로 보았으며, 통구의 산연화총·구갑총·미인총, 노산리 개마총, 호남리 사신총, 화상리 감신총, 성총 등을 천사오백 년 전경으로 보고, 천왕지신총, 간성리 연화총을 천사백 년 전으로 보며, 우현리(遇賢里) 삼묘(강서 고분들)를 천삼백오십 년 전경으로 보았다.

그는 고구려의 석축분(石築墳)과 봉토분(封土墳)은 통구시대부터 병존해 온 것으로 보았으며, 벽화에 대하여는 그 초기에는 중국의 영향이 많고 고졸생경(古拙生硬)[3]하나, 중기에 들어서면서 발전하여 사실(寫實)의 묘미를 발휘하고 섬세한 필치로 풍속 인물을 표현하였으며, 후기에 이르러서는 극도로 발달하여 줄기찬 선조를 자유로 구사하면서 사실을 초월하여 사의적(寫意的)[4]으로 되었으며 신운(神韻)이 표묘(縹眇)하다[5]고 평가하였다.[1]

이에 대하여 일본 어용학자 나이토 고난(內藤湖南)은 대체로 세키노의 추정연대에 동의하면서 주로 경감(鏡鑑)으로 나타나는 사신도(四神圖)의 모양과 인물의 복식 등에서 구체적으로 양식상 공통점을 인증(引證)하였으며, 매산리 사신총과 통구의 삼실총이 가장 오랜 벽화로서 이것을 5세기초(천사오백 년 전)로 잡고, 쌍영총·성총·감신총 등은 6-7세기 간, 즉 천삼사백 년 전으로 추정하였으며, 강서 우현리의 대묘와 중묘는 7세기 초·중경, 즉 천삼백사오십 년 전경으로 연대를 추정하였다.

나이토가 고증한 자료에 의하면, 삼실총과 매산리 사신총 벽화에서 동벽 창룡(倉龍)의 형태

1) 關野貞, 『朝鮮の建築と藝術』, 岩波書店, 1941.
2) 영건이라 한 것은 인물 좌우 어깨 위로 옷자락 같은 것이 거꾸로 쓴 '八' 자형으로 날려 올라가는 것을 의미한다.
3) 內藤湖南, 『支那繪畵史』, 東京: 笳摩書房, 1975.

1. 교묘함과 서투름.
2. 인도 폼페이 동북방에 있는 석굴사원(石窟寺院) 벽화, 즉 아잔타(Ajanta) 석굴의 벽화를 말하는 것으로, B.C. 1세기에서 650년경 사이에 하나하나 만들어진 석굴들 안에 조각과 벽화가 장식되어 있음.
3. 기교 없이 예스럽고 소박하며, 미숙하여 자연스럽지 못하고 딱딱함.
4. 사물의 형태보다는 그 내용이나 정신에 치중하여 그리는 것.
5. 신비로운 기운이 끝없이 넓고 멀어서, 있는지 없는지 알 수 없을 만큼 어렴풋함.
6. 비평하여 정정함.

는 다른 벽화의 창룡과는 달라서 좌우로 길다란 체구를 가진 것인데, 이것은 후한시대(後漢時代)인 듯한 동경(銅鏡)의 창룡과 양식상 공통성이 있는 점으로 보아 적어도 5세기경으로 비정(批正)[6]한 것이며, 또한 매산리 사신총 인물에서 보이는 영건(領巾)[2]이 쌍영총이나 감신총 등 인물에서는 보이지 않는바, 이 영건이 동경 문양으로 나타나는 것은 그 가장 오랜 것으로는 후한 원흥(元興) 원년(기원 105년) 경(鏡)이 있고, 다음으로는 남제(南齊) 건무(建武) 5년(기원 498년) 신수경(神獸鏡)에 있으며, 그후의 동경에는 인물의 영건이 나타나지 아니하므로 이상의 고분들은 사신도의 형태로 보나 인물의 복식으로 보아 연대가 올라갈 수는 없다는 견지에서 이것을 6세기경으로 보았으며, 강서군 삼묘리 고분들은 사신도의 형태가 수대(隨代)의 인수경(仁壽鏡), 당대(唐代)의 무덕(武德) 5년 경(鏡)의 그것과 동일하므로 적어도 7세기 전후를 올라가지 못하는 것으로 보았다.[3]

이상 두 사람의 연대 고증은 대략 비슷하나, 다만 후자는 좀더 구체적으로 양식을 고찰한 것이 특징적이다.

여기에 필자가 잠간 의견을 첨부할 것은, 벽화 인물에 영건이 없는 감신총 벽화는 사실과 부합되지 않는다. 감신총에는 전실 서쪽 감실(龕室) 벽화 중 상단 중앙에 그린 인물에 확실히 영건이 달려 있다. 그러므로 영건 유무만으로 연대를 추정하는 것은 위험한 일이다. 또한 나이토는 호남리 사신총의 신수도(神獸圖)가 그 수법이 고졸(古拙)하다는 것으로 연대를 높이 보았으나 여기에도 이의가 있다.

다음 고구려 고분벽화에 대하여 비교적 다른 각도로 연대를 고찰하려 한 사람들 중에 이케우치 히로시(池內宏)와 나카무라 기요에(中村淸兄)가 있다. 이케우치는 『통구(通溝)』 하권(下卷)에서 대략 다음과 같이 벽화 연대를 추정하였다.

그는 세키노의 설과는 달리 석축분(石築墳) 시대는 장수왕(長壽王)의 평양 천도 이전 통구 드읍 시대로 보고, 봉토분(封土墳)은 평양 천도 후의 시대로 전후기를 엄격히 구분하였으며, 통구에 있는 봉토분들은 모두 평양 도읍 시대의 것으로 잡고 있다. 그러므로 고구려의 고분벽화가 생긴 것은 장수왕 이후, 즉 5세기로부터 잡는다. 따라서 봉토분에 흔히 있는 삼각형 받침 천장도 물론 장수왕대로부터 시작된 것으로 본다.

그는 고구려 고분벽화의 발전단계를 먼저 실생활을 묘사한 풍속화의 중심에서 사신도 중심으로 분화 발달한 것이라고 하면서, 대체로 통구의 삼실총과 매산리 사신총을 높은 연대로 보고 우현리 고분들을 낮은 연대로 나누었다.

그는 매산리 사신총은 또한 불교적 영향도 없는 것으로 보아(물론 불교 전래 이후이기는 하지만) 벽화 중 가장 오랜 것으로 그 연대를 세키노의 설과 같이 천오백 년 전(5세기 전반)경으로 보고, 통구의 삼실총은 5세기 후반으로 보면서, 주로 세키노의 설을 반박한 것은 봉토분이 장수왕 이후 평양시대였다는 것을 강조하였다. 그가 삼실총 벽화를 매산리 사신총보다 후기로 본 것은 삼실총 벽화에서 화판(花瓣)이 예리한 측연화문(側蓮花紋)과, 역사(力士)의 머리털과 면모에 불화적(佛畵的)인 인상을 주는 것, 필치가 세련된 것 등으로써 후기로 추정한 것이었다.

그는 이어서 모드루총(牟頭婁塚)은 6세기(문자왕 때)경으로 보고, 무용총과 각저총은 구름문과 전각(殿閣) 등이 안성동 대총과 상통하므로 하대(下代)의 중기(?)로, 통구 사신총과 호남리 사신총도 비슷한 연대이나 후자는 전자보다는 약간 오랜 것으로 볼 것이며, 환문총과 내리 1호분은 의장(意匠) 채색

---

4) 池內宏·梅原末治, 「通溝」 下卷, 日滿文化協會, 1940, 논문 걸어(結語).

5) 中村淸兄, 「再び高句麗時代の古墳た就て」 「考古學論叢」 第7輯, 1938. 6.

6) 高裕燮, 「朝鮮美術文化史論叢」, 서울신문사, 1949.

7. 구불구불한 구름 무늬.

과 장식문(裝飾紋)이 상통하므로 내리 1호분 기준으로 판정해야 할 것이라고 했다.[4] 다시 나카무라는 벽화의 추정연대는 밝히지 아니하였으나, 봉토분과 벽화의 출현은 고구려의 남천(南遷) 후 지리적 관계로 나타난 것으로 대체로 보고 있다. 그리고 생활 풍속을 주제로 한 고분에서(무용총·각저총 등) 다시 사신(四神)이 주제가 되고 풍속이 종속적 위치로 변한 단계로(매산리 사신총·개마총 등), 그리고 사신만이 뚜렷하게 등장한(강서 고분) 순차로 그 시대적 추이(推移)를 보고 있다.[5]

일본인 학자간의 벽화 연대관은 대략 이상과 같거니와, 우리나라 미술사가(美術史家)로서는 먼저 고유섭(高裕燮)과 리여성(李如星)이 벽화 연대에 대하여 약간 서술한 바 있었다. 고유섭은 통구에 있는 벽화고분들은 평양 천도 이전, 즉 장수왕 15년 이전으로 보았으며, 벽화에 연화문·인동문(忍冬紋)과 같은 불교적 요소가 있으므로 고구려에 불교가 수입된 이후인, 즉 소수림왕(小獸林王) 2년(기원 372년) 이후의 것으로 보면서, 삼실총에 남아 있는 구운문(句雲文)[7] 등은 기미명(祁彌明) 화상석(畵像石)의 수법과 같으므로 대략 같은 시기로 보아 북위(北魏) 이전 동진대(東晉代)로 천오륙백 년 전에 해당한다고 했다. 이러한 것을 고구려 벽화의 최고 연대로 볼 수 있을 듯 싶고, 그 최저 연대로서는 강서 고분들과 같이 받침돌에 문양이 인동·비운문(飛雲紋) 등 남북조(南北朝) 말기에서 수초(隨初), 즉 천삼사백 년 전 양식으로 나타나는 것으로 구분하였다. 그러면서 그는 용강 쌍영총은 이보다는 앞선 고구려 문자왕(文咨王)이나 안장왕(安藏王) 시기인 천사백 년 전경으로 보고 있다.[6]

다음 리여성의 견해에 의하면 매산리 사신총은 4세기 이전, 강서 고분들은 6세기 상반기, 중화군 진파리 1호분은 5세기, 안악 제2호분은 5세기, 안악 제3호분은 4세기 중엽, 통구 사신총은 4세기로 대개 나누었다.[7] 또한

3. 벽화의 연대 문제 131

리여성은 고구려 고분벽화가 제작된 것은 대략 3세기에서 6세기 간에 된 것이라고 보고 있다.

이상 제씨(諸氏)의 연대설을 표로써 작성해 보면 표 1과 같다.

이상 벽화 연대표를 다시 종합해 보면, 먼저 봉토분과 석축분이 통구시 대부터였다고 보는 이가 세키노와 고유섭이고, 봉토분은 평양 천도 후부 터 발생하였다고 보는 이는 이케우치와 나카무라 두 사람이다. 그리고 매 산리 사신총을 최고 연대로 보는 데는 고유섭을 제외한 제씨의 견해가 일 치하게(오직 리여성의 4세기설을 제외하고는) 5세기 전반 혹은 후반으로 보고 있다.

호남리 사신총은 나이토와 세키노만이 다소 높은 연대로 보며 강서 고분 들은 대개 7세기 초ㆍ중으로 보는데, 리여성만이 약 백 년을 올려 6세기 상반으로 본다.

통구의 각저총ㆍ두용총 등에 대하여는 이케우치는 낮은 연대로 이것을 통구의 사신총과 거의 동시대로 보고 있는데, 리여성은 사신총을 4세기까 지 올려 보고 있다.

중화군 진파리 고분과 안악 고분들은 일제 패망 전후에 발굴하기도 하고 화제에 오르기도 한지라, 리여성만이 진파리 1호분과 안악 제2호분은 5세 기, 안악 제3호분은 4세기 중엽으로 보고 있다. 여기에 리여성을 제외하고 는 모두 안악 고분들을 발굴하기 이전의 다른 고분의 벽화들로써 진행된 연구들이었다.

그러나 1949년도에 안악 고분들을 발굴하게 되자 고구려 고분벽화 연구 에서는 새로운 자료들이 많이 나타났으니, 첫째로 안악 제3호 고분에 나타 난 묵서(墨書)는 고구려 고분의 절대연대를 처 음으로 말해 주는 것이며, 그 고분 축조의 양식

7) 리여성, 『조선미술사 개요』, 국립출판사, 1955, p.50-51.

고분명 \ 학자명	세키노	나이토	이케우치	나카무라	고유섭	이여성
매산리 사신총	5세기(?) (천오백 년 전)	5세기초	5세기 전반		5세기 (천오백 년 전)	4세기 이전(?)
삼실총	5세기 (천오백 년 전)	〃	〃		5세기 (最古, 천오백 년 전)	
산연화총	6세기 (천사오백 년 전)					
구갑총	〃					
미인총	〃					
개마총	〃					
호남리 사신총	〃	연대 높게	하대 중기보다 높게			
감신총	〃	6-7세기 (천삼사백 년 전)				
성총	〃	〃				
천왕지신총	6세기중 (천사백 년 전)					
간성리 연화총	〃					
강서 대묘	7세기 (천삼백오십 년 전)	7세기 초·중 (천삼백오십 년 전)		평원왕	6세기중 양원왕 (천삼사백 년 전) 안원왕	6세기 상반(?) (천사백이삼십 년 전)
강서 중묘	〃	〃				
강서 소묘	〃	〃			평원왕	
쌍영총	7세기 (천삼사백 년 전)	6-7세기			7세기 (천사백 년 전)	
모두루총			6세기			
무용총			하대 중기			
각저총			〃			
안성동 대총			〃			
통구 사신총			〃			4세기(?)
환문총			〃			
내리 1호분			〃			
진파리 1호분						5세기
안악 2호분						5세기
안악 3호분						4세기중(?)
봉토분	통구		평양	평양	통구	
석축분	통구		통구	통구	통구	

표 1. 연대 비교표.

에서부터 벽화 인물의 의상, 풍속에 이르기까지 종래에 보지 못하던 새로운 국면을 보여주는 점과, 전장에서 서술한 바와 같이 최근 수삼 년간에 중국 산동성·하북성·요령성 등지에서 3세기말–4세기초경으로 추정하는 전곽(塼槨) 또는 석곽벽화묘들이 여러 기나 발굴되었는바, 그 축조양식과 벽화들이 안악 제3호분과 많은 관련성을 보여주고 있으므로 필자는 안악 제3호분에 대하여 특히 관심을 돌리는 동시에 중국 방면의 상술한 고분들과 관련시키면서 벽화 연대를 고찰해 보기로 한다.

2. 안악 제3호분에 대하여

고분벽화에서 절대연대를 가진 안악 제3호분(기원 357년)이 발견되기 이전까지는 대개 매산리 사신총과 집안(輯安) 삼실총을 고구려 고분벽화로서는 가장 오랜 것으로 보고, 그 상한(上限)을 약 5–6세기경으로 추정하는 경향이 많았다. 그러나 안악 제3호분이 발견된 오늘에 와서는 이것이 과연 옳은 견해였던가 다시 한번 검토할 필요가 있고, 또 안악 제3호분의 발견은 종래 학자들간에 논의되던 많은 미해결 문제들에 대하여 어떠한 시사를 던져 주는 자료를 제공하고 있다는 데 더욱 우리의 주목을 끌게 한다.

고구려 고분의 벽화가 흔히 삼각형 받침식 천장을 가진 봉토고분에 한하여 있다는 점에서 봉토고분에 대한 연대 문제가 논의되었고, 벽화에 불교적 요소로 간주되는 연화문·가라빙카(伽陵頻加) 또는 승려와 비슷한 인물들이 나타난다는 것을 주로 하여, 높이 보아서 고구려의 평양 천도 직전으로 상한 연대를 추정하였던 것이다.

종래의 학계에서는 벽화가 없는 석축형식의 단실분에서 특수형 다실분으로의 이행에 대해서나, 삼각형 받침 천장의 발생에 대해서는 명확한 결

론을 내리지 못한 채 남아 있었다. 그런데 안악 제3호분은 고구려가 평양으로 천도하기 벌써 칠십 년이나 이전(기원 357년)에 축조된 것이며, 또 이 고분은 삼각형 받침 천장을 구비하고 연화문도 뚜렷이 나타나고 있다는 점이 먼저 주목의 초점으로 되며, 이러한 점만으로도 벽화 연대는 재검토하지 않을 수 없게 된다. 필자는 이 고분이 특수한 구조양식을 가졌다는 것과 종래의 벽화보다 많은 새로운 벽화 제재들이 나타난 현상들을 고려하여, 고구려 고분벽화 연구에서 안악 제3호분의 위치는 문제 해결의 고리로 된다는 것을 느끼게 된 것이었다. 그리하여 필자는 이 문제를 고찰함에 있어 고구려 고분의 일반적 양식 변천의 자취를 찾아보았으며, 벽화고분들이 다분히 천도 전후를 막론하고 대동강 유역 일대에서 한(漢) 문화와의 직접적 영향이 있은 것을 느꼈다. 그리하여 그것은 고구려적 특수한 자기 발전의 길로 순화(醇化)한 것이라고 보았다.

필자는 이 문제의 고찰에서 대동강 유역 일대에 산재한 전곽고분들과 요동성·하북성 방면의 전곽 혹은 석곽분들과 비교 연구하면서 안악 제3호분의 정체를 밝혀 보려고 했다. 그리하여 대부분의 문제가 나대로는 해결된 것같이 느꼈으나, 오직 삼각형 받침 천장형식에 대해서만은 그것이 자체적으로 발전한 것이냐 혹은 북방 계통의 문화적 영향이냐 하는 문제는 해결되지 못했던 것이다.

그러다가 산동성 기남(沂南) 화상석묘(畵像石墓)의 발굴보고서를 보게 되자 중국에는 삼각형 받침식 천장이 수처에 발견된 것을 알았으며, 지금까지 한묘(漢墓) 벽화에서 뚜렷한 사신도가 없었다고 생각하던 것도 이 화상석묘에서 벌써 나타나고 있었다는 사실을 알게 되었다. 안악 제3호분이 요양(遼陽) 석곽(石槨)이나 망도(望都) 한묘와의 비교에서 보다 더 기남 화상석묘와 요양 삼도호(三道壕)와 봉태자둔(捧台子屯)의 석곽 벽화묘들에서

3. 벽화의 연대 문제 135

그 유사성을 발견케 된 것을 말하게 된다.

　필자는 이러한 고분들의 상호 관계를 천명하고 이에 대한 예비지식을 소유한 다음에 벽화 연대를 언급하는 것이 약간의 방조(傍助)가 되리라고 믿으면서 안악 제3호분의 벽화에 대하여 서술하기로 한다.

　안악 제3호분은 속칭 하(河)무덤이라 한다. 경재(敬齋) 하연(河演)을 칭송한 비석이[8] 이 고분 위에 아직도 서 있으며 하구대(河丘垈) 혹은 하무덤이란 이름으로 전해 오는바, 1949년도 조사에 의해 이 무덤은 고구려 고분인 것이 판명되었다.

　안악 제3호분에 대한 고분 구조양식에 관하여는 자세한 설명을 피하고, 대략 서술하면 연도(羨道)가 없고 실(室)로 된 것, 방위가 남으로 향한 것, 축조 규모가 일반 고구려 고분의 단순한 형식들과는 달라서 구조적으로 복잡한 좌우대칭적 다실분(多室墳)으로 된 것, 그리하여 좌우 측실들이 평안도 일대 고분에서 보는 감실(龕室)과 같은 인상을 주는 것, 효당산(孝堂山) 석실 기타 한대(漢代) 분묘에서 볼 수 있는 팔각형 돌기둥이 선 것,[9] 전실 천장이 삼 구로 나뉜 것, 연도실(羨道室) 담벼락이 벽돌 같은 작은 판석으로 가로 쌓아 올린 것, 석실 바닥이 지평보다 약 1.5미터가량 낮은 것, 서측실과 후실이 약간 높은 것, 석상(石床)이 없는 것, 회랑(廻廊)이 둘린 것, 서측실에 무덤 주인공의 초상이 있는 것, 사신도가 전혀 보이지 않는 것, 불교적 영향이 적은 것, 서측실로 들어가는 왼편 벽에 묵서가 기록되어 있는 것, 이러한 모든 점이 일반적인 고구려 벽화분에서는 볼 수 없는 것이며, 이것들은 다만 평양 역전 벽화고분(1954년도 정리 분), 태

8) 하연(河演)은 세종조(世宗朝)의 명신으로 이 지방에 와서 선정(善政)을 베푼 공로로 기념 구대(丘垈)를 쌓은 것이라는(후일) 남병철(南秉哲)이 쓴 비석이 현재도 서 있다.
9) 안악 제3호분에서 보는 바와 같은 팔각형 기둥에 사각 주두(柱枓)가 있는 석주는, 그 명문에 의하여 후한(後漢) 순제(順帝) 영건(永建) 4년(기원 129년) 이전으로 추정하는 산동의 효당산 석실과 기남 화상석묘(195년 이전으로 추정하는 고분) 들에도 있고, 육조시대(六朝時代) 것으로 천룡산(天龍山) 석굴 제16굴에도 있다.

성리 제1호분, 순천 요동성
총, 감신총, 안성동 대총, 간
성리 연화총 들과 부분적으로
같은 점들이 있고, 더 나아가
서는 일제시대에 평양역 구내
에서 발굴한 영화(永和) 9년명
전분과 중국 망도 한묘, 기남
화상석묘 및 태자하(太子河)
부근 요양 벽화묘, 요양 석곽
들과도 연관성을 찾게 되는
것이다. 이러한 특징들과 병
행하여 안악 제3호 고분에 있
는 묵서와 벽화들을 고찰해
보기로 한다.(도판 87)

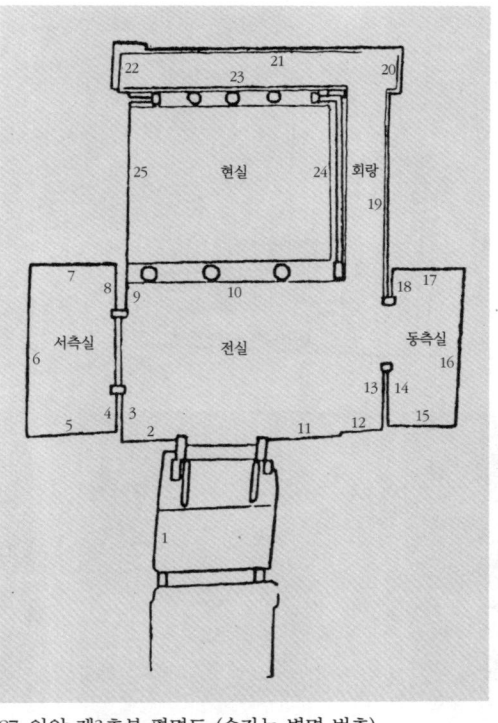

87. 안악 제3호분 평면도.(숫자는 벽면 번호)

안악 제3호 고분은 그것이 사신도가 전혀 없는 순전한 풍속화 고분류에
속한다. 이 고분벽화는 석회질이 많이 포함된 넓은 판석면에 직접 벽화를
그렸으나, 연도실만은 두께 3.3-5센티미터가량 되는 전(塼)과 같이 납작납
작한 돌로 쌓은 다음 두껍게 면회(面灰)를 바른 위에 창과 방패를 든 무사
들을 좌우 벽에 그렸던 것인지, 지금 연도실 서벽(제1벽) 하단에 너더댓 개
창과 방패가 나타나고 있다.

전실은 서벽 좌우에 장하독(帳下督)을 그렸는데, 그 왼편(제3벽) 장하독
위에는 동수(冬壽)의 묘지(墓誌)로 보이는 것이 묵서로 기록되어 있다.

남벽(제2벽 상단)은 호각(胡角)을 부는 인물, 북을 치는 인물들(제2벽 하
단), 전리(戰吏)들의 나열도(제11벽 상단), 도끼(斧鉞)를 든 무사의 행렬(제

3. 벽화의 연대 문제 137

88. 안악 제3호분 벽화 중에서 우물.   89. 안악 제3호분 벽화 중에서 부엌.

12벽 하단)이 있고, 동벽(제13벽) 상단에는 씨름을 겨루려는 두 인물과 그 하단에는 도끼를 든 무사 행렬이 북향하였으며, 북쪽으로는 벽 대신 바로 팔각 돌기둥 세 개가 서 있는데 주추(柱礎)가 없고 귀면(鬼面)을 그린 네모 난 주두(柱枓)를 가진 기둥이다.

다음 동측실은 마구간(서벽, 제14벽)과 외양간(남벽, 제15벽), 차고(車庫)와 육고(肉庫)와 주방(이상은 동벽, 제16벽)이 그려 있으며, 우물(북벽,

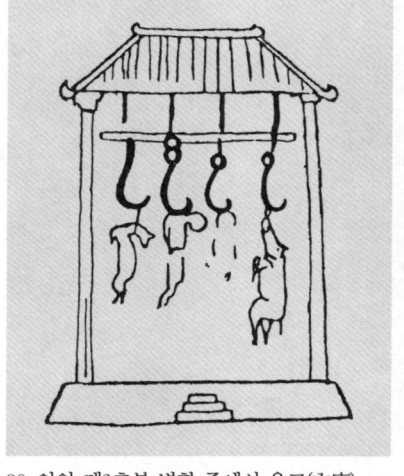

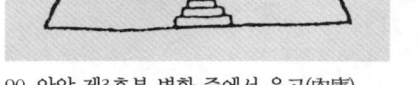
90. 안악 제3호분 벽화 중에서 육고(肉庫).

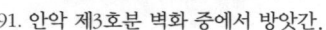
91. 안악 제3호분 벽화 중에서 방앗간.

제17벽)과 방앗간(서벽, 제18벽) 들을 그렸다.(도판 88-91)

후실은 남북 양 벽은 돌기둥들이 서 있어 그림이 없고 서벽(제25벽)에도 그림이 없으며, 다만 동벽(제24벽)에만 세 사람의 반주에 맞추어 춤을 추는 인물이 있다.[10] 그리고 후실 동편에서 북으로 꺾어진 회랑 벽(제19·20·21벽)에는 무려 이백오십여 명이나 되는 굉장한 반차행렬도(班次行列圖)가 있으며(도판 92), 후실 북벽 뒤편 벽 돌기둥 밑(제23벽)에는 전각도(殿閣圖)가 있다.

마지막으로 서측실을 보면, 서벽(제6벽) 중앙에 이 무덤의 주인공인 듯한 인물이 귀면을 그린 털부채를 들고 세로 넓고 붉은 줄을 내려 친 합임(合袵)으로 된 도포류(道袍類)의 장의(長衣)를 입고, 위가 평편(平便)[8]한 흑책(黑幘)에다 뒤로 우뚝 솟은 흰 덧관을 썼으며 좌상(坐床)에 걸터 앉았고, 그 앞으로는 우측에 기실(記室) 소사(小史) 두 사람이 시위(侍衛)

10) 이 벽면은 그림이 몹시 흐려져서 원모를 알기 어려우나, 거문고(琴)와 저(笛)와 완함(阮咸) 같은 악기를 가진 서너 사람의 반주대와, 그 안에 가면을 쓴 것 같기도 하고, 그렇지 않으면 서역 사람을 연상케 하는 코가 몹시 크고 머리에는 터번 같은 것을 두른 모양을 가진 인물이, 두 다리를 반달형으로 하고 발 끝을 모아 춤을 추는 형용을 하고 있다. 발굴 당시에는 이 인물 뒤에 또 인물이 보였다 하나 지금은 전혀 보이지 않는다.

8. 평평하여 편안함.

3. 벽화의 연대 문제 139

92. 안악 제3호분 대행렬도의 일부.

하고, 좌편에는 성사(省事)와 문하배(門下拜) 두 사람이 시립하고 있다. 이들은 혹 홀(笏)을 잡고 서기도 하고, 혹은 서사용(書寫用) 지필(紙筆)을 갖기도 했다.(도판 98)

이 초상 서편(제5벽)에는 그 부인의 초상과 좌우에 선 시녀들이 역시 합임으로 된, 운문(雲紋)을 놓은 화려한 의복을 입고 소위 고계운환(高髻雲鬟)[9]의 야단스러운 머리를 틀었는데, 여주인공은 주옥(珠玉)으로 만든 각색의 머리꽂이로 치장하였으며 위편에 시위하는 한 시녀는 두 손으로 일종의 이름 모를 동기(銅器)를 칠소반에 받쳐 올리고 있으며(도판 101), 다시 남벽 좌편(제8벽)에

9. 푸른 구름에 비유한, 높게 틀어 올린 여자의 머리 모양.
10. 금속으로 된, 장식품을 달아 만든 띠.

140

는 신라 금관총(金冠塚)에서 출토한 것과 같은 과대(銙帶)[10]를 허리에 두른 장하독을 그렸다.

문양으로는 서측실과 후실 천장에 8판 연화문이 남아 있고, 전실 천장에는 일상·월상(東과 西) 흔적이 있다. 그리고 돌기둥 머리에는 귀면(鬼面)을 그렸고, 천장 받침돌에는 기운문(夔雲紋)을 그렸다.

이 안악 제3호분은 아직 발굴보고서가 나오지 않았으며, 다만 도유호의 간략 보고가 『문화유물』 제1집(1949년 12월)에 발표되었고, 리여성이 고국원왕(故國原王)의 능으로 추정한 단편적인 기록이 『력사과학』(1955년 제5호)에 발표되었다. 도유호의 간략 보고는 1952년 제1기 『문물 참고 자료』(중국 북경)에 번역 소개되었으며, 동지(『문물 참고 자료』)에 숙백(宿白)은 「조선 안악 발견 동수묘(冬壽墓)」란 제하에 이 무덤이 동수의 것임을 고찰한 간단한 논문을 발표하였다.

이 무덤은 아직 결론을 얻지 못하고 있지만 이 무덤의 묘지 묵서가 만일 절대연대를 밝혀 주는 것이라면, 또는 이 묘가 고국원왕의 능이냐 동수의 무덤이냐 하는 문제가 밝혀진다면 고구려 고분 연구에서 많은 새로운 문제들이 제기될 가능성이 있을 뿐만 아니라, 나아가서는 역사지리학적 견지에서도 약간의 방조가 되리라는 것은 의심할 바 없다.

그러므로 필자는 이 안악 제3호분을 연구함에 있어서 무엇보다 먼저 이 고분벽화에 나타나는 묵서 기록을 연구한 다음 벽화 연구로 옮기기로 한다.

안악 제3호분 전실에서 서측실로 들어가는 원편 벽(제3벽) 하단에는 장하독(帳下督)이 그려 있고, 상단에는 다음과 같은 칠 행 예순여덟 자의 묵서가 기록되어 있다.

3. 벽화의 연대 문제 141

永和十三年十月戊子朔廿六日

□□使持節都督諸軍事

平東將軍護撫夷校尉樂浪

□昌黎玄菟帶方太守都

鄕侯幽州遼東平郭

□鄕敬上里冬壽字

□安年六十九薨官

영화 13년 10월 무자삭 26일 □□에, 사지절·도독제군사·평동장군·호무이교위이
고, 낙랑·창려·현도·대방 태수이며 도향후인, 유주 땅 요동군 평곽현 □향 경상리
사람인 동수는, 자가 '□안'으로, 예순아홉에 벼슬살이하다 죽다.

이 묵서는 제1행이 열석 자, 제2행 열 자, 제3행 열한 자, 제4행 열 자,
제5행 여덟 자, 제6행 여덟 자, 제7행 여덟 자로 총 자수 예순여덟 자인바,
그 중 '□'는 전혀 판독할 수 없는 글자이며, □ 속에 쓴 자는 대개 판독할
수 있으나 제4행 첫 자인 '□' 자만은 도유호는 '舊' 자로 발표했으나 무슨
글자인지 알 수 없다. 도유호의 간략 보고 중에는 "□和十三年十月戊子
朔廿六日□丑…"으로 소개하였는바, 첫 자는 지금도 확실히 '永' 자로 판
독할 수 있고 끝에 '丑' 자는 지금에 와서는 거의 판독할 수 없는 정도이
다.[11] 그러나 "永和十三年十月戊子朔廿六日"의 간지(干支)를 소급하여 찾
아보면 '계축(癸丑)' 일에 해당하니, 이 두 글자는 당연히 '癸'와 '丑' 자가
될 것이다.

제2행 "使持節都督…"에서, 처음에는 "使持
都都督…"으로 잘못 썼다가 '都' 자를 다시 '節

---

11) 『문화유물』 제1집, 1919 참조.
12) 한예(漢隸)는 팔분(八分)이라고도 하는
바, 그것은 팔분이 예서(隸書)요 이분이 전
서(篆書)라는 의미에서 말한 것이다.
11. 경문(經文)을 베껴 적은 듯한 글씨체.

자로 고친 흔적이 역력
하다.

먼저 이 글씨를 서체
상(書體上)으로 보면 한
예(漢隷), 즉 팔분(八
分)[12)]에서 탈화한 동·
서 양진시대(兩晉時代)
의 사경체(寫經體)[11]에
속한다. 진대(晉代)의
사경체는 해서(楷書)이
면서 예서의 의태(意
態), 즉 예의(隷意)가
많고, 그 운필(運筆)에
는 전의(篆意)까지도 내

93. 안악 제3호분 전실 서벽 묵서(墨書).

포되어 있어 한대(漢代)의 해서나 수(隨)·당대(唐代)의 해서와는 근본적으
로 다르다. 한대의 해서는 전(篆)·예의(隷意)까지도 동시에 보이지만 보다
전서에 가깝다면, 육조(六朝) 이후 수·당대의 해서는 전·예의가 거의 사
라지며 단정하고 반듯한 태세를 취하는 특징이 있다.(도판 93)

중국 서예의 변천은 한대에 벌써 전·예·해 등 각체가 구비하여 나타났
지만, 그 시대적 특색으로 보면 진(秦)·한대(漢代)는 전과 예로 뛰어났고,
당대(唐代) 이후로는 해서로 뛰어났으며, 양진·남북조시대의 글씨는
예·해 간의 과도적 특색이 있다.

추사(秋史) 김정희(金正喜)는 육조서체(六朝書體)를 말하되 "그 서체가
예서와도 같고 해서와도 같으니 이것이 육조의 서법이라(…且其書体似隷

3. 벽화의 연대 문제 143

似楷是六朝書法⋯)"고 했고,[13] 중국의 섭창치(葉昌熾)는 광개토왕비(廣開土王碑)의 글씨를 말하여 "방정하고 엄격하며 질소후중(質素厚重)[12]하여 예서와 해서의 사이에 있다(⋯方嚴質厚 在隸楷之間)"고 했는데,[14] 이것은 6세기 또는 5세기경의 글씨를 말한 것인바, 양진시대의 서체도 예·해 간에 있는 것은 마찬가지다. 다만 양진대(兩晉代)의 서체는 보다 예의가 농후하며 남북조 서체는 차츰 해의(楷意)가 많아지는 것이 특색이다. 더 구체적으로 말하면 한대의 해서는 획을 대고 떼는 데 일단 머무르는 곳이 없고 전예와 같이 웅혼(雄渾)한 기세로 내려 뽑는데, 진대 글씨는 한대 글씨와 비슷하나 벌써 글자의 체구를 다듬으려는 의취가 보이며, 당대 글씨는 붓을 댈 때부터 획을 꽉 누르고 자양(字樣)을 짜는 데 특색이 있다.

가장 뚜렷한 특색은 각 시대의 글자에서 가로 긋는 획과 우편으로 뽑는 파임을 보면 곧 알 수 있을 것이다.(도판 94, 95) 이 묵서에서 '校' '太' 등 자의 파임과 '持' '尉' '東' '壽' '安' 등 자의 가로 긋는 획들과 진대 사경체와를 비교해 보면, 안악 제3호분의 묵서는 확실히 진대의 사경체에 속한다는 것을 용이하게 발견할 수 있을 것이며 결코 수·당 이후의 서체가 아

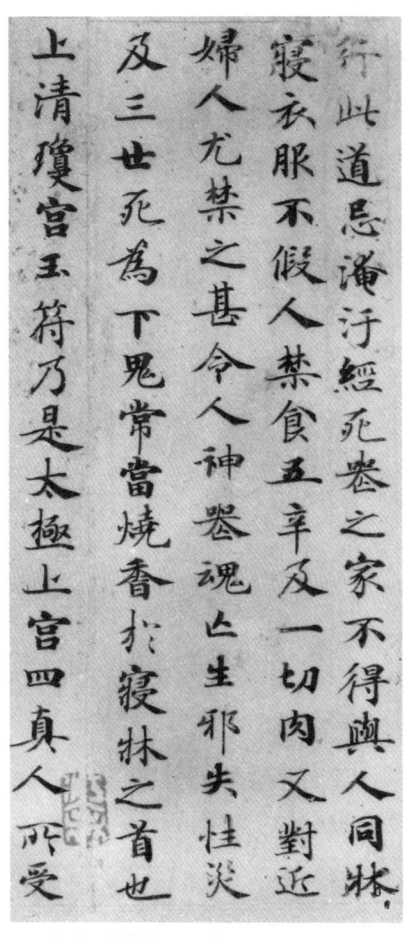

94. 당(唐) 사경체(寫經體).

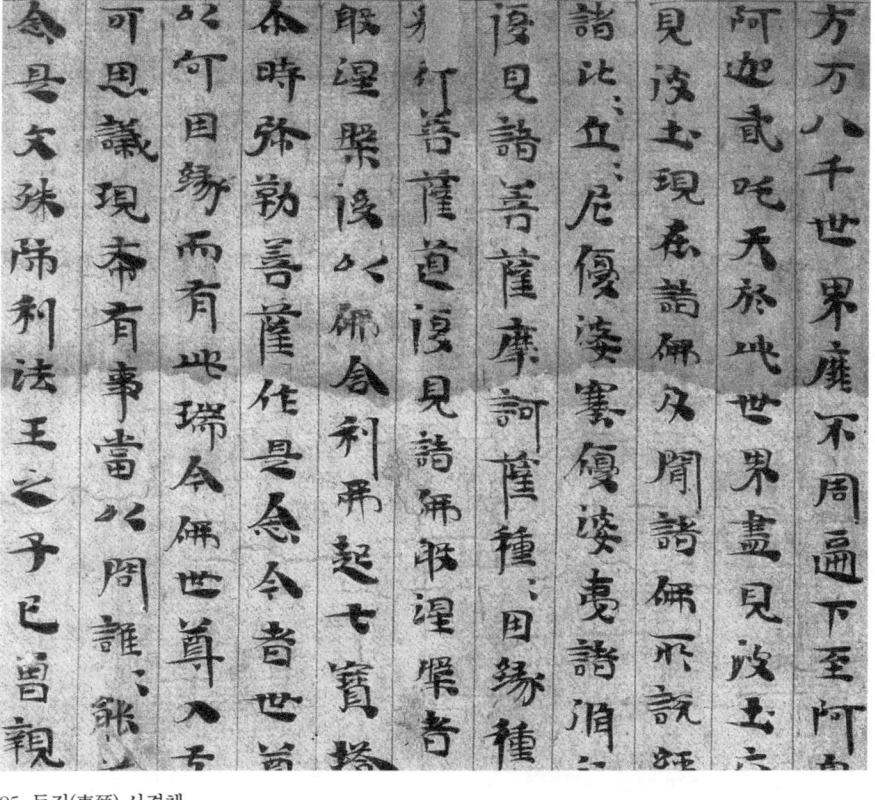

95. 동진(東晉) 사경체.

님을 알 수 있을 것이다. 뿐만 아니라 안악 제3호분 벽화 중에 기록된 문자들 중에는 이 묵서 외에 '□史' '帳下督' '門下拜' '省事' '記室' '小史' '戰吏' '覓?' '犢車' '京?屋?' '阿婢' '阿光' '井' '碓' '□上幡' 등 거의 그림마다 주서(朱書)[13]로 쓴 글씨들이 있는데, 그 중 '記室' '小史' 같은 글자는 획을 길게 뽑은 품이 바로 한예(漢隷) 중에도 파책(波磔)[14]이 심한 동경예법(東京隷法)[15]으로, 망도 한묘의 '小史' '門下小史' '辟車伍佰八人' 등 서체와

13) 『완당전집(阮堂全集)』 「황초령(黃草嶺) 진흥왕(眞興王) 순수비(巡狩碑)에 대하여 이재(彝齋) 권돈인(權敦仁)에게 보낸 서한」.
14) 葉昌熾, 『語石』.
12. 꾸밈없이 순박하며, 온후하고 진중함.
13. 붉은 먹으로 글씨를 쓰는 것
14. 영자팔법(永字八法) 중 여덟번째 획인 책(磔), 즉 파임.
15. 동한(東漢) 시대의 예서(隷書) 필법.

흡사히 같다.(도판 96)

이 고분의 글씨들은 고구려시대의 다른 글씨들, 즉 광개토왕비의 서체와 모두루총(牟頭婁塚) 묵서의 서체와는 달라서 그것들보다 연대적으로 앞서는 서체에 속한다.(도판 97) 그러므로 이 묘지는 '영화 13년'(기원 357년, 故國原王 27년, 東晉 穆帝 昇平 元年)에 쓴 것이 분명하다.

이 묵서의 내용을 브면 "永和十三年十月戊子朔癸丑" 운운은 동수(冬壽)가 죽은 날이요, "使持節都督諸軍事平東將軍護撫夷校尉樂浪□?昌黎玄菟帶方太守都鄕侯"까지는 그의 직함(職啣)이며, "幽州遼東平郭□鄕敬上里"까지는 그의 본적지명이며, '冬壽'는 그의 이름이요, '字□安'은 그의 자가 무엇이었든지 자를 말함이요, "年六十九薨官"은 그의 나이 예순아홉에 벼슬살이로 죽은 것을 말함이다.

동수라는 인물은 전연(前燕) 모용황(慕容皝)의 부하로 있다가 나중에는 모용인(慕容仁)에 투항 변절한 자로, 모용씨 형제 싸움에서 그의 상전인 모용인이 패하자 고구려로 도망친 인물이다.[15]

동수가 고구려로 도망친 때는 바로 고국원왕 27년인바, 고국원왕으로 말하면 진작부

96. 망도 한묘 벽화 중의 인물.

146

터 여러 차례 모용황과 싸우다가
동왕 12년에는 고구려가 패하여 왕
모 주씨(周氏)와 왕비까지 인질로
붙들려 간 일이 있어, 모용씨와는
불구대천(不俱戴天)의 원수로 되어
있었다.

97. 모두루총 묵서.

고구려는 역사적으로 한(漢)과도
세력 다툼이 그칠 사이 없었고 이
때는 선비족인 연(燕)나라와도 들
쑥날쑥하던 터이며, 또 저편 난리에서 형세가 불리한 자들은 흔히 고구려
로 망명해 온 자들도 있었던 것이니, 고구려는
정책상으로도 그들을 용납하고 우대해 주었던
모양이다. 이리하여 모용황에 전패한 모용인의
부하들 중에 고구려로 망명한 동수와 곽충(郭
充) 두 사람 중 곽충은 어찌 되었는지 모르나,
동수만은 도망 온 지 이십이 년 만인 영화 13년
에 안악 땅에 묻히게 된 것 같다.

그런데 『자치통감(資治通鑑)』이나 『진서(晉
書)』에는 '佟壽'로 기록되어 있는데, 여기에는
'冬' 자의 '人' 변이 떨어진다. 이에 대하여 숙백
은 『광운(廣韻)』16과 『성해(姓解)』17 등의 '冬' 자
주(註)에서 동수의 성명이 모두 '冬壽'로 나오는
것을 인용하여 '佟'으로 쓴 것은 잘못된 것이라
고 하였다.16 그러므로 '佟壽'는 '冬壽'와 동일

15) 『資治通鑑』卷九十五, 「晉紀」十七, '顯
宗' 中之上에 "咸康二年(기원 436년) 春正
月… 함강 2년 정월에 (모용황이 모용인을
쳐서 일당을 거의 죽였는바)… 王冰自殺 慕
容幼 慕容稚 佟壽 郭充 翟楷 龐鬖 皆東走 幼
中道而還 皝兵追及楷鬖 斬之 壽 充 奔高麗
왕빙은 자살하고 모용유와 모용치·동수·
곽충·적해·방감은 모두 동쪽으로 달아났
다. 모용유는 중도에 돌아왔는데, 모용황의
군사가 그 뒤를 쫓아 적해와 방감을 베었다.
동수와 곽충은 고려로 도망하였다"라고 기
록되어 있다.
16) 『문물 참고 자료』 1952년 제1기 25호의
인용문은 다음과 같다.
"廣韻卷一多字注一前燕慕容皝左司馬冬壽
「광운」 권1 '冬' 자의 주(註)에 '전연(前燕)
모용황의 좌사마(左司馬) 동수가 있다' 하였
다."
"姓解卷三의 部冬字注一前燕慕容皝左司馬
冬壽 「성해」 권3 '冬' 자의 주(註)에 '전연 모
용황의 좌사마 동수가 있다' 하였다."

16. 중국 북송(北宋) 때 진팽년(陳彭年) 구
옹(邱雍) 등이 칙명에 의해 찬정(撰定)한
운서(韻書)로, 정식 명칭은 「대송중수광운
(大宋重修廣韻)」.
17. 송(宋)나라 때 출간된 중국의 성씨를
분석한 책.

3. 벽화의 연대 문제　147

한 사람이라는 것이다. 그러나 '佟'이란 성은 영화(永和) 9년명 전분(塼墳)에서 나온 전문(塼文)에도 "永和九年三月十日遼東韓玄菟太守領佟利造 영화 9년 3월 10일 요동 한(韓) 현도 태수령인 동리가 만들다"라고 찍힌 것으로 보아, '佟'과 '佟'은 음이 같으므로 섞어 쓴 것으로 보인다. 중국인들은 음이 같은 글자를 서로 통용하는 것이 항다반(恒茶飯)하여[18] 가사(假使)[19] 성자(姓字)는 통용하지 않는다 친다면, 동씨가 한족이 아니었다는 데 연유하지 않을까.

다음으로 문제 되는 것은 동수의 관직명이 너무나 길어서 "使持節都督諸軍事平東將軍護撫夷校尉樂浪旧昌黎玄菟帶方太守都鄕侯"의 서른한 자나 되는 것이다. 또 낙랑·창려·현도·대방 등 다섯 고을의 태수란 말이 웬 말이냐 하게 될지 모르나, 이러한 직함은 왜국왕(倭國王)이 자칭하여 "使持節都督倭百濟新羅任那秦韓慕韓六國諸軍事安東大將軍倭國王 사지절이고, 왜·백제·신라·임나·진한·모한의 여섯 나라 제 군사의 도독인 안동대장군 왜국왕"이라고 덤빈 예도 있다.[17] 이것으로 보면 동수도 혹은 고구려의 변강(邊疆)[20]에서 우대를 받으면서, 국도(國都)인 국내성(國內城)은 워낙 멀고 평양(고구려의 陪京[21]인 듯)에서도 직접 감시함이 없이 내버려 둔 탓으로, 이 자가 마치 지방적 군왕(君王)처럼 자칭 야단스러운 직함을 붙인 것일지도 모르는 일이다.[18]

또 다른 한편으로 연(燕)의 모용황에 대한 적대관계는 고구려나 동진(東晉)이나 마찬가지 사정일 것이므로, 모용인은 거의 패망하였고 남은 세력인 모용황을 꺾기 위하여는 혹 동진(東晉)

17) 『宋書傳』九十七, 『列傳』第五十七, '夷蠻倭國' 條에 "自稱使持節都督倭百濟新羅任那秦韓慕韓六國諸軍事安東大將軍倭國王 表求除正 詔除安東將軍倭國王…" '사지절이고, 왜·백제·신라·임나·진한·모한의 여섯 나라 제 군사의 도독인 안동대장군 왜국왕'이라 자칭하고서, 표를 올려 제수해 주기를 청하였다. 이에 조칙을 내려 안동장군 왜국왕을 제수하였다…"이라고 하였다.

18) 여기에서 필자가 '동수의 자칭' 운운한 것은, 황욱과의 토론에서 그의 의견을 참작하여 동의한 말이다.

18. 이상하거나 신통할 것이 늘 있는 일이어서.

19. 가령.

20. 변경(邊境). 변방. 나라의 경계가 되는 변두리의 땅.

21. 배도(陪都). 국도(國都) 외에 따로 정한 서울.

으로부터도 이러한 직함을 동수에게 주고 이이제이(以夷制夷)의 술책으로 나왔을지도 모른다.

여기에 '도향후(都鄕侯)'란 것은, 양한(兩漢) 때는 상산(常山)의 도향(都鄕)을 후국(侯國)으로 삼았는바, 봉지(封地)[22]의 이름을 가진 관직명으로부터 시작하여 나중에는 봉지명이 아닌 경우에도 직명으로 통용한 것 같다.[19] 이 직명은 동진(東晉) 목제(穆帝) 영화(永和) 연간에도 가끔 나타나고 있다.[20]

그리고 낙랑(樂浪) 창려(昌黎) 현도(玄菟) 대방(帶方) 등은 그 당시의 군명(郡名)인바,[21] 창려는 전한(前漢) 때는 '교려(交黎)', 후한(後漢) 때는 '부려(夫黎)'에서 창려(昌黎)로 고쳤으며,[22] 요동의 속국(屬國)이었던 것이 위·진 때에 군으로 된 것 같다. 이러한 길다란 직함을 가진 동수는 그 고향이 유주(幽州) 땅 요동군(遼東郡) 평곽현(平郭縣) □향 경상리(敬上里) 사람이란 말이 된다.

동수가 이 무덤의 주인이냐 아니냐는 별문제로 치고, 묘지명이 동수에 관한 것임은 이상으로 보아 명백하다. 그런데 리여성은 이 무덤을 고국원왕의 능으로 추정하고, 동수는 고국원왕의 총애를 받던 자로 이 무덤에 배장(陪葬)된 것이라고 보았다.[23]

안악 제3호분이 고국원왕의 능이거나 동수의 묘이거나, 그 축조연대가 영화 13년임에 의견이 일치한다면 벽화의 연대 문제에서는 다시 논의할 바 없겠지만, 이 무덤은 여러 가지 의미에서 그 피장자(被葬者)가 누구인지를 밝힐 필요가

---

19) 淸吳雲, 「兩罍軒印玫漫存」.

20) 「晉書」 卷八, 「帝紀 穆帝 永和 二年」條 (기원 346년) 및 「永和 五年」條 참조.

21) 「晉書」 卷十四, 「地理志」에 "平州 按禹貢冀州之域於周爲幽州界 …魏置東夷校尉居襄平 而分遼東昌黎玄菟帶方樂浪五郡爲平州 後遂合爲幽州及文懿滅後 有護東夷校尉 居襄平咸寧二年(기원 276년)十月 分昌黎遼東玄菟帶方樂浪等郡國五置平州… 평주(平州)는 '우공(禹貢)'에서는 기주(冀州)의 역내에 있었고, 주(周)나라 때에는 유주(幽州) 지역 안에 있었다. …위(魏)에서는 동이교위(東夷校尉)를 설치하여 양평(襄平)에 거처하게 하고, 요동·창려·현도·대방·낙랑의 다섯 개 군으로 평주를 만들었다가 그후 다시 합하여 유주라고 하였다. 문의(文懿)가 멸한 후에 동이교위를 보호하는 자가 있어 양평(襄平)에 거처하게 하였다. 함녕(咸寧) 2년(기원 276년) 10월에 요동·창려·현도·대방·낙랑의 군국(郡國) 다섯 개 군으로 평주를 설치하였다."

22) 「後漢書」 卷三十三, 「遼東屬國」條 참조.

23) 「력사과학」, 1955년 제5호, 리여성의 논문 참조.

22. 제후(諸侯)의 영토.

있다.

첫째로 이 무덤이 고국원왕릉이 아니라는 것은, 우선 고국원(故國原)의 위치가 안악 땅이 될 수 없다는 것이다. 고구려는, 『삼국사기』에 의하면 유리왕(瑠璃王) 23년에 국내성으로 남하(南下)하여 천도한 후 산상왕(山上王) 때 환도성(丸都城)으로 옮겼다. 그후 국내성과 환도성은 고구려가 평양으로 옮기기까지의 국도로 되었었다.

이 기간에 왕릉의 소재지를 보면 고국곡(故國谷) 고국천원(故國川原) 고국지원(故國之原) 고국양(故國壤) 같은 이름들이 나오고 고국원왕은 일명 국강상왕(國岡上王)[24]으로도 나오는바, 국강상이란 명칭은, 광개토왕의 이름도 '국강상광개토경평안호태왕(國岡上廣開土境平安好太王)'이란 것을 보면 국강상이나 고국원·고국곡·고국양·고국천 등은 모두 국내성·환도성 일대를 가리킴이[25] 분명하다. 국내성과 환도성은 동일한 곳으로 보는 이도 있고 서로 떨어진 곳으로 보는 이도 있으나, 떨어져 있다 하더라도 거리가 가까운 거의 동일한 지역으로 추정되는 만큼 대략 통구 근방을 떠날 수 없으니, 고구려는 이 고도(古都)를 고국원이니 국강상이니 하였던 것으로 보아야 할 것이다.

확실한 기록으로 볼 수 있을지는 모르나, 고구려는 동천왕(東川王) 20년(기원 247년)에 위장(魏將) 관구검(毌丘儉)과의 싸움에서 환도성이 파괴된 후 동왕 2[]년에 평양성을 쌓고 종묘(宗廟)와 사직(社稷)을 옮기고 이민하였다는 기록이 보이는데, 고구려가 낙랑군을 멸한 것은 기원 313년이니 만일 그렇다면 이 지역을 낙랑군의 치지(治址)라그 할지라도 이때 낙랑군의 정

24) 『三國史記』「高句麗 本紀」第六, '故國原王' 條.
25) 『三國史記』「高句麗 本紀」第六, '故國原王' 條.
26) 『三國史記』「高句麗 本紀」第六, '故國原王' 條.
27) 『三國史記』「百濟 本紀」第二, '責稽王' 條.
28) 『三國史記』「高句麗 本紀」第五, '烽上王' 條에 "秋八月 慕容廆來侵 至故國原 見西川王墓 使人發之 役者有暴死者 亦聞壙内有樂聲 恐有神乃拔退"

23. 있기는 하되 없는 것과 다름없음.
24. 시체가 묻혀 있는 구덩이.

150

치적 세력이란 거의 유약무(有若無)[23]로 된 모양이어서, 벌써 평양은 고구려의 배도(陪都)와 같이 된 것으로 보아야 할 것이다. 낙랑군이 망한 뒤인 334년에 고국원왕은 평양성을 중축(重築)한 기록이 나오며, 동왕 12년(342년)에는 환도성과 국내성을 수축(修築)하고 환도성으로 도읍을 옮겼으며, 13년에는 평양 동황성(東黃城)으로 이거(移居)하였다.[26]

그러나 이때도 다만 배도로서의 평양을 말한 것이며, 국도를 평양으로 옮긴 것은 장수왕(長壽王) 15년(427년)인 것이다.

고국원왕은 모용황(慕容皝)과의 싸움에서 패한 후 잠시 평양으로 이거하였다가 그 뒤 곧 연(燕)나라와 수호(修好)하니, 인질로 갔던 왕모를 찾아왔는데, 고국원왕은 기원 371년(고국원왕 41년)에 백제군과 평양성에서 맞아 싸우다가 전사하여 고국원에 묻히었다.

고구려는 북으로는 한(漢) 위(魏)와 각축하고 남으로는 신라·백제와 세력을 다투어 오던바, 백제는 고구려의 남하 세력을 방위하기 위하여 관구검이 고구려와 싸울 때는 틈을 타서 낙랑을 치기도 하고, 고구려가 대방(帶方)을 칠 때는 백제가 대방을 도와주기도 했다.[27] 이렇게 남북의 쟁패전(爭覇戰)이 치열할 때 고구려의 강대한 세력은, 그 판도가 황해도 일대를 걸쳐 한강 유역까지 미쳤던 것이다. 그러나 이러한 사실만으로서는 고국원왕의 무덤이 곧 안악 지방이 될 수 없고, 고국원이 또한 안악 지방이 될 수도 없다. 역시 전사한 고국원왕은 그 고향 땅인 국내성(고국원)으로 장지(葬地)를 정하였을 것이다.

『삼국사기』에 의하면, 모용외(慕容廆)가 고구려를 쳐 왔을 때 고국원(故國原)까지 와서 서천왕(西川王)의 묘를 보고 파헤치려다가 파던 자가 즉사(卽死)하고 또 광정(壙井)[24] 속에서 음악 소리가 들려서 겁을 먹고 중지하였다[28]는 기록이 나오는바, 이로 보면 서천지원(西川之原)에 묻은 서천왕의

묘도 고국원에 있는 것이 분명하다. 때문에 장지의 이름으로 나오는 중천지원(中川之原) 서천지원(西川之原) 미천지원(美川之原) 같은 이름들은 모두 통구 평야를 흐르는 강의 유역을 말함이며, 그것은 또한 고국곡(故國谷) 고국천원(故國川原) 고국원(故國原) 국강상(國岡上) 등과도 동일한 지역의 이름으로 연결된 것 같다.

이에 대하여 일본 어용학자 도리이 류조(鳥居龍藏)는 통구 지역을 바로 고국원으로 단정하고, 고국양·고국천원·고국곡·국강상 등은 물론 산상(山上)·지원(芝原)·중천지원·서천지원·봉상지원(烽上之原)·미천지원 등도 모두 고국원의 별칭으로 보았다.[29]

지명으로서도 그렇거니와, 동천왕 21년에 환도성이 난리를 겪은 뒤라 국도를 유지할 수 없어 평양으로 묘사(廟社)[25]를 옮기고 이민했다고는 하나, 그때를 곧 평양 천도로는 볼 수 없는 만큼 서천왕묘의 소재지인 고국원이 평양 이편으로 볼 수는 없고, 고국원왕은 환도성으로 평양 동황성으로 옮겨 다녔다고 하나, 그의 무덤이 고구려로 치면 거의 남쪽 끝에 놓인, 백제와의 거리가 멀지 않은 황해도 방면에 무덤을 썼다고는 도저히 생각할 수 없는 것이다. 그뿐만 아니라 동수가 죽은 연대는 기원 357년(고국원왕 27년)인데 고국원왕이 죽은 연대는 기원 371년(고국원왕 41년)이니, 동수보다 십오 년이나 뒤에 죽었으므로 미리 준비해 두었던 묘실이라 할지라도, 아무리 충신이기로서니 아랫사람, 더구나 외족(外族)을 왕릉에 먼저 썼을 리도 없고, 또 죽은 지 십오 년이나 지난 뒤에 왕릉에 그 누가 이족(異族)인 동수의 시체를 다시 파서 배장했다고는 생각할 수 없는 것이다.

이 무덤은 축조 규모로 보나 벽화로 보나 한 두 달에 이루어진 것이 아니며, 터전을 정하고 계획을 작성하고 석재를 운반하여 그만큼 굉장

---

29) 鳥居龍藏, 「南滿洲調査報告」, 1909, p.158.

25. 종묘(宗廟)와 사직(社稷).

98. 안악 제3호분
서측실 서벽
주인공 좌상.

한 노력을 들여 공사를 완필하기까지에는 적지 않은 시일을 요했을 것인
즉, 환도(丸都)에 있는 고국원왕이 가사(假使) 이 부근에서 전사했다고 하
더라도 이만한 고분을 축조하기에 우선 시간적 여유가 없었을 것이다. 이
러한 점을 보아서도 안악 제3호분이 고국원왕의 무덤이 아닌 것은 논의할
여지가 없다.

동수의 묘지명이라고 보이는 것은 바로 안악 제3호분 서측실로 들어가
는 왼쪽 벽(장하독을 그린) 상단에 기록되어 있으며, 서측실 벽에는 바로

3. 벽화의 연대 문제 153

99. 망도 한묘 벽화 중의 인물도.

이 무덤의 피장자를 연상케 하는 주인공인 듯한 부부의 초상이 그려 있다. 이 주인공 인물은 전실보다 약간 높은 서측실 서벽 중앙 장방(帳房) 속에 크게 자리잡고 앉아 있으며, 그 좌우에는 문하배(門下拜) 성사(省事) 기실(記室) 소사(小史) 등 직함을 기록한 시위(侍衛) 인물이 서 있고, 주인공은 귀면(鬼面)을 그린 털부채를 들고 있다.(도판 98) 장방 속에 주인공을 그리는 것은 고구려의 벽화에서 흔히 볼 수 있는 것이다.

그러나 다른 벽화들에서는 주인공의 위치가 우선 현실 북벽에 있다.(매산리 사신총, 쌍영총, 대안리 제1호분, 안악 제2호분, 통구 무용총 및 각저총 등) 주인공의 주위에는 전형적인 고구려의 복색을 입고 시립(侍立)한 인물들로, 대개는 무릎을 꿇고 있거나 또는 여자들이거나 공양(供養)을 드리거나 여러 사람이 시립했거나 하였는데, 여기서는 무엇보다 시립한 사람들의 복색과 관모가 다른 벽화들과 다르다.(도판 21, 24, 32) 활수장의(濶袖長衣)[26]를 입고 홀(笏)을 들었거나 또는 종이와 붓을 들고 뿔이 우뚝 솟은 관(冠)을 썼는데, 이러한 관모와 복색은 감신총과 안악 제2호분에서와 평양 역전 벽화분 속에서 비슷한 옷과 관을 찾아볼 수 있

30) 『진서(晉書)』 권 24, 「직관지(職官志)」에는 태수(太守)의 속관 중에 '주기실(主記室)' '문하사(門下史)' '기실사(記室史)' '순행소사(循行小史)' 같은 이름으로 나오고, 혹은 '사예교위(司隸校尉)'의 속관 중에는 '문하서좌(門下書佐)' '성사기실서좌(省事記室書佐)' 등 이름으로도 나타나고 있고, '장하독(帳下督)'은 '장하도독(帳下都督)'으로도 나타난다.

26. 통이 넓은 소매의 긴 도포.
27. 옛날 문무관이 상복(常服)에 착용하던 모자. 검은 사(紗)로 만들며 뒤에 뿔이 두 개 있음.
28. 진부하고 낡은 법식.
29. 대나무를 가늘게 쪼개서 만든, 옻칠로 그림이 그려져 있는 상자. 서책(書册)이나 종이를 넣어 쓰던 것으로 생각됨.

으며, 망도(望都) 한묘(漢墓)와 요양묘(遼陽墓) 벽화에서도 약간 이러한 복색과 관모를 볼 수 있다.

다만 한묘의 관모는 앞으로도 조금 솟은 것이 있고 모가 난 사모(紗帽)[27] 위에 흑색 각관을 쓴 것 같다.(도판 99) 이러한 두 뿔이 달린 흑관을 쓴 인물에는 각각 문하배·성사·기실·소사 등 직명을 기록하였으며, 이 고분 벽화에는 다른 벽면에서도 장하독·전리(戰吏)니 하는 직명 외에 '犢車' '井' '碓'라고 하는 벽화의 주제를 설명하는 문자들이 기록되었다. 이 중에서 특히 관직명을 말해 주는 장하독·성사·기실·문하배·소사 등은 동한(東漢) 이후 진대(晉代)의 관직명으로, 태수 아래 있는 이름들을 연상케 한다.[30]

그리고 인물을 그린 위에 그 직명을 기록하는 것은, 중국에서는 전한(前漢) 때부터 명현(名賢)이나 충효(忠孝)의 초상을 벽화로 그리고 그 관직·성명을 기록한 것이어서, 지금 유적을 보면 한(漢) 화상석(畵像石)을 비롯하여 계속되는 하나의 투식(套式)[28]으로, 망도 한묘에도 그 인물마다 해당한 직명을 기입하였으며 낙랑(樂浪) 채화칠협(彩畵漆篋)[29]에서도 볼 수 있

100. 요양 삼도호 요업 제4현장 제1호묘 가거음식도(家居飮食圖).

3. 벽화의 연대 문제 155

는바, 안악 제3호분 벽화는 이러한 영향으로 된 것으로 보게 된다.

안악 제3호분 벽화 인물들은 그 복색(服色)이 제2벽면의 호각(胡角)을 부는 인물과, 제11벽의 칠인 행렬 중 뒤의 삼인과, 장하독의 복식과 또 대행렬도 중 약간의 인물에서 바지를 입은 것이 고구려복 비슷한 느낌을 주나, 제2벽의 호각을 부는 인물 외에는 다른 고분벽화에서 보이는 통이 넓은 바지나 전(襈)[30]을 두른 여복(女服)은 하나도 보이지 않는다. 우리가 추측하는 고구려의 복색은 귀천을 따라 다르지만, 통구의 무용총·각저총·삼실총과, 용강의 매산리 사신총, 대안리 제1호분, 쌍영총과, 노산리 개마총, 안악 제2호분 벽화의 일부들에서는 사서(史書)에 이른바 넓은 바지통과 부인복에 전을 두른 것을 뚜렷이 보게 되며, 관모(冠帽)에서 부녀자들의 수건 쓰는 것까지 방불하게 짐작하게 된다.(도판 35~39)

101. 안악 제3호분 서측실 남벽 부인 좌상.

그런데 이 안악 제3호분 벽화는 상술한 벽화들과는 거의 유(類)를 달리해서, 한대의 중국 복색과도 다

르며 고구려복과도 다른 특이한 복식으로 나타난다. 이러한 복식과 관모는 요양(遼陽) 삼도호(三道壕) 벽화분들에서 유사점을 발견케 된다는 것을 부언할 필요가 있다.[31](도판 100)

102. 영성자 제1호묘 벽화 중의 인물도.

서측실 남벽 여주인공의 초상만 하더라도 그 복식이 고구려 상층계급의 다른 벽화들과는 거리가 멀며, 특히 그 머리를 수식(修飾)한 것은 당시(唐詩)에 이른바 소위 고계운환(高髻雲鬟)의 거창한 머리로서, 이 수식이 야단스러운 것은 여주인공의 시위(侍衛) 여인들에서와 동측실에 있는 여인 또는 행렬도 중의 여인들까지 모조리 이러한 머리를 튼 것이 다른 벽화와는 유를 달리한다.(도판 101)

안악 제2호 고분 북벽과 동벽 인물 행렬 중에 이 계통의 머리가 몇 사람 잇달아 섰고, 감신총에도 이러한 머리가 보인다. 안악 제2호분 내의 이러한 인물들은 흡사히 중국 영성자(營城子) 고분벽화의 여인상을 연상케 하며,[32] 쌍영총·무용총 등에서 보이는 전(襈)을 돌린 웃옷과 통이 넓은 바지를 입은 벽화들이 좌임(左袵) 혹은 우임(右袵)인 데 대하여 이 인물들은 합임(合袵)으로 여미었고, 넓은 줄을 내려 친 긴 옷을 입은 것이 특징이다.(도판 102)

---

31) 이문신(李文信), 「요양서 발견한 3기의 벽화고분」 『문물 참고 자료』, 1955년 제5기; 「요양 삼도호의 3기 벽화고분의 정리 간략 보고」 『문물 참고 자료』, 1955년 제12기 참조.

32) 『영성자(營城子)』(1934년판) 도판 제36 참조.

30. 옷의 가장자리에 두르는 선.

이 벽화 중의 관모(冠帽)를 보면 장하독으로부터 전리(戰吏)들과 행렬도 중에는 부하들에 이르기까지 거의 위가 납작하고 뒤로 삐죽 솟은 일종의 건책(巾幘)을 쓴 사람들과, 또 망도 한묘 벽화에서와 같이 뒤로 두 뿔같이 솟은 관모가

3. 벽화의 연대 문제 157

태반을 점령하고 있는데, 이러한 관모를 쓴 벽화는 평양 역전 벽화분과 감신총 벽화에서 그 유사형들을 보게 된다.

서측실 주인공의 관모는 정면으로 보면 얼른 알기 어려우나, 행렬도 중에 우교차(牛轎車)[31]를 타고 가는 주인공의 측면으로 그린 관모를 보면 이 고분벽화 중 대다수 인물들이 쓴 것과 같은 건책 뒤에 흰 덧관을 쓴 것이 분명하며, 이러한 관모는 태성리 제1호분 서편 감실 부분에 그린 인물과 유사하다. 또한 이 무덤의 인물들이 대개 관(冠)보다도 책(幘) 종류를 많이 쓴 것, 병풍을 둘러 친 좌상에 앉은 것, 부녀자의 머리가 야단스러운 것 등은 요양 삼도호 벽화묘와 흡사하다.[33]

요동성총 전실 서편 감실 장방(帳房) 인물과 평양 역전 벽화분 서편 감실 인물은 박락(剝落)하여 보이지 않는다. 여기까지 미루어 볼 때 평양 역전 벽화분, 감신총, 요동성총 및 태성리 제1호분 들의 벽화가 안악 제3호분의 벽화와 일련의 유사성을 가지고 있다는 것을 알게 되는 것이지만, 이 고분들은 감신총을 제외하고는 아직 발굴보고서가 나오지 않았으므로 이 중 몇 개 고분벽화를 먼저 간략하게 소개할 필요를 느낀다.

태성리(台城里) 제1호분은 안악 제3호분의 돌기둥과 흡사한 인상을 주는 돌기둥 한 개를 세워서 전·후실을 구별한 점, 전실에 해당한 부분이 동서 삼 구로 나누어 동·서측이 감실형으로 된 특징 들이 주목을 끌며, 벽화로 말하면 현실 동벽에 활을 쏘는 듯한 그림이 모조리 떨어지고 손 두 개만 남아 있을 뿐이다.(도판 17) 이 두 개의 손은 벽면 중심부의 양편에 한 개씩 남아 있어, 이 인물 한 사람을 복원해 본다면 다른 그림을 용허(容許)할 여지가 없어 보인다. 그러므로 현실에는 사신도는 없었을 것이다. 이 고분벽화는, 좀더 남아 있을 시기에 전주농 동무가 모사한 모사본에 의하면, 악기를 든 인물들이 많이 나타나며 안악 제3호분 벽화와의 공통성이 많다.

더욱이 전실 서측 감실에 그린 인물은 우선(羽扇)[32]을 들고 앉은 자세까지 안악 제3호분의 그것과 흡사하다.

1954년 여름에 발굴 정리한 평양 역전(驛前) 벽화분은 지하분으로서, 현실은 허물어졌고 전실은 천장부가 파괴되고 그 아래는 남아 있으며, 동·서편에 감실이 있고 서편 감실 앞에는 돌과 석회를 섞어 만든 두 개의 네모난 기둥이 있었는데, 그 하나는 파괴되고 남은 하나에는 도포처럼 된 긴 옷을 입고 시립(侍立)한 인물이 있는 것으로 보아 감실 속에는 다른 고분의 예에 비추어 반드시 주인공상이 있었을 것으로 추측된다.

이 인물 상부에는 실내를 장식하는 현수식(縣垂飾)[34]이 늘어져 있는데 그 모양이 안악 제3호분 서측실의 그것과 같으며,(도판 9) 서벽에 그린 부월(斧鉞)을 멘 인물행렬도는 모자가 안악 제3호분의 건책과 꼭같다. 그리고 역시 도포처럼 긴 합임(合衽)으로 여민 옷을 입었다.(도판 36, 37)

남벽 우측에는 호각(胡角)을 부는 사람, 북을 치는 인물들이 있고 동벽에는 방앗간이 나오는데 이러한 취제(取題)는 안악 제3호분과 상통하며, 남벽 좌편에는 말을 타고 달리는 인물들이 남아 있고 동편 감실에는 소와 수레의 흔적이 남아 있었다. 이러한 주제와 복식의 유사성은 안악 제3호분과의 관계를 고분 축조양식의 유사성과 함께 충분히 암시해 주고 있다.

순천(順川) 요동성총(遼東城塚)은 평양 역전 벽화분처럼 지하에 광실(壙室)을 구축하되 그 구조는 동서로 길다란 전실이 있고 그 좌우에

---

33) 요양묘 벽화에서 상하를 막론하고 관보다 책을 애용한 것은 후한 중기에 시작하여 후한말에 이르러 성행한 것이라고 보고자 이문신(李文信)은 동한(東漢) 채옹(蔡邕)의 저서 「독단(獨斷)」에서 인증(引證)하였다.

34) 위에 '人'자형 경(磬)을 매어 달고 그 밑에 술을 달아 장식한 이러한 현수식(懸垂飾)은 기남 화상석묘와 안악 제3호분, 역전 고분 등에 나타나는데, 기남묘에는 이와 함께 둥근 벽(璧)을 단 것도 있다. 이러한 수식 풍속은 양한(兩漢)에서 위·진대에 걸쳐 성행한 것으로, '수주(隋珠)' 혹은 '화벽(和璧)'이란 이름으로 나타나며, 문헌으로는 「한서(漢書)」「서역전찬(西域傳贊)」에 '落以隋珠和璧 수주와 화벽으로 둘렀다' 이라든가 「서도부(西都賦)」에 "屋不呈材 牆不露形… 隋侯明月 錯落其間… 懸黎垂棘 夜光在焉… 云云 보물로 치장하여 집의 재목이 드러나지 않고, 담장은 형상을 드러내지 않았다. …수후(隋侯)의 명월주가 그 사이에 섞여 있고… 현려와 수극·야광이 있었다… 운운" 한 것이 있다. 「沂南畵像石墓發掘報告 年代考」 참조.

31. 소가 끄는 여행용 수레.

32. 새의 깃으로 만든 부채.

감실과 북으로 네 개의 관실(棺室)이 있는데, 이 관실들과 서감실은 일단 전실보다 높으며 천장은 판석을 덮은 것으로(요양 삼도호에 이와 꼭같은 벽화고분이 있다), 전실 남벽에 누각·성곽을 그리고 그 안에 2센티미터 평방의 크기로 '遼東城' 석 자를 썼다고 하나, 1956년 6월에 필자가 조사했을 때는 글자만은 찾을 수 없게 마멸되었고 기타 벽화도 없어진 것이 많았다.(도판 15, 16) 지금까지 남은 것으로는 우편 제1실로 들어가는 벽에 두공(枓栱) 장식과 개를 그린 것이 있었을 뿐이었다. 전일에 쓴 보고서 원고에 의하면, 서편 감실 서벽에 장방(帳房)이 있었고 그 동·서벽 상부에 용을 그렸다고 기록된 것을 보아 이 고분 역시 전실보다는 약간 높은 서측실에 주인공상을 그렸을 것이 틀림없다.

여기에서 필자는 안악 제3호분, 감신총, 태성리 제1호분, 역전 고분, 요동성총 등 일련의 고분들이 피장자의 초상을 현실 북벽에 그리지 않고 전실의 서측실 혹은 서감실 속에 그렸다는 특징을 발견하게 되며, 서측실 혹은 감실은 흔히는 전실 바닥보다 약간 높이 하였다는 사실을 보게 된다.

이에 대하여 중국 망도(望都) 한묘(漢墓)의 벽화는 연도를 거쳐 전실 네 벽 회벽 위에 그려 있고, 전실 서측실로 들어가는 통로 좌벽(남벽)에 명찬(銘贊)이 기록되어 있다. 이 명찬은 주서(朱書)로 넉 자 한 구씩 여덟 구 서른두 자로서 묘의 주인공을 칭송한 글인바, '嗟彼浮陽 人道閑明 秉心塞淵 循禮有常 當軒漢室 天下柱梁 何憶掩忽 早棄元陽 아, 저 부양후(浮陽侯)는 사람의 도리를 잘 알아서 마음을 깊은 연못인 양 잡고, 예를 따름이 변함이 없었다. 한나라 왕실의 들보요, 천하의 기둥이라 하겠도다. 어찌 갑자기 세상을 버려 일찍이도 이 원양(元陽)을 버릴 줄 생각이나 했을까'이라고 썼다.

35) 조감(姚鑒), 「망도 한묘의 묘실 결구와 벽화」 『문물 참고 자료』, 1951년 제12기; 北京歷史博物館·河北省文物管理委員會 編, 『望都漢墓壁畵』, 中國古典藝術出版社, 1955 참조.
36) 鳥居龍藏, 「南滿洲調査報告」, 1909, p.100 참조.
37) 『문물 참고 자료』, 1955년 제5기 및 제12기 참조.
38) 통구에는 단 하나의 유감총(有龕塚)이란 것을 발굴하였으나, 감실의 모양은 평양 방면의 그것과는 몹시 다르다.

이 글 가운데서 '當軒漢室'이라는 것으로써 이 무덤이 한대(漢代)의 무덤이라는 것을 알게 되었으며, '嗟彼浮陽'은 후한 때 순제(順帝, 126-144)를 받들어 즉위케 한 부양후(浮陽侯) 손정(孫程)의 약칭(略稱)인 듯하다고 조감(姚鑑)은 고증하고 있다.[35] 이 무덤의 벽화는 하단에 조수(鳥獸)를 그리고 상단에는 후실(현실)을 향하여 선 인물들을 그렸는데, 그 인물 처리 방법이 어느 면으로 보면 안악 제3호분의 인물 처리 방법을 연상케 할 만큼 유사한 측면을 느끼게 한다. 인물 위에는 하나하나 그의 해당 직명을 기록하였다.(도판 98, 99)

이 고분은 그 묘실구조가 요양(遼陽) 남문 밖 석곽(石槨),[36] 삼도호(三道壕) 벽화분들[37](도판 1, 2)과도 상호 관련성이 있는 것으로 볼 것이며, 이러한 고분들에서 보이는 고분구조적 또는 벽화체제적 요소들은, 비록 평안도·황해도 일대에 산재한 한계 전곽분들이 다실형(多室形) 평면구조가 적고 벽화를 발견치 못했을지라도, 이러한 요소들을 근거로 하여 안악 제3호분은 나타나게 된 것으로밖에 볼 수 없다.

일례로서는 사리원(沙里院, 봉산 지방) 지방에 있는 대방(帶方) 태수(太守) 장무이묘(張撫夷墓)를 보면, 전실이 가로 장방형인 것이 고구려 고분의 삼 구로 나뉜 전실과 같은 점, 통구 고분들에서는 감실이 별로 안 보이나 평양 부근 고분에서는 감실분이 많은 것 등은 모두 이러한 관계를 말해 주는 것이다.[38](도판 18) 그런데 고구려 고분의 많은 수와 망도 고분에서도 주인공은 후실에 있거나 후실을 암시하였는데, '안악 제3호분 외의 요동성총, 태성리 제1호분, 감신총, 역전 고분 등은 어찌하여 주인공의 위치가 전실·서측실 혹은 서감실에 있느냐' 하는 문제는 아직 밝힐 도리가 없다. 다만 필자는 여기에서 망도 한묘의 묘지(墓誌) 명찬(銘贊)이 전실의 서측실 통로 좌벽(남벽)에 있다는 사실과 안악 제3호분의 동수 묘지가 전실

의 서측실로 들어가는 좌벽에 있다는 사실이 우연한 일치인지는 모르나 이 두 고분은 다른 여러 면으로 유사한 점을 발견하게 되며, 또 광개토왕 이후에 된 통구의 모두루총(牟頭婁塚)의 묵서는 전실이 있으면서도 그것이 북벽(현실 입구) 상부에 기록되었다. 그리고 기타의 고분 중 문자가 있는 예도 많으나 이렇게 서벽에 기록한 예가 없기 때문에, 묵서 하나만으로의 고찰로써가 아니라 두 무덤의 종합적 비교로써 동수에 관한 묵서의 위치 문제는 우연한 것이 아니라고 생각된다.

그러면 이 묵서는 서측 벽면에 기록한 데 일리가 있다고 치고, 왜 하필 장하독을 그린 위에 그 좁은 여백을 군색(窘塞)[33]하게 이용하였는가 하는 의문을 갖게 된다.

안악 제3호분에 대한 건축미학적 가치를 판단하기 전에 먼저 '어느 왕릉보다도 복잡한 구조' 라는 데 자칫하면 끌리어, '왕릉이 아니고는 이럴 수 없다' 고 생각하기 쉬운 경향이 '때문에 동수의 무덤일 수는 없다' 는 결론에까지 첩경 이르기도 쉬운 것이다. 그러나 실제에 있어서 안악 제3호분은 그 건축미학적 가치에서 강서 고분이나 장군총을 도저히 따를 수 없는 것은 물론이며, 천왕지신총이나 대안리 제1호분 같은 복잡 미묘한 경지에도 이르지 못하고 있는 것이다.

리여성은 '먹으로 쓴 동수(冬壽)라는 인명이 나타나고 그 아래 그의 초상화까지 그려져 있었는데' 라고 말하지만,[39] 고국원왕(故國原王)보다 십오 년이나 전에 죽은 동수의 시체를 딴 데 묻었다가 십오 년 후에 아무리 하기로서니 고구려 사람들이 일부러 파서 '왕릉' 에 배장(陪葬)을 한다는 것도 말이 아니 되거니와, 또 벽화 중에 어느 것이 동수냐고 일부러 찾아서 군색하게, 더구나 불손(不遜)하게 그 묘지(墓誌)를 썼다고는 볼 수

39) 「력사과학」, 1955년 제5호, p.97 참조.

33. 트이지 않아 답답함.

34. '성상(聖上)' 은 임금의 존칭으로, 성상번은 '임금의 깃발' 이라는 뜻.

없다.

이 서측실은 통로라고 할 만한 벽의 두께가 없고 돌기둥 하나가 서 있을 뿐이므로, 그에 관한 기록을 쓸 만한 여유는 전혀 없다. 동수에 관한 기록은 예상치 못했던지, 벽화를 그리는 것도 그의 생전에 준비해 두었던 것인 듯하다. 그렇기 때문에 서벽 중에서는 가장 여백이 넓은 그 벽면을 이용하여 동수를 장례 지낸 뒤에 쓴 것이라고 볼 수밖에 없다.

그러면 다시 이러한 문제가 제기된다. 안악 제3호분은 화려하고 예술적인 점에서는 장군총이나 강서 고분들과 같지는 못하나, 규모가 크고 웅장하여 복잡한 구상으로서는 전자보다 뛰어나며, 더구나 벽화의 화려함이 이다지도 장관일 수 있겠는가. 또 고국원왕이 아무리 모용씨(慕容氏)와 불구대천의 원수가 되었고 아무리 동수를 우대해 주었다고 생각하더라도, 그 자는 역시 귀화한 외족(外族)이요 그 자에 대한 경각심을 놓을 리가 없었을 것인즉, 그 자가 어떻게 이다지도 왕 노릇을 하다시피 했겠는가. 더구나 행렬도 중의 주인공 앞에는 '□上幡'이라고 쓴 깃발을 든 자가 있으니 '□' 자는 필연 '聖' 자일 것인즉, 동수의 지위로서 '성상번(聖上幡)'[34] 이란 칭호를 붙일 수 있겠는가 하는 의문이 생길 것이다.

이에 대하여 필자는 이렇게 생각하게 된다.

첫째로, 안악 제3호분은 그 규모가 확실히 고구려 고분으로서는 복잡하고 웅장하며 벽화의 다양함이 또한 특이하다. 그러나 우리는 대륙계 고분과 고구려 고분과의 형식 비교에서 볼 때, 안악 제3호분 외의 일련의 특수형 고분들의 복잡한 평면구조는 고구려의 석축분 형식의 순수한 발전 형태가 아닌 것을 알게 될 것이며, 그것은 대륙계 고분의 여러 가지 형식들과 함께, 특히는 요양 석곽, 요양 삼도호 벽화묘들이나 망도 한묘, 기남 화상석묘 들과의 많은 유사성을 발견케 된다는 점에서, 다시 말해서 고구려 고

분의 독자적 특성은 결코 이러한 좌우대칭적 구조법에서 출발하지 않았으며, 따라서 웅장하고 거대하고 복잡한 것이 고구려적 주요 요소인 것이 아니라 그보다는 간결하그 소박하고 아담한 것이 고구려적 주요 요소의 근간으로 되고 있다는 데 근본적인 양자의 차이가 있는 것이라고 생각한다.

'태왕릉(太王陵)' 이나 천추총(千秋塚) 장군총(將軍塚) 등과 같이, 또는 광개토왕비와 같이 고구려적 수법에는 물론 역사 발전의 어느 시기에 웅대한 기백을 보이고 있는 많은 유산들이 있는 것은 사실이다. 그러나 그 웅대성이란 것도 고구려 것만으로서 일방적 평가에 그쳐서는 안 되며, 다른 것과의 비교 관찰에 의해서만 어느 편이 웅대성에 치중하는지를 찾게 될 것이다. 또 같은 웅대성이라 할지라도 매개 민족의 특수성에 비추어, 가령 운강(雲崗) 석굴의 웅대성은 아잔타(Ajanta)나 앙코르 와트(Angkor Wat)[35]나 보로부두르(Borobudur)[36]의 석조예술의 웅대성과는 벌써 질적으로 다른 자기의 특수성을 가지고 있는 것이다. 그러므로 매개 민족이 각각 자기의 특수성을 가지고 있다는 것을 시인한다면, 고구려예술에서도 본질적인 주요 요소를 찾는 데 역시 웅대하다거나 복잡하다거나 야단스러운 데 그 특질이 있는 것이 아니라, 그러한 피상적 관점에서 떠나 웅대하기보다는 간결하고 아담한 요소들이 다른 나라의 예술보다는 뚜렷한 특징으로 된다는 것을 감득하게 될 것이다.

이러한 관점에서 볼 때 우리는 안악 제3호분의 구성요소가 인접문화적인 것이 다분히 작용하고 있으며, 그러한 인접 문화적 요소들이 고구려적 요소와 합류하려는 과도적 현상에 놓여 있다는 것을 알게 될 것이다.

고구려의 문화는 박력과 패기로 충만된 웅대

---

35. 캄보디아 서북부에 있는, 돌로 만든 사원. 12세기초에 건설한 왕실 사원으로, 그 탑과 조각은 크메르(Khmer) 미술을 대표한다.
36. 8-9세기에 만들어진, 인도네시아 자바섬의 불교 유적. 벽면의 부조가 아름다우며, 겹겹으로 단을 쌓은, 많은 탑이 있는 대솔도파(大率堵婆)로 유명하다.

하고 튼튼한 일면이 확실히 존재하고 있으나, 그러한 특색을 통하여 다시 함축성있는 단순과 간결한 아담성이 지류에 깊이 흐르고 있다는 것을 느껴야 할 것이다. 그것은 안악 제3호분보다 후대에 속하는 고분들이 점차 다시 복잡한 데로부터 단순한 구성으로 기울어지는 경향을 보기 때문이다.

안악 제3호분은 그 구조나 벽화 양식에서 북방문화적 내지는 한(漢) 문화적 영향을 다분히 받은 것은 사실이다. 그러나 이 고분은 벌써 지상으로 솟아 올랐다는 점, 축조수법이 정교 치밀한 데 중점을 두지 않고 커다란 시야에서 개괄적으로 디테일을 처리했다는 점, 평행 받침과 삼각 받침을 종합적으로 구성했다는 점, 기둥 위의 제궁(檐遮)을 한(漢) 이래의 것과는 달리 소로(小櫨) 밑에 약간의 미묘한 변화를 주었다는 점, 매개 벽화들에 고구려적 체취가 강력하게 풍기고 있다는 점, 이러한 제반 요소들은 고구려 인민의 습성과 목적 지향성을 그대로 보여주는 것이며, 새로운 외래문화와의 접촉에서 자기의 독자성을 깊이 뿌리박으려는 능동성이 여실하게 표현된 것이라고 보아야 할 것이다.

그러나 안악 제3호분은 아무리 규모가 크고 복잡한 분묘라 할지라도, 역시 고구려 고분으로서는 조기(早期) 분묘의 미숙한 영역을 면치 못한다. 우선 석재를 다루는 기술에 있어서는 통구의 장군총이나 강서의 무덤들에 비하여 도저히 비할 바 못 되며, 벽화에 있어서도 역시 동일하다. 그것은 안악의 제2호분이나 강서 삼묘의 벽화들보다는 시대적으로 앞서는 소박한 기술의 영역을 면치 못한다. 비록 규모는 작을지 모르나, 축조 기술에서나 벽화의 세련됨이 고구려문화의 절정을 걷고 있는 강서 삼묘에 비할 때 그 거리는 실로 천양지차이다.

다음으로 동수(冬壽)란 한 개 지방 관리의 무덤이 어찌하여 이렇게도 큰 무덤으로 설 수 있느냐 하는 문제다. 고구려 고분으로서 규모의 웅대함이

야 물론 강동(江東)의 한왕묘(漢王墓)를 따를 수 없다. 그러나 한왕묘는 물론 외관상 규모요 그 모실은 역시 단순형이며 복잡한 평면구성이 아니므로, 이러한 의미에서 본다면 안악 제3호분에서는 그 복잡한 평면구성과 다채로운 벽화 등이 문제의 초점으로 되는바, 그것은 요동 방면에서 한(漢) 문화에 젖어 있던 동수로서 넉넉히 할 수 있을 일이라고 생각된다.

고국원왕의 모용황에 대한 적개심은 그곳에서 탈주해 온 동수를 특히 우대해 줄 수도 있는 것이며, 동수로 하여금 황해도 지역에도 많이 살고 있는 한족들을 진무(鎭撫)[37]하도록 하여 힘을 덜 들이고 많은 성과를 거두려는 정책을 쓸 수도 있는 것이다. 한편 동수로 말하면, 고구려의 남하정책이 아무리 급속도로 발전의 일로를 걷는다고 하더라도 아직 봉건적 중앙집권제가 확립되지 못한 만큼 지방적 통제까지는 미처 손이 뻗치지 못할 시기였다는 데 비추어, 중앙으로부터 멀리 떨어진 변강(邊疆)인 안악 지방에서 당당한 '영주(領主)' 격으로 앉아 대토지를 소유하고 완전히 지방의 추장 노릇을 하며 마음대로 인민을 착취했겠으니, 견문이 많은 동수로서 이만한 고분쯤이야 몇 개씩이라도 만들 수 있는 경제력을 가졌을 것은 족히 알 만한 일이다.

그 다음으로 행렬도 중에 나오는 '□上幡'이란 붉은 글씨를 쓴 검은 깃발로 말한다면, 이 고분을 발굴할 당시에 참관한 사람 중에 확실히 '聖' 자로 보았다는 이와 처음부터 무슨 자인지 알 수 없었다는 두 가지 말이 있었는데, 내가 보았을 때는 역시 전혀 알 수 없는 글자였다. 그러나 모호한 글자 한 자가 문제로 될 수는 없는 것이니, 위에서도 말한 바와 같이 서측실의 주인공이 만일 '왕'이라면 태수급 아래의 속관들인 기실·성사·문하배 등이 그 옆에 있을 수 없고, 복식·행렬도 기타 여러 가지 조건들이 또한 '왕'의 의식 절차로

_____

37. 난리를 일으킨 백성들을 진정시키고 어루만져 달래는 것.

볼 수는 없다. 고구려의 고분문화는 이 시기를 전후하여 대륙문화와의 접촉으로 인한 문화적 전환기에 놓여 있었다고 보게 되는바, 고구려로 귀화한 동수는 바로 이러한 고분에 묻혔다고 보게 되는 것이다.

그것은 위에서 누누이 말한바, 영화 9년명 전분, 평양 역전 벽화분, 안악 제3호분, 요동성총, 태성리 제1호분, 기타 일련의 감실이 있거나 장방형 전실이 있거나 관모·복식이 특이하거나 한 고분들에서 나타나고 있다. 이 중 몇 개의 고분들은 분묘의 축조형식으로부터 벽화의 배치 정형(情形), 복식 풍속 관계에 이르기까지, 다분히 요양(遼陽) 태자하반(太子河畔)에서 발굴한 삼도호(三道壕)와 봉태자둔(捧台子屯) 벽화묘 들과 기남(沂南) 화상석묘(畫像石墓) 같은 데서 상호 공통성을 느끼게 된다는 것은 매우 흥미있는 일이라고 생각한다.

앞으로의 연구 과제가 되는 이러한 고분들에 대하여 그 대략을 살필 필요가 있다. 망도(望都) 한묘(漢墓)에 대하여는 위에서 약간 서술하였거니와, 산동성 기남 화상석묘와 요동성 요양 태자하 부근에 있는 벽화묘들에 대하여 그 구조와 벽화 내용을 말하면 대략 다음과 같다.

기남 화상석묘는 연도(羨道)가 없고 묘문 앞에 전(塼)을 깔고 그 좌우에 전으로 담을 쌓은 자리가 있으며, 전·중·후실과 동서 측실들과 동북 측실(이 측실 속에는 변소 장치도 있음)이 있고, 전실과 중실 외의 각 실이 한 단 높으며, 전실과 중실 중앙에 안악 제3호분의 그것과 같은 팔각 석주가 서 있어 실내를 동서 양 실로 구분하는 느낌을 준다. 또한 천장이 평행 받침식 또는 삼각형 받침식으로 된 것과, 바닥에 돌을 깔고 석상(石床)은 없으며, 벽면은 넓은 석회암질의 판석으로 짜고 그 위에 선화(線畫)를 새겨서 바로 지상 건축을 묘사한 느낌을 주는 고분이다.(도판 4, 5)

이와 함께 요양 봉태자둔 벽화묘는, 방위는 동에 가까우나 역시 연도가

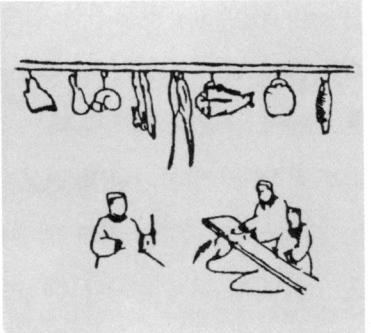

103~105. 요양 삼도호 요업 현장 제1호분 벽화 중의 부엌 · 육고(肉庫) · 우물.(왼쪽부터 차례대로)

없고, 묘문에 기둥 네 개가 서고, 넓은 담청색 석회암 판석으로 석곽을 짜되 회(灰)로 메지(目地)를 하고, 그 위에 직접 벽화를 그렸다. 그리고 천장은 판석으로 막 덮고 동 · 서와 북에 감실(龕室)이 있으며, 현실 중앙에 관실(棺室) 세 개가 있고 석상(石床)이 없으며, 관실 주변이 회랑(廻廊)으로 되어 있는바, 이상 두 개의 고분은 안악 제3호분의 구조와 상호 밀접한 형식상 공통성을 발견케 된다.(도판 3)

다음으로 요양 삼도호 1호 벽화묘는 판석재로 석곽을 짠 후 석회로 메지를 하고, 관실 사이 벽 위에 창(窓)이 있다는 것이 다를 뿐이고, 그 구조는 요동성총과 흡사하다.(도판 2)

이 외에 안악 제3호분과 요동성총과의 형식상 또는 벽화상 공통성을 발견케 되는 고분들로 요양 삼도호의 요업(窯業) 제4현장 벽화분, 영지령(令支令) 장군묘(張君墓), 삼도호 제2호 벽화묘 등이 있으나 번쇄하므로 약(略)하기로 하고, 이러한 묘들이 한결같이 연도가 없고 판석재로 축조하고 회로 메지를 하였으며, 석상이 없고 관실 또는 좌우 측실들이 높으며, 혹은 석주(石柱)가

40) 『문물 참고 자료』, 1955년 제5기 및 1955년 제12기 「기남 한 화상석묘 발굴 보고」 등 참조.

38. 부차 · 고차 · 금징차는 각각 도끼 · 북 · 금징을 실은 수레를 말함.

39. 숲의 나무들처럼 죽 늘어섬.

40. 옛날 군중(軍中)에서 쓰던 깃발 · 창 · 칼 등의 총칭.

서고 관실에는 흔히 벽화가 없는 예가 많은 점이라든지, 또한 이 두 개의 형은 상호 관련되어 발전한 면모를 보이는 것 등이 특히 주목을 끌며 무심히 간과할 수 없게 된다. 특히 이러한 여러 고분들의 벽화를 보면 반차행렬도(班次行列圖)가 으레 나타나고, 부엌과 육고(肉庫) 혹은 우물이 있고 주악도(奏樂圖)가 있다. 그리고 좌상에 앉은 남녀 인물들이 나타나는바, 이러한 일련의 인물 풍속 관계와 주제 선택들이 고구려의 특수형 고분들과 상통하는 점이 있다는 데 더욱 주목을 끌게 한다.(도판 103-105)

먼저 봉태자둔 벽화묘의 반차행렬도를 보면 가운데 세 개의 관실을 두고 그 주위의 회랑, 즉 현실의 좌·우·후벽에 상·하단으로 그렸는바, 부차(斧車) 고차(鼓車) 금징차(金鉦車)[38]를 비롯하여 각색 의장(儀仗) 대오가 임립(林立)[39]하여 백일흔두 명의 인물과 백스물일곱 필의 말과 기타 십여의 차량과 수많은 기치창검(旗幟槍劍)[40]들이 등장하고 있다. 이러한 대행렬도는 안악 제3호분에서만 볼 수 있는바, 3호분 행렬도는 이보다 오히려 칠십여 명이나 인물의 수효가 증가되어 있다.

요양묘 벽화들에서 공통적으로 느끼는 점은 상하를 막론하고 관을 쓰지 않고 대개 흑책(黑幘)을 많이 썼다는 것, 주인공에 해당하는 인물들이 대개 좌상에 앉고 뒤에 낮은 병풍을 둘러 쳤다는 것, 여자의 머리가 야단스러운 계환(髻鬟)을 틀고 화려한 머리꽂이들로 장식한 것, 합임(合袵) 웃옷을 입은 것, 벽돌로 쌓은 듯한 높은 화덕에 큰 질자배기를 올려 놓고 불을 때는 것, 쇠갈구리를 총총 매어 달고 고기를 걸어 둔 것 등등의 풍속 관계들이며, 기남 화상석묘에서는 제궁과 소로를 받은 팔각 석주의 모양과 주두(柱枓)에 귀면을 새긴 것과 뚜렷한 사신도가 나타나는 것, 요양묘들에는 사신도가 전혀 없는 것이 특징적이어서 안악 제3호분을 연상케 하며, 정절(旌節) 현수식(縣垂飾) 등의 모양들이 특히 주목을 끌게 한다.[40]

3. 벽화의 연대 문제 169

이 고분들은 대개 후한말(後漢末)로부터 서진초(西晉初)의 것으로 연대를 추정하는바, 고분의 형식에서 벽화의 주제 선택, 풍속 관계에 이르기까지 고구려의 특수형 고분들과 유사성을 가졌다는 것을 착안하면서, 필자는 이러한 형식수법의 유전이 결코 육로를 거쳐서가 아니라 요동성 방면의 고분문화는 바로 발해만 황해를 건너온 것이리라고 보게 된다.

안악 제3호분과 요양 및 산동성 고분들과의 관계는 앞으로 많은 연구 과제들이 제기되어야 할 것으로 보면서, 나는 다시 안악 제3호분이 비록 외래적 형식과 벽화의 양식을 도입하면서도 고구려적 소박성과 대담성이 처처에 빛나고 있음을 본다.

축조수법에서의 특징들은 위에서 말했거니와, 벽화에서도 13벽 상단의 '씨름도'는 그것이 바로 통구의 무용총·각저총의 여운을 풍기고 있으며, 날개나 돋친 듯 좌우로 쭉 뻗은 수염과, 굵은 철선(鐵線)처럼 탄력과 속력 있는 선들과, 인물들의 생기있는 표정에서, 의문(衣紋)의 처리, 체구의 특징, 장식 운문(雲紋), 일월상(日月像)의 처리 방법, 간단한 색조의 배열 등에서 고구려 벽화가 소유한 공통적인 특징을 낱낱이 갖추고 있다. 특히 주인공이 우교차(牛轎車)에 탑승한 것과, 장하독의 허리띠가 신라의 금관총에서 나온 것과 같은 행엽형(杏葉形) 과대(銙帶)를 두른 것 등은 고구려 벽화에서만 볼 수 있는 것이며, 이러한 풍속 관계는 당시 평안·황해도 일대의 고구려 복식 연구에 중요한 자료를 제공하고 있다.(도판 36)

이 고분에서 특히 강조할 것은 그 천장구조인바, 중국 방면 고분에서의 삼각형 받침식은 기남 화상석묘에서 보면 삼각식과 평행 받침식이 별개로 되어 있으나, 안악 제3호분 외에 많은 고구려 고분의 천장은 삼각형과 평행 받침을 함께 배합하였다는 것이 커다란 특징이며, 이러한 양식은 고구려에서 특히 찬란하게 개화 발전하였다는 것이다. 이 천장형식은 기남 화

상석묘의 발견과 함께 그 유전(流傳) 경로를 대략 짐작할 수 있다. 이것은 목곽(木槨)에서 전곽식(塼槨式)으로 발전한 한족(漢族) 고분문화와는 별개로 서역문화에서 그 줄기를 찾아야 할 것이 아닌가.

또한 고분 속에 벽화로 장식하는 풍습도 중앙아시아 일대에 있는 서역 벽화들과 어떠한 관련이 있는 듯하다. 그러나 이러한 문화의 유전 관계는 별개 문제로 하고, 여하튼 고구려의 고분문화는 인접문화를 흡수하자마자 고구려의 특유한 자기의 체취로 용해하면서 질적으로 다른 고구려적 형식 수법과 벽화예술을 창조하였던 것이다. 그 좋은 예로서는, 삼각형 받침 천장과 돌기둥을 세우는 양식은 일단 고구려화하자 삼각과 평행을 합치기도 하고, 사각·오각·팔각 등을 배합하기도 했으며(천왕지신총), 기이한 활개로 받치기도 하고(대안리 역사총), 화주(畵柱)로 변하기도 했다. 이렇게 다양한 시험을 거친 뒤에, 드디어 강서 삼묘에서와 같이 다시 고요하고 운아(韻雅)[41]한 천장구조와 '신운(神韻)'이 뛰는 사신도 벽화와 같은 전 동양적인 회화예술을 창조하기에 이르렀던 것이다.

3. 벽화고분의 연대에 대한 의견

필자는 위에서 고분의 축조형식과 그 발전 경위 및 고분 축조형식의 발전으로 본 시대(時代)에 대하여 약간 서술하면서, 고구려 고분은 석축(石築)과 봉토(封土)의 두 가지 형식으로 먼저 나누게 되며 벽화는 봉토고분에서 발생한 것으로 보면서, 봉토고분은 그것을 다시 고구려의 전통적인 양식인 단실분(單室墳) 형식에서 차츰 다실분(多室墳) 형식으로 발전케 되는 동기로서 대륙문화와의 접촉 관계를 도외시할 수 없다고 보았다. 그것은 서역문화 계통이거나 한족(漢族) 문화 계통이거

───────────────

41. 운치가 있고 우아함.

나를 막론하고, 아무렇든 외래문화 요소로서의 대륙문화는 고구려 고분문화에 커다란 영향을 끼치면서 복잡한 평면구성을 가진 특수형 고분형식으로 다양하고 착종(錯綜)한 변화 과정을 보이다가, 후일에 독특한 고구려 고분형식을 창조한 자취를 말했다. 동시에 봉토고분에 한하여 있는 벽화들은 그것을 주제별로 나누어 볼 때 인물 풍속 관계를 주제로 한 것, 인물 풍속과 사신도를 겸한 것, 사신도만을 주제로 한 것, 그리고 문양장식을 주제로 한 것 등으로 나누었으며, 다시 벽화 중에 표현된 각양 형태의 장식적 요소의 변화 발전한 면모와 이러한 벽화들이 가지는 회화사적 성격을 말했다. 그리하여 고구려 벽화 연대에 대한 여러 사람들의 설을 소개하고 그 다음 고구려 고분벽화의 연대를 추정하기 위하여, 우선 그 절대연대를 말해 주는 안악 제3호분에 대하여 나의 의견을 피력하였다.

필자는 끝으로 고구려 고분벽화의 연대를 추정하기 위하여 이상에서 논술한 바를 종합 고찰하겠거니와, 매개 고분에 이르기까지 연대를 밝힌다는 것은 지극히 곤란한 일이므로 중요한 몇 개의 벽화고분에 한하여 그 추정연대를 고찰하는 궤 그치려는 것이다.

고구려 고분의 벽화는 먼저 그것이 봉토고분에 존재한다는 것이 첫째로 되는 특징인 것이다. 그리고 봉토고분은 요동성총과 강서의 중묘를 제외하고는 모조리 삼각형 받침 천장을 가진 고분에 있다는 것이 또한 특징으로 된다. 그러므로 벽화의 발생은 봉토고분의 출현으로부터 시작된다는 것은 움직일 수 없는 사실이고, 고구려 고분의 벽화는 석축분 형식으로 있을 시대에는 존재하지 않은 것으로 짐작케 된다.

그러면 봉토고분의 발생은 어느 때부터인가. 이에 대한 명확한 대답을 주기는 곤란하나, 다만 다음과 같은 점을 염두에 둘 필요는 있다.

봉토분이 무수히 널려 있는 통구 지역으로 고구려가 이도(移都)한 것은

기원 직전 유리왕(瑠璃王) 때이며, 이곳으로 옮기게 된 이유의 하나로서는 "산천이 깊고 험준하며 오곡이 잘될 것 같고, 사슴과 거북·자라의 산출도 많을 것으로… 인민의 복리도 클 것이며 병화도 면할 수 있다(山川深險 地宜五穀 又多麋鹿龜鼈之産… 不唯民利之無窮 又可免兵革之患也)"는 데서 그들의 경제적 발전과 종족 방위상 필요에 인한 것이었다.

고구려는 『삼국지(三國誌)』「위지(魏志)」에서도 "심산궁곡(深山窮谷)이 많고 평원과 소택(沼澤)이 없으며, 골짜기에 붙어 살고 골물을 먹으며, 쓸 만한 전지(田地)가 없어서 힘써 농사를 지어도 구복을 채우기 어렵다(多大 山深谷 無原澤 隨山谷以爲居 食澗水 無良田 雖力佃作 不足以實口腹)"고 한 것을 보아 고구려는 처음부터 평야의 혜택을 얻지 못한 종족으로, 이들 의 무덤이 석축형식을 취했다는 것은 민중왕(閔中王)의 석굴장(石窟葬)으 로도 또는 '적석위봉(積石爲封)'이란 기록들에서도 그 편모를 엿볼 수 있 다. 그것은 유적으로서도 압록강을 사이에 두고 남북 지역에 무수한 석축 분이 있는 것으로도 짐작할 수 있으며, 그 뒤로 임강총(臨江塚) 태왕릉(太 王陵) 천추총(千秋塚) 장군총(將軍塚)과 같은 대규모의 석축분들을 보아서 도 고구려 고분이 석축형식에서 출발했다는 것을 알 수 있다. 그런데 이러 한 석축고분들은 천장구조에서 흔히 판석으로 덮거나 꺾음천장식으로 되 고 기와를 올린 듯하며, 삼각형 받침이나 궁륭구조는 나타나지 않는다.

봉토분으로서도 천장을 판석으로 막 덮기도 했지만, 대개는 삼각형 받 침 또는 궁륭식인 것으로 보아 이러한 식의 천장구조는 벌써 봉토분을 전 제로 하는 것이며, 따라서 이 두 가지 구조법은 어디서 유래했는가를 엿봄 으로써 봉토분 발생의 어느 시기까지는 짐작하게 될 것이다.

규모가 작은 분묘라면 모르되, 다소라도 큰 규모의 분묘일 경우에는 넓 은 천장을 막기에 석재 해결이 그리 쉬운 일은 아닐 것이다. 그러므로 넓

3. 벽화의 연대 문제 173

은 공간을 차츰 줄이기 위하여 꺾음천장으로 혹은 평행 받침으로 쌓아 올리면서 네 귀를 삼각 판석으로써 엇매기로 줄여 갈 수 있다고, 삼각 받침식을 자연발생적인 결과로 생각할 수도 있다. 그러나 우리는 흔히 습관에 젖은 것을 쉽사리 고치기란 어려운 것이다. 또 새로운 문화와 합류될 때, 그것이 더 편리하고 받아들일 조건만 구비되면 재빨리 새로운 문화를 도입하는 많은 경우를 본다.

고구려는 굴강하고 의지적이며 자존심이 강한 종족이었다. 그것은 통구에서 개화된 모든 문화형태가 그 인접문화에 비하여 독특한 고집을 보이고 있기 때문이다. 그런데 통구 방면 벽화고분에는 궁륭에 가까운 천장형식과 삼각형 받침식들이 있다. 그러나 필자는 이것이 육로를 거쳐 통구 지방으로 온 것이라고 보기는 어렵다. 그것은 필연코 평안도 일대에서 생겼고, 그 다음 압록강을 건넜으리라고 보는 것이다.

평안도 일대에는 우선 자연적 조건이 통구보다는 봉토분 발생이 선행할수 있고, 대동강면(大同江面) 일대에 널려 있는 전곽고분의 형식들로 보아 궁륭구조도 여기에서 먼저 발생할 가능성이 있다.

다음 삼각형 받침식은 제1장에서 말한 바와 같이, 그것이 자연발생적이기보다는 요동 방면으로부터 해로(海路)를 건너 이 지역으로 흘러 온 것으로 보게 된다. 이렇게 평양 방면에서 받아들인 인접문화의 요소는 고구려고분형식에 새로운 국면을 타개하고 벽화와 함께 재빨리 압록강을 건너간 것으로 보게 된다. 그러나 이 시기를 바로 어느 때쯤이라고 말하기는 지극히 곤란하나, 적어도 그것은 4세기보다는 좀 올라가야 되지 않을까 생각된다. 그러므로 전일의 학자들이 벽화봉토분의 발생을 혹은 평양 천도를 계기로 잡기도 하고 혹은 불교가 들어온 소수림왕 2년(기원 372년)으로부터 기산(起算)[42]하기도 했으나, 고구려의 남하정책으로 보아 천도 이전에도

평양 왕래는 가능했을 것이며 불교 수입 이전에도 불교적 회화 요소가 흘러 올 수 있었을 것이다. 다만 필자는 지금까지 나타난 벽화고분의 연대를 추정한다면, 그 상한을 어느 고분에 두느냐 하는 것이 문제다.

먼저 통구에 있는 벽화분들의 일반적 특징을 보면 화두공(畵枓栱)이 모조리 단포형식(單包形式)으로 되어 있어, 평양 방면 고분에서 흔히 보이는 중포형식(重包形式)보다는 시기적으로 앞서리라는 것을 위에서 말했다. 특수한 예를 제외한다면 이것은 건축양식 발전상 움직일 수 없는 조건으로 된다. 두공이 단포형식으로 장식된 통구 벽화분을 든다면 환문총·삼실총·무용총·각저총 및 구갑총·산연화총 등이 그러하다. 이 중에서 환문총과 삼실총은 접시받침도 없고 극히 단조롭게 처리하였다. 다시 이 두 무덤에는 운문의 끝이 날카로운, 또는 서로 교차한 구운문(句雲紋)이 있다. 이 운문의 형태는 삼실총보다는 환문총이 한층 오래 되어 보인다.

세키노 다다스(關野貞)와 고유섭(高裕燮)은 삼실총의 운문을 기미명(祁彌明) 화상석(畵像石)의 운문과 비교하면서 5세기경으로 비정(批正)하였으나 기미명 화상석의 연대도 불명한 것이며, 그보다는 좀더 오랜 것으로 보아야 할 것이라고 생각한다. 이 두 무덤은 하나는 벽면을 완곡하게 쌓고 하나는 평행 받침으로 쌓다가 끝에 삼각형 판석들로 막았지만, 이 고분들은 남북 단면도로 보면 모두 궁륭형에 가깝고 연도에서 현실까지 지하로 약간 깊어 가는 특징을 본다.

벽화로서는 환문총은 천장부에 사신도의 흔적과 벽면에 인물 흔적이 있었다고 하며,[41] 전 벽면은 색환문(色環紋)으로 장식되었다. 이 환문이 내리 1호분의 환문과 같다고 하여 나이토 고난(內藤湖南)은 내리 고분과 동일한 연대로 보았으나, 고분구조, 사신도의 위치, 두공과 운문 형

___
41) 池内宏·梅原末治, 『通溝』 下卷(제2책), 日滿文化協會, 1940 참조.

42. 일정한 시간이나 장소를 기점으로 하여 셈하는 것.

태로 보아 그렇게 볼 수는 없다.

삼실총 벽화는 역시 사신도가 천장부에 있고 창룡의 형태가 옆으로 길며, 현무는 쌍현무로 나타난다. 이 무덤에는 대안리 제1호분 서벽의 그림과 같은 변관(弁冠)을 쓴 인물행렬도도 있고, 도리를 떠받는 괴인(怪人)도 있고 벽화수법이 매우 능숙하다. 이러한 인물들과 연못에 아이를 그린 것들이 불화(佛畵)의 면모가 있다[42]고 이케우치 히로시(池內宏)는 말했으나 그렇게 단정하는 것은 역시 속단이며, 연화문의 끝이 날카로운 것도 시대의 오래됨을 말해 주는 것이다. 이 두 무덤 중에는 문양과 두공 및 고분구조로 보아 환문총이 앞설 것으로 보며 대략 4세기초로 보고, 이것을 고구려 벽화고분의 상한으로 잡고 싶다.

다음 무용·각저층은 단포 두공에 접시받침이 있고, 옆으로 긴 형태를 가진 사신도가 천장부에 졸렬한 수법으로 그려 있으며 수렵도와 인물도는 벽면에 있고, 문양으로는 한 화상석에서와 같은 괴상스러운 수목이 있고 횡대(橫帶)의 권운문(圈雲紋)[43]과 연화문(蓮花紋)은 다소 부드러워지며 화염문(火炎紋)도 나타나고, 구조로 보면 전실이 장방형이요 현실은 천장부를 팔각으로 쌓아 궁륭형을 모방하려는 의취를 보이고 있어, 이 두 무덤은 그 형식에서 단실분의 기본형과 전곽분의 궁륭형과 다시 전실 장방형식을 한꺼번에 배합 절충하였으며, 벽화·문양·두공 등으로 보아 삼실총 다음으로 축조된 것으로 보게 된다. 다만 무용총 북벽 주인공과 마주 앉은 두 인물들에 대하여, 두관(頭冠)을 쓰지 않고 수염이 있고 검은 장의(長衣)를 입고 속에 주름 잡힌 치마 같은 옷을 입은 것을 보아 이것은 승려 같다고 한 사람들이 있으나, 내가 승려로 추측하는 쌍영총 동벽에 앞장에 선 인물과 비교하면 이 인물들을 곧 승려로 단정하기는 곤란하다.

---

42) 池內宏·梅原末治,「通溝」下卷(제2책), 日滿文化協會, 1940 참조.

43. 둥글게 말린 구름 무늬.

쌍영총 인물은 몸에 걸친 것이 확실히 가사(袈裟) 같고 석장(錫杖)을 짚었으며 수염이 없고 머리도 삭발한 것이 분명하나, 무용총에서는 삭발 여부가 불명확하고 옷이 가사 같지 않으며 밑에 치마를 입은 것으로 보아, 승려라기보다는 남자로서 여복을 입고 일종 '샤만' 적 종교행사를 하는 집행자들이 아닐까, 이렇게 생각하게 된다. 이 고분들과 비슷한 시기의 것으로 통구의 산연화총·구갑총 및 평양의 감신총을 들 수 있고, 또 요동성총과 안악 제3호분 들을 들 수 있다.

이상의 고분들은 일률적은 아니나 대략 다음과 같은 특징들이 있다.

1. 구조에서
   A. 현실이 지평보다 낮은 것.
   B. 전실이 장방형을 이루며 궁륭식 의취를 보이는 것.
2. 벽화에서
   A. 사신도가 천장부(평행 받침)에 있거나 혹은 인물도가 중심으로 되는 것.
   B. 수렵도가 있기도 한 것.
   C. 실물 기둥이거나 두공이 단포형식이요, 횡대 운문이 날카롭거나 교차식인 것.
   D. 연화문이 예리한 것.

이와 비슷한 고분으로서 매산리 사신총, 대안리 제1호분, 천왕지신총들이 있는바, 구조로 보면 매산리총은 삼실총과 통하고 대안리 제1호분, 천왕지신총은 무용·각저총에 통하나, 벽화로 볼 때는 사신도와 인물도의 상하 위치가 전도되며 인물 풍속이 종속적 관계로 떨어진다. 이것은 벌써

3. 벽화의 연대 문제 177

그들의 사상 이데올로기의 변천을 말해 주는 것으로서, 후일에 사신도 일색으로 변하는 과도기적 현상인 것이다. 그러나 아직까지도 사신도의 형태는 그것이 다만 벽면의 주요한 자리를 차지하였으며 면적이 커졌다는 것뿐이고, 거의 같은 양식의 쌍현무와 길다란 용과 호의 특징적 형태를 보유하고 있다.

매산리총과 대안리 제1호분에는 화주(畵柱) 두공(枓栱)도 없고 연화문도 없으나(대안리 제1호분에는 화염문이 있다), 이러한 조건으로 불교 수입 이전으로 추측하기보다는 여러 각도로써 고찰해 보아 불교적 요소는 불교 수입 이전부터 예술문화의 유전과 함께 올 수 있다는 것을 알게 될 것이다. 이 무덤들이 화주·두공 등이 없는 것으로써 시대를 훨씬 떨어뜨려 볼 수도 있으나, 매산리총과 대안리 제1호분에는 사신도의 형태 외에 또한 수렵도가 있다는 것이 시대적으로 내려올 수 없다는 중요한 자료로 되고 있다.

그 다음으로 안성동 대총과 간성리 연화총 같은 것은 혹 대안리 제1호분과 비슷한 시대로 볼 수 있을지 모르나, 유감스럽게도 이 고분들은 벽화가 거의 박락하여 구체적인 자료를 얻기 어렵다. 연화총에는 전실 서쪽 감실속 장방(帳房) 위에 화염문이 있고 장방 속에 인물 흔적이 있었다고 하며, 대총인가 연화총인가 기억이 불명하나 현실 서벽에 인물 두부(頭部)가 남은 것으로 보아 이 고분들은 사신도가 있었다면 하단에 있었을 것이요 벽화로 남은 것은 전각도(殿閣圖)와 연화문과 두공 등인바, 연화문은 이 고분들에서 8판 혹은 9판으로 되었으며 보다 더 부드럽고 화판 수가 늘어 간다. 이렇게 연화의 화판 수가 늘고 비교적 정제하게 그렸으며 또 화주·두공이 중포형(重包形)을 가진 고분에 쌍영총이 있다.

이상 세 개의 고분은 벽화의 배치와 연화문, 두공 형식 등으로 보아 대개 동시기로 보게 되며, 이와 함께 사신도가 전혀 없고 단포 두공만 있지

106. 개마총 천장부 개마도(鎧馬圖).

만 여러 가지 면으로 보아 쌍영총과 거의 동시기로 볼 수 있는 고분에 안악 제2호분이 있다. 안악 제2호분은 감실이 하나 있다는 것뿐으로 구조는 고 구려 고분의 기본형에 가까우나, 여기에는 확실히 불교적 요소가 뚜렷하 게 나타나고 있다.

우선 돈황 석굴에서 보이는 수·당대의 연화문(蓮花紋) 보륜문(寶輪紋) 비천문(飛天紋)이 있다는 것은 전장에 말했지만, 처처에 연화를 들고 천녀 산화(天女散花)의 제재가 나타나는 것은 이 무덤의 피장자가 혹은 불교 신 도인지도 모를 만큼 불교적 요소가 농후하다. 여기에 나타나는 운문·연 화문 들이 쌍영총과 같다는 것은 전장에 말했다. 이렇게 볼 때 우리는 쌍 영총 현실 동벽 행렬도 중 앞장선 인물이 확실히 석장(錫杖)을 짚은 승려로 인정하게 되며, 이러한 고분들은 소수림왕 이후 불교가 수입된 후의 것으 로 보게 된다. 그런데 안악 제2호분에 대하여 한 가지 의문은 사신도가 전 혀 없는 순 풍속 관계 고분이라는 것인바, 그것은 2호분뿐만 아니라 1호분

3. 벽화의 연대 문제 179

과 3호분도 역시 동일하다. 이것은 안악 고분들의 공통적 특색이며 하나의 지방적 특색으로 볼 수밖에 없다. 왜냐하면 만일 이 세 개 고분들이 연대상으로 동일 시기라 하면, 2호분이 불교적 요소가 이렇게 농후할 수 없고 문양장식과 고분을 다듬는 솜씨가 쌍영총과 이렇게 흡사할 수도 없다.

다음 이 시기 하단에 속한 것으로 보게 되는 개마총은 지금은 벽화가 거의 박락하였으나 네 벽에 사신도가 있고, 동벽 상단 천장부에 '총주착개마지상(塚主着鎧馬之像)'이란 글씨와 함께 성장한 말과 한 패의 인물 행렬이 있다. 이 고분도 사신도가 주가 되고 인물도는 벌써 종속적 위치로 밀린다는 것을 보게 되며, 벽 상단 횡대(橫帶)의 문양도 파상(波狀) 혹은 ∞형 문(紋)에서 벗어나서 비운당초문(飛雲唐草紋)으로 변화하는 과정을 보게 된다. 이 고분은 무용총 등과는 정반대로 사신이 가장 뚜렷한 존재로 등장하는바, 동시에 이 고분은 또한 단실분이며 고구려 고분의 기본형으로 환원하려는 경향이 보인다.

매산리총을 비롯하여 이상에 열거한 고분들을 개괄하면, 개마총을 제외한 여러 고분들은 더략 다음과 같은 특징들을 들 수 있다.

1. 구조에서
   A: 평행 받침들을 직각으로 꺾지 않고 곡선형을 이루어 궁륭형 의취를 가진 것.(매산리)
   B. 감실이 있거나(안악 제2호) 특수형의 구조를 가진 것.
2. 벽화에서
   A. 인물도가 벽 상부로 밀리고 사신도가 차츰 주요하게 등장한 것.
   B. 수렵도가 차츰 사라지는 것.
   C. 중포형 두공이 많이 있는 것.

D. 연화문이 복잡해지고 운문이 ∞형에서 파상형(波狀形)으로 변모한 것.

이상의 제 특징은, 개마총에서 다시 고분구조와 벽화 내용 및 장식도안 등이 급격한 변화를 일으키고 있다. 이러한 고분들로서 호남리 사신총, 통구 사신총 및 17호분, 강서 이묘, 내리 1호분, 진파리 고분 들을 들 수 있다. 이 고분들은 모조리 두공 장식이 없고 사신도가 네 벽 전면을 차지하고 있다. 통구 사신총과 17호분만은 천장부에 호랑이를 타고, 혹은 학을 타고, 혹은 말을 탄 사람들(신선?), 면관(冕冠)[44] 또는 호모(胡帽)[45]를 쓴 사람들, 그 외에 기금이수(奇禽異獸)와 사신도 주위 벽 네 모서리에 괴이한 동물이 천장부를 받들고 있으며, 가장 다채로운 현란한 채색들로 그렸을 뿐 이 밖의 고분들에는 인물이 나타나지 않는다.

이러한 인물 배치 등과 천장부를 떠받고 있는 괴물들로 보아 사신총의 연대를 썩 올려 생각하기도 쉬우나, 벽화 발전의 예로 보아 이 고분은 매산리총이나 쌍영총보다도 사신도의 역할이 더 큰 것과, 후일 진파리 고분 사신도에서 보는 것과 같이 주로 청·녹 계통의 현란한 색채를 사용한 것과, 비운문의 양식과 사신수(四神獸)의 형태 처리 들을 종합 고찰하여 이 고분들의 연대가 결코 올라갈 수 없다는 것을 알게 된다.

이렇게 전제하면서 개별적으로 사신도 벽화분을 보기로 한다. 호남리 사신총도 그 시대를 높게 본 사람들이 있었다. 그것은 분묘형식에서도 말하는 사람이 있으나 주로 사신수의 화법이 고졸(古拙)하며, 특히 현무의 모양이 특이하다는 것이다. 이 고분은 단실분으로 현실이 지평보다 낮고 연도가 짧은 듯한 느낌을 주는 데서도 높은 연대를 생각하기 쉬우

---

44. 면류관(冕旒冠). 관 앞뒤에 끈에 꿰어 늘어뜨린 주옥(珠玉)으로 장식한, 대부(大夫) 이상의 사람이 쓰는 예관(禮冠).
45. 중국의 오랑캐가 쓰던 모자.

107. 강서 대묘 천장부 비천도(飛天圖).

나, 역시 연대 고증에서 벽화의 중요성을 간과할 수는 없다. 여기에는 사신도 이외에 아무런 장식도 없다. 색채도 흑·적·황 계통의 단순한 것으로 오랜 것 같으나, 사신도가 그 체구로부터 능숙한 묘사수법에 이르기까지, 또 중후한 대리석재로 쌓고 그 위에 바로 사신을 그린 것, 또 단실분으로 삼각 받침 천장을 정연히 한 것 등, 이것은 개마총이나 쌍영총 등의 연대까지 올라갈 수는 없다. 이 고분은 대개 개마총 다음으로 연대를 비정할 수 있다. 그리고 통구에서는 사신총과 17호분, 평양 방면에서는 강서 이묘와 내리 1호분으로 연대의 층차를 생각할 수 있다.

아직까지의 발견으로는 통구 방면에서 인물 풍속 관계 고분이나 순 장식화 고분은 있으나 사신도만 있는 고분은 없었다. 통구 사신총의 사신 형태나 운문의 양식들이 강서 벽화와 시대적 풍모를 같이하면서도 보다 더 괴이하고 요란한 처리를 하였으며, 이상한 동물과 인물을 삽입하였다는 것은 또한 그 지역적 특성이라고 볼까.

평양이 고구려의 정치·경제·문화의 중심지로 되어 있었던 만큼, 이때만 해도 벌써 통구는 문화에서 '세련된 감정'과는 조금 거리가 있는, 지방색이 그대로 답보하고 있는 것이라고 볼까. 여하튼 이러한 지방색이 강서이묘에서는 완전히 청산되고 돌 한 개의 정질에서나, 그림 한 폭의 선조들에서 형언할 수 없는 예술적 세련의 극치에 도달하였다.

강서묘에서는 그 구조부터 건축미학적으로 보아서도 나무랄 곳이 없다. 천장이 삼각 받침으로 형성된 원방형(圓方形)의 미묘한 곡선과 평행 받침의 살진 맛과 벽 모서리의 기교(奇巧)를 부린 재능도 그렇거니와, 사신도는 벌써 고구려적 패기를 속으로 감추고 탄력이 가득 찬 선으로 사형(寫形)의 잔재를 완전히 버리고 사의(寫意)의 높은 예술적 수법으로 신운(神韻)이 흘러 넘치는 이상수(理想獸)를 창조하였다. 여기에는 비운문(飛雲紋)과 인동당초(忍冬唐草)·인동연화문(忍冬蓮花紋) 들이 나타나는바, 이러한 양식 수법들은 내리 1호분에서도 볼 수 있으며, 모든 것이 양 끝에 치우치지 않고 적당한 곳에 적당히 처리되어 있다. 이러한 문양들은 통구 사신총에도 나타나고 있어 이들 고분이 고구려 벽화분의 절정을 걷고 있는 동일한 시대의 것으로 보게 된다.

그리고 마지막 시기의 것으로 말하려는 것은 진파리의 1호·4호분 들이다. 중화군 진파리(현 무진리)의 두 벽화분은 박락이 심해 원모를 알기 어려우나 네 벽에 유창한 사신도의 흔적이 있고, 사신도의 주위에는 연화인동문과 같은 자유스러운 화문(花紋)들을 황홀하게 배치했으며, 천장부에는 복잡한 인동당초문으로 장식했는바, 여기에는 주로 백록(白綠) 계통의 색채를 많이 쓰고 금박까지 사용해서 마치 목조건축의 단청과 같은 인상을 주고 있다. 문양의 양식으로나 화면이 지나치게 요란한 것 등으로 보아 대개 고구려 벽화고분으로서는 연대적으로 하한에 속할 것으로 보였다.

이상 호남리 사신총 이하 여러 고분들을 개괄해 보면 다음과 같은 특징들이 있다.

1. 구조에서
   A. 대개 단실분으로 환원하였으며, 축조수법에 아치(雅致)[46]가 있고 세련된 것.
2. 벽화에서
   A. 사신도가 중심으로 된 것.
   B. 인동당초 · 인동연화문 들이 나타나는 것.
   C. 화법(畵法)이 극히 세련된 것.
   D. 색채가 풍부하고 장식적인 것.

필자는 이상과 같이 여러 고분들의 시대적 특징들을 층차적으로 분류해 보면서, 그 상한을 환문총에 두고 하한을 진파리 고분에 두었다. 그리하여 우선 절대연대를 가진 안악 제3호분을 염두에 두면서 매개 고분의 연대를 다음과 같이 추정해 보았다.

환문총 —— 4세기초

삼실총
무용총 및 각저총
감신총 4세기중
안악 제3호분
요동성총
매산리 사신총

184

대안리 제1호분	4세기후–5세기초
천왕지신총	
안성동 대총	
간성리 연화총	
쌍영총	5세기중–5세기후
안악 제2호분	
개마총	
호남리 사신총	
통구 사신총 및 17호분	
강서 대·중묘	6세기
내리 1호분	
진파리 1·4호분	7세기

다시 이 고분들을 표로써 보면 표 2와 같다.

이 표로써 추정연대를 상정(商定)하기 위한 이론적 근거로서는 필자의 상술한 여러 가지의 고찰에 의하여 명시했거니와, 다시 그것을 중점적으로 말한다면, 고분구조에서는 지상 곽실과 지하 곽실과의 관계, 단면이 궁륭형(穹窿形)이냐 방형(方形)이냐 하는 관계, 천장의 형식, 전실의 형식 및 감실 유무 등으로 그 시대적 추이를 보려고 하였다. 이와 관련하여 벽화로 서는 주로 사신의 역할과 인물 풍속 관계도와의 상호 관계를 보았다. 여기에서 뚜렷하게 알려진 것은, 처음에는 사신이 상단을 차지하고 인물 풍속이 하단을 차지하였던 것이 다음 단계로 오면서는 사신이 하단으로 내려오고 인물 풍속이 상단으로 올라간 현상을 보였으며, 인물 풍속 중심은 그 자리를 사신에 양보하게 되었다.

46. 아담한 풍치.

고분명 \ 구조 및 벽화 연대		묘실 위치	단면	천장형식	전실
1. 환문총	4세기초	지평보다 낮다	궁륭의 태세		×
2. 삼실총		지평보다 낮다	궁륭의 태세	△	삼실
3. 무용총		지평	궁륭의 태세	팔각 구조	장방형
4. 각저총		지평	궁륭의 태세	팔각 구조	장방형
5. 감신총		지평	궁륭의 태세	△	장방형
6. 산연화총	4세기 중엽	지평	궁륭의 태세	△	장방형
7. 태성리 소묘		?	방형	△	장방 삼구
8. 안악 3호분		지평보다 낮다	방형	△	장방 삼구
9. 평양 역전 벽화분		지하	궁륭(?)	?	방형
10. 요동성총		지하	방정	평천장	장방형
11. 매산리 사신총	4세기말 –5세기	평	궁륭의 태세	△	×
12. 대안리 역사묘		지평보다 낮다	궁륭의 태세	팔각 구조	장방 삼구
13. 천왕지신총		평	궁륭의 태세	팔각 구조	장방 삼구
14. 안성동 대총		평	방정	△	장방 삼구
15. 간성리 연화총		평	방정	△	장방 삼구
16. 쌍영총	5세기 후반	지하	방정	△	방형
17. 안악 2호분		평	방정	△	×
18. 개마총		평	방정	△	×
19. 호남리 사신총		지평보다 낮다	방정	△	×
20. 통구 사신총		평	방정	△	×
21. 통구 17호분	6세기	평	방정	△	×
22. 강서 삼묘		평	방정	△	×
23. 내리 1호분		평	방정	△	×
24. 진파리 벽화묘	7세기	평	방정	△	×

표 2. 벽화분 추정연대와 간단한 특징 비교표.

감실 혹은 측실	사신	인물	복식 풍속 관계	수렵도	화주·두공 및 석주	비고
×	上	下			단포형	
×	上	下			단포형	이 고분들의 연화문은 화판이 예리하고 측연 화문이 많고 비운문은 수평 혹은 수직식으로 되며 횡대 운문은 교차식 구운문(句雲紋)이 많다. 색채는 비교적 단조롭다.
×	上	下		○	단포형	
×	上	下		○	단포형	
동서	?	4벽(?)	특수	○	중포형	
×	×(?)	×(?)			단포형	
동서(?)	×(?)	4벽(?)	특수		석주	
동서	×	4벽	특수		석주	
동서	×(?)	4벽(?)	특수		?	
동서	上	下	특수(?)		석주단포	
×	下	上		○	×	
×	下	上		○	×	횡대 운문이 파상식 (波狀式)에서 ∞ 형으로도 되며 당초형(唐草形)으로 변하고, 연화문은 차츰 복잡하고 또 부드럽게 처리한다. 색채는 차츰 다채로워진다.
동서(?)	?	?			중포형	
	?	上(?)	?		중포형	
동서	?	上 4벽(?)	?		중포형	
×	下	上			중포형	
동	下(?)	4벽 上	2종		단포형	
×	4벽	上			×	
×	4벽	×	×		×	문양장식이 정제(整齊)해지고 인동연화·인동당초와 비운문은 자유스러워진다. 연방(蓮房)의 구멍은 화판으로 자리를 옮긴다. 색채는 극히 화려해진다.
×	4벽	上			×	
×	4벽	上			×	
×	4벽	上	×		×	
×	4벽	×	×		×	
×	4벽	×	×		×	

고분명 \ 학자명	세키노	나이토	이케우치	고유섭	리여성	김용준
매산리 사신총	5세기 (천오백 년 전)	5세기초	5세기 전반	5세기 (천오백 년 전)	4세기 이전	4세기말 −5세기초
삼실총	5세기 (천오백 년 전)	〃	5세기 후반	5세기 (最古墳으로, 천오백 년 전)		4세기중
산연화총	6세기 (천사오백 년 전)					4세기중
구갑총	〃					
미인총	〃					
개마총	〃					5세기후
호남리 사신총	〃	연과 높게	하대 중기보다 높게			6세기
감신총	〃	6−7세기 (천삼사백 년 전)				4세기중
성총	〃	〃				
천왕지신총	6세기중 (천사백 년 전)					4세기말 −5세기초
간성리 연화총	〃					5세기후
강서 대묘	7세기 (천삼백오십 년 전)	7세기 초·중 (천삼백오십 년 전)		양원왕 안원왕 평원왕 — 7세기 전반 (천삼백 년 전)	6세기 상반 (천사백이삼십 년 전)	
강서 중묘	〃	〃				
강서 소묘	〃	〃				
쌍영총	7세기 (천삼사백 년 전)	6−7세기		7세기 (천사백 년 전)		5세기후
모두루총			6세기			5세기말
무용총			하대 중기			4세기중
각저총			〃			〃
안성동 대총			〃			5세기후
통구 사신총			〃		4세기	6세기
환문총			〃			4세기초
내리 1호분			〃			
태성리 소묘						4세기중
안악 3호분					4세기중	〃
역전 벽화분						〃
요동성총						〃
역사묘						4세기말 −5세기초
안악 2호분					5세기	5세기후
통구 17호분						6세기
진파리분					5세기	7세기

표 3. 추정연대 비교표.

그러나 그것은 다시 후기로 들어서면서부터 인물 풍속은 없어지고 사신이 전면적으로 고분을 차지하는 추이과정을 보게 되는 것이다. 이와 함께 수렵도는 전기 고분에 많고, 색다른 복식 풍속화들은 고분구조에서 특수형으로 나타나는 고분에 많이 있으며, 두공도 전기로 인정되는 고분에 단포형식(單包形式)이 많고, 기타 연화문·비운문·권운문 및 색채 들에서도 각각 이상의 순서와 병행하여 변화 발전하는 현상을 보이고 있었다.

이렇게 종합 고찰한 바에 의하여 필자의 결론은, 봉토 벽화고분이 그 발생과 함께 석축고분으로서의 기본형식에서 대륙문화(한계 문화 및 서역 계통의 문화)를 받아들이면서 다양하고 착종한 과도기적 시련기를 거친 후에, 다시 외래문화적 요소들을 자체 내에 함축시키면서 독특한 고구려적 고분문화를 창조하게 되었다고 보는 것이다.

여기에는 물론 안악 제2호분이나 통구 사신총과 같이 지방적 특색도 있고, 피장자 개인의 취미, 그의 경제력의 제한 등도 있어 간혹 특수한 현상들이 나타나지 않는 바도 아니나, 그러한 것은 극히 부분적인 문제이며 전반적 고찰로 볼 때 부분적인 현상은 문제 되지 않는 것이다.

다음으로 나의 벽화 연대관과 다른 사람들의 연대관과를 표로써 비교하면서 약간의 의견을 서술하기로 한다.

표 2에서 보면 일본인 어용학자들은 거의 매산리 사신총과 삼실총의 연대를 최고로(5세기초경으로) 보았고 리여성만이 4세기 이전으로 보았는데, 필자는 4세기말에서 5세기초로 보았다. 리여성은 고구려 고분벽화를 대략 3세기에서 6세기 간에 된 것이라고 보았으나,[43] 필자는 환문총을 최고로 하여 4세기초경으로 보고 진파리 고분들을 최후로 7세기경으로 본 것은 위에서도 서술하였다.

일본인 어용학자들과 우리와의 상한 연대가

---

43) 리여성, 「조선미술사 개요」, 국립출판사, 1955, p.46.

한 세기 이상 두 세기나 달라진 것은 무엇 때문인가. 또 매산리 사신총을 한결같이 최고로 본 데 대하여 필자는 어찌하여 매산리총보다 앞서는 여러 고분들을 들고 나오는가. 여기에는 두 가지 이유가 개재(介在)하고 있다.

첫째로 일본인 어용학자들은 절대연대를 가진 안악 제3호분을 보지 못했으며, 둘째로는 매산리총을 보는 관점이 필자와는 달랐다는 데 있다. 그들은 매산리총의 연대를 고찰함에 있어서 무엇보다 먼저 화법이 고졸(古拙)하다는 것과, 불교적 요소가 안 보인다는 데서, 또한 인물 형상이 한대(漢代) 경감(鏡鑑)에서와 같이 영건(領巾)이 좌우 어깨에 날린다는 점, 창룡(倉龍)의 형태가 옆으로 길다는 데서만 고찰하였고, 화법의 교졸(巧拙)은 화가의 기술적 역량에 따라 다를 수 있다는 것과, 불교적 요소는 연대 추정에 절대적이 못 된다는 것과, 인물 형상은 감신총에도 그러한 인물이 있으며, 창룡의 형태는 무용총·각저총의 것도 옆으로 길고 화법도 더 치졸하다는 것을 생각지 아니하였으며, 또 사신도 주제로 변천하는 이데올로기의 변천 관계 등을 고려에 두지 못했던 것이다.

화법의 고졸로 말한다면 안악 제3호분이나 평양 역전 벽화분 같은 것이 훨씬 세련되고 같은 시대에서도 요동성총 벽화는 치졸하며, 그들이 연대적으로 낮게 보는 개마총이나 감신총보다도 높게 보는 삼실총 벽화가 훨씬 세련된 것이다. 화법의 발전 법칙은 그들이 사물을 관찰하는 방법 여하가 달라지는 데 있고, 기술의 우열만으로 규정짓기는 곤란한 경우가 많다. 서술의 전후가 전도도 되었으나 일본 어용학자들이 매산리총을 최고로 보면서도 그것을 5세기 이상으로 올리지 못한 데는, 주요한 이유로서 낙랑이 멸망한 기원 313년 뒤로 적어도 오륙십 년 이상 근 백 년 이전까지는 평양 부근에 벽화고분이 있을 수 없었으리라는 막연한 추측도 있었을 것으로 보인다. 때문에 한경(漢鏡)의 인물과 비교하면서도 연대를 고의로 낮추어 본

것이었다.

그러나 낙랑의 치지(治址)가 어디이든지 고구려의 세력은 4세기 이전에도 평양 방면으로 왕래할 수 있었을 것이라 함은 위에서 누누이 말한 바와 같고, 또 평양 방면에 토착한 사람들이 그들의 문화적 토대를 가진다는 것은 반드시 5세기 이후라고 무엇으로 속단할 수 있는가. 더욱이 기년(紀年) 묵서가 있는 안악 제3호분이 발견된 오늘에 와서는, 아무도 이러한 논거는 수긍하려 하지 않을 것이다. 그러면 "필자는 어찌하여 고구려 고분벽화의 상한을 4세기초(환문총)에 두고 그 이상 연대를 올리지 못하는가" 하고 묻게 될 것이다.

벽화로 나타난 회화적 기술에서 볼 때 4세기경에 속한다고 보는 벽화들도 결코 그것이 원시적 단계에 머무르고 있는, 그렇게 치졸한 그림들은 물론 아니다. 벌써 사물을 형상하고 원근을 처리하는 방법이 상당한 정도로 발전을 거친 뒤의 그림들인 것이다. 그러므로 고구려는 이 시기에 일정한 정도로 회화예술이 발전된 단계에 처해 있었다고 보는 것이 타당할 것이다. 그렇다고 하여 근거가 불충분한 벽화들에 대하여 덮어놓고 3세기나 2세기로 올릴 수는 없는 것이며, 또한 우리는 항상 인접문화와의 관계를 등한시할 수도 없기 때문이다.

이때 한족(漢族)의 회화는 아무래도 우리보다는 일보 앞섰다고 보아야 할 것인바, 그것은 직접적으로나 간접적으로 한족 문화의 체제를 본받은 예를 가끔 보게 되는 때문이다. 고구려 고분의 벽화가 벽화로서만 따로 떨어진 것도 아니요 고분이란 형틀에 붙어 다니는 만큼, 인접문화로서의 고분과 벽화를 비교해야만 되겠고, 그렇게 비교해 볼 때 고구려의 고분은 인접한 고분문화의 요소들이 많이 섞여 있는 것을 보게 되는 때문이다.

필자가 인접한 고분문화라 하는 것은 주로 평안도 일대의 전곽고분과,

중국 산동성·하북성·요령성 등에서 발굴한 고분들을 말하는 것인바, 중국 방면 고분들은 대략 동한말(東漢末)에서 서진초(西晉初)에 걸치는 연대로 보고 있다. 안악 제3호분, 요동성총 외 일련의 특수형 고분들과 유사성을 가졌다는 요동성 태자하반(太子河畔) 고분들에 대하여는, 그것이 한족 문화냐 아니냐 하는 것도 아직 미해결로 볼 수밖에 없고, 또 이 고분들의 주변 환경, 출토 유물 정형, 특히 출토품 중 자〔尺〕의 길이가 척도(尺度) 발전의 법칙에 비추어 이 고분들이 한말 서진초, 2세기말−3세기중의 연대로 추정케 된다고 보고자는 서술하고 있는 만큼,[44] 우리는 우선 이 말을 잠정적으로라도 긍정한다면 고구려 고분의 연대는 이보다는 올라갈 수는 없고, 불가불(不可不) 좀 뒤늦게 볼 수밖에 없게 된다.

물론 이것만을 기준으로 삼는다는 것은 아니다. 한족들의 전곽고분도 후한을 더 올라갈 수 없다고 보는 데서도 그러하고, 또 지금까지는 중국 고분벽화에서 구비된 사신도가 없다고 보던 것이 기남(沂南) 화상석묘(畵像石墓)에는 체구가 길다란 사신들이 나타났으며, 천장구성이 삼각 받침식으로 된 것도 이 묘에서 보이고 있기 때문이다. 또 기남 화상석묘의 천장구조는 삼각식과 평행식이 별개로 존재하여 안악 제3호분 천장구조보다는 약간 앞섰다고 코기 때문이며, 또 풍속 복식 등은 요양묘(遼陽墓) 벽화와 대동(大同)하나 다른 면들도 보이기 때문이다. 만일 그렇다면 고구려 벽화고분의 상한은 4세기초보다 더 올려 생각할 수 없는 것이다.

연대 비교표(표 3)의 15부터 21번까지에 대하여 이케우치 히로시(池內宏)는 모두루총을 6세기로 보고 무용, 각저, 안성동 대총, 통구 사신총, 환문총, 내리 1호분은 '하대의 중기'라고 하였는바, 고구려의 평양 천도로부터 하대로 보면 그 중기는 대략 6세기 중엽으로 잡게 된다는 말이 되며, 그 외의 학자들은 이 고

44) 『문물 참고 자료』, 1955년 제5기 및 제12기 참조.

분들의 연대를 말하지 않았다. 다만 고유섭만이 통구 고분들은 불교적 요소가 있는 문양장식들로 보아 소수림왕 2년(372–4세기말) 이후로 보았을 뿐이다.

그러나 필자는 이 고분들을 결코 일률적으로 연대를 말할 수는 없다고 본다. 그것은 우선 환문총은 환문(環紋)만 가지고는 전체를 단정하지 못할 것이며, 무용·각저총은 불교 수입 이전으로 연대가 썩 올라가야 될 것이고, 통구 사신총과 내리 고분 연대는 훨씬 떨어져야 된다는 근거에 대하여는 위에서 말한 바 있다.

다음 "안악 제3호분 외의 일련의 고분들에 사신도가 전혀 없는데, 이와 비슷한 시기로 추정하는, 사신도가 상단에 있는 고분과의 연대는 어찌하여 차이가 없는가" 하는 질문에 대답한다면, 필자는 연대가 높은 기남 화상석묘에도 사신도가 뚜렷하게 있다는 것, 또 거의 동시기로 혹은 보다 뒤늦게 보는 요양묘들에서 사신도가 전혀 없다는 예를 들게 된다.

이러한 견지에서 필자는 고구려 고분의 벽화양식이 인물 풍속 고분에서 사신 인물도로, 다시 사신도로 그렇게 정연한 길을 밟은 것으로는 보지 않으며, 고구려 고분벽화는 처음부터 사신도를 소유하였고 동시에 인물 풍속만 취제한 고분들도 병행하였으며, 사신도에 대한 관념만은 그것대로 변천한 것이라고 보게 되는 것이다.

모두루(牟頭婁) 지명총(誌銘塚)에 대하여 일본 어용학자 이케우치는 6세기경으로 보았는바, 그 근거로서는 묵서 중에 나타나는 '好太聖王緣祖父… 云云' 하는 문구로 보아 '대사자(大使者) 모두루(牟頭婁)'까지를 삼대 구십 년으로 쳐서 장수왕 다음 문자왕(文咨王)경으로 정한다면 대략 6세기로 된다는 데 대하여 수긍할 점이 있으나, 이 고분은 구조로 보아 6세기경으로 보게 되는 강서묘보다는 앞서야 될 것이며, 삼대로 치더라도 5세기

후반까지는 올릴 수 있는 것이다.

필자는 이상과 같이 벽화 연대를 추정하면서 벽화고분의 순차를 정하고 심지어는 몇 세기의 초·중·말까지 세별하기도 했지만, 어디까지나 이것은 편의상 또는 개략적 의미에서 나눈 것이고, 확신성있게 절대적으로 논단하려는 아무런 구체적 근거는 없다. 앞으로 벽화고분이 더 많이 발굴되고 거기서 새로운 자료들이 나타날 때는, 필자는 쾌히 자기의 서술을 번복할 충분한 용의도 가지고 있다는 것을 마지막으로 부언한다.

결론

필자는 이상에서 고구려 고분벽화에 대한 극히 조잡한 견해를 피력하였는바, 그것은 서론에서도 말한 바와 같이 고구려 고분벽화가 가지는 회화사적 성격 및 벽화 연대에 대한 고찰에 중점을 돌렸으며, 고구려 고분문화의 토대를 구성하고 있는 고구려사회의 사회경제적 제 관계에 대해서는 명확하게 밝히지 못했으며 또한 밝힐 만한 구체적 자료도 발견치 못했다.

고구려가 남하정책을 견지하고 서남으로 정치경제적 지반(地盤)을 확대함에 따라 그들의 생산기술은 급속도로 발전하였으며, 이와 함께 왕권과 귀족 지주들의 부의 축적은 지배와 착취를 당하는 인민 대중의 생활을 더욱 위협하였다는 것을 알게 되는 것이다.

그것은 벌써 「위지(魏志)」에서도 이른 바와 같이, 심험(深險)한 산간에서 살고 토지가 척박하여 인민들이 뼈가 빠지도록 일을 해도 구복을 채우기 어려운 형편이었지만, 착취자들은 인민의 피를 빨아 궁실(宮室)을 화려하게 꾸미기에 여념이 없을 정도였던 만큼, 벌써 고구려는 역사의 무대에 등장하던 때부터 계급적 대립관계가 현저히 나타나고 있었던 것이 아닌가 생각된다.

고분에서 출토한 유물 중에는, 필자가 비교적 조기 고분으로 보는 평양 역전 벽화분에서 정교하게 만든 순금 단추와 매화형·행엽형 등의 금 혹은 금동으로 만든 장신구들이 나타났다. 이러한 것들의 제조기술은 벌써 오랜 기간을 두고 세련된 면모를 보이고 있다. 이것은 후일 『수서(隋書)』에서 귀족층이 자색(紫色) 비단으로 만든 관을 쓰고 그 위에 금은으로 장식하였다는 기록과 대조해 볼 때, 고구려 상층계급의 호사(豪奢)를 연상하기보다는 그들을 위하여 착취당한 인민의 괴로움을 역력히 보는 듯하다.

벽화로 나타난 그들의 착취상을 보면 화려한 두공을 가진 건축양식과 노복(奴僕)[1]들이 식찬(食饌)을 나르는 광경이 나타났고, 온갖 무기와 악기들이 나타났다. 또한 그들의 문물과 질서 제도를 과시하는 무악(舞樂)과 출렵(出獵), 행렬과 씨름 등 호화로운 장방(帳房) 속의 연거(燕居)[2]와 같은 장면이 묘사되었는가 하면, 다른 한편으로는 그들의 봉건적 이데올로기를 상징하는 사신도로써 혹은 불교적 요소의 신비적 비천(飛天)과 문양들로써 거대한 석재를 다듬어 그 속에 안치(安置)하고 보아란 듯이 지배적 위력을 마음대로 자랑하고 있다. 그들의 신분적 지위와 권력을 이용하여 인민의 재산과 노동력을 착취하여 생전에는 마음대로 사치와 향락을 누렸으며, 사후에는 오직 그들 자신만의 영혼과 내세(來世)의 행복을 위하여 또한 무제한하게 인민의 노력을 착취하였다.

오늘날 남은 이 고분들은 그 거대한 석재를 운반하기에 얼마나 많은 인민의 피와 땀이 어리었으며, 석재를 정밀하게 다듬어 물 샐 틈 없이 쌓아 올리고 밖으로 어가어마하게 봉토를 올리기에 얼마나 많은 인민의 피땀이 흘렀으며, 다시 그 안에 회벽을 칠하고 갖은 구상으로 찬란한 벽화를 그리기에 많은 이름도 모를 예술가들이 머리를 썩였겠는가.

---

1. 사내종.
2. 한거(閑居). 일 없이 집에 한가롭게 있는 것.

그들은 이렇게까지 인민의 피와 땀을 착취하면서도 착취를 당하는 인민에게는 아무런 보답도 없이 다만 소나 말처럼 혹사하였던 것이다. 오늘날 남은 수많은 고분과 벽화 들에서나 또는 간혹 나타나는 출토 유물들에서 한결같이 느끼는 것은, 그것이 찬란하면 찬란할수록 그만큼 고구려의 지배층들의 가혹한 착취와 수탈의 면모가 뚜렷이 엿보이고 있다.

수많은 인민들이 그들을 위하여 피땀을 흘리면서 밤낮을 쉬지 않고 정질을 하고 벽화를 그리고 기술을 연마하였다.

인민들은 지배자들의 온갖 착취와 억압 가운데서도 굴함이 없이 언제나 쾌활하고 굳세고 또 낙천적이었다. 그들의 이러한 기상은 돌 하나의 정질에서나 벽화의 모서리마다 단적으로 나타나고 있지 않은가.

고구려 고분벽화의 어느 곳에서 우울하고 침침하고 나약하고 퇴폐적인 부분이 있는가. 없다. 그들은 외래문화를 섭취 도입할 경우에도 결코 자기의 개성과 자기의 건전한, 선조로부터 내려 받은 고구려적 전통을 저버린 적이 없었다.

그 일례로서 기남 화상석묘와 요양 태자하반에 있는 벽화묘들과 상통하는 점이 많은 안악 제3호분이나 요동성총 등에서 볼 때에도, 고분을 다룬 솜씨부터 벽화의 수법에 이르기까지 결코 고구려적 전통을 버린 적이 없었다.

고구려 인민은 토지가 척박한 산간 지대에서 굳센 의지력과 두려워할 줄 모르는 패기로써 자연과 투쟁하였으며, 그들의 왕성한 생활력은 차츰 산간에서 비옥한 평야로 진출하기 위하여 부닥치는 적들과 용감히 싸울 줄 알았으며, 이렇게 하는 동안에 생산기술의 급격한 장성을 보았던 것이다.

천 년에 가까운 세월을 두고 그들이 쌓은 문화적 공적은 줄기차게 근로정신과 낙천주의로 충만되었으며, 그들의 역사에는 비겁한 품성이 보이지

않았다.

그리하여 고구려 인민이 창조한 이 거대한 고분문화는 그후 조선의 회화·건축·미술 분야에 있어서 고귀한 문화유산으로 되고 있다.

필자는 마지막으로 이 연구가 아직까지도 많은 문제들을 해결치 못했으며, 주의를 돌렸다고 보는 벽화 연대 문제에 있어서도 많은 다른 의견들이 있을 것으로 알며, 필자 자신이 역시 이렇게 확정할 수 있다고 할 아무런 용기도 없다. 이러한 문제들을 해결하기 위하여는 앞으로 더 많은 미술사 학도들이 이 문제 허결을 위하여 참가해 주어야 될 것이며, 필자의 연구를 결실 지어 주기 위하여 끊임없는 토론이 전개되어야 할 것을 요망하여 마지않는다.

1957년 3월

김은호 연보

1904 2월 3일 경기 인천(仁川)에서 부친 김정호(金鼎浩, 1853-1933)와 모친 강릉김씨(金王妃, 閨名 李종, 1860-1933) 사이에 외아들 옥산(玉山)으로 태어나다. 호는 김승운(以雲), 이당(以堂), 화가(華歌), 지촌(芝村), 행촌(幸村). 부산동(金山洞) 17번지, 해주(해州)오씨, 이암으로 호를 '정재'으로 개명함. 부친은 동학 운동에 가담해 고아를 지도해 원후 옥락함을 받았다.

1906 이 무렵, 누이의 혼인 잔치 개량을 보고 크게 감동해 동이오(童兒吾)와 종이에 옹나리를 그렸다고 전한다.

1908 부친이 지도로 한자공부를 시작함.

1915 이 무렵, 형 김영수(金泳洙, 1890-1931)를 따라 종로 염곡골(永同雨) 종로(漢川)으로 옮겨 부근의 보흥학교에 입학함. 그림에 소질이 있음을 인정받음.

1919 2월, 종로 양성보통학교를 졸업함.

1920 4월, 경성서화미술회에 입학, 정규 2년의 수학.

1923 고려미술회(高麗美術院)에서 이마동(李馬同), 구봉웅(具本雄)과 함께 미술 수업.

1924 도쿄교외에서 이종우(李鍾雨)와 함께 미술 수업, 김정진(金復鎭) 등과 '고려미술원(朝鮮美術院)'에서 〈송아지사기〉 입선.

1925 동일고등보통학교 졸업. 종로교통고등학교 재임 중이 김수장(李萍謙, 1904-?) 등 만남. 김수정은 부터 문기를 얻어 낭기에 그림을 그리며 그 후로 만으로 인간이 되어 영에 하기 인정되는 화가가 있음.

1926 김수장(李萍澤) 재임, 그 운동, 동경미술과 사양화학교 입학, 김정진, 이마동과 함께 표현파를 추구하는 하양생들의 연구인 백만회(百萬會)를 조직, 이가 오강가 이중섭(李重灰)을 만나다 김기가 있지 않았다.

1927 "추인기개(秋寅記錄)" "고춘대로리아 마을 시정" 등 발표, 운대이 표구예에 이름기들을 미침 동이 일다.

하는 글로 임화(林和) 등의 반격을 받았으며, 이때 논객으로서 국내 화단에 깊은 인상을 심어 줌.

1928 대구에서 열린 제2회 「영과회전(0科會展)」에 참가.

1930 동미회(東美會), 향토회(鄕土會), 백만양화회(白蠻洋畵會)를 조직하고 주도해 나감. 동미회 대표. 「백만양화회를 만들고」발표. 관념적 신비주의 사상과 미학을 취하여 이른바 조선향토 색론을 펼침으로써 조선 제일의 논객으로 부상함.

1931 2월, 동경미술학교 졸업. 귀국하여 중앙고보 미술교사로 재직. 3월, 형 김용수가 42세의 나이로 작고함. 「동미전(東美展)과 녹향전(綠鄕展)」「미술에 나타난 곡선(曲線) 표징(表徵)」「화단 일 년의 회고」발표. 신비주의 경향의 조선향토색론을 앞장서 이끌어 나감.

1933 백우회(白牛會) 참가. 뒷날 재동경미술협회로 발전. 3월, 향년 81세로 부친 김이도 작고. 6월, 향년 74세로 모친 김옥순 작고.

1935 서화협회(書畵協會) 정회원으로 참가. 제14회 「서화협회전」에 출품. 「화단 일 년의 동정」발표.

1936 「회화로 나타나는 향토색의 음미」발표. 당대 상고주의자(尙古主義者) 이태준과 더불어 골동취미에 빠지기 시작. 민족정서를 조선향토색의 핵심으로 내세움. 수필 「서울 사람 시골 사람」「백치사(白痴舍)와 백귀제(白鬼祭)」발표. 이 무렵부터 수필을 꾸준히 발표함.

1937 보성고보 미술교사로 재직.

1938 「이마동 개인전」평 발표.

1939 2월, 집 앞에 버려진 갓태어난 여자아이를 키우기로 하고, 3월에 이름을 '석란(夕蘭)'이라 지어 입양함. 2월, 월간 문학잡지 『문장(文章)』이 창간되면서, 길진섭과 함께 『문장』의 표지 화를 그리기 시작. 화단 내 소집단 활동을 중단함. 「이조시대의 인물화」발표. 미술사 관련 논문을 발표하기 시작해 미술사학자로 깊은 인상을 심어 줌. 「청전 이상범론」발표.

1940 「전통에의 재음미」를 발표하여 조선 고전 전통의 부활을 제창함. 「김만형(金晩炯) 군의 예술」을 발표.

1944 결핵을 앓게 되어 성북동 자택 '노시산방(老柿山房, 당시 경기도 고양군 숭인면 성북리 65-2)'을 수화(樹話) 김환기(金煥基)에게 넘겨주고 의정부로 이주.

1945 해방 뒤 조선미술건설본부에 참가.

1946 보성중학교 교사를 퇴직하고 서울대 회화과 교수 취임. 미술애호회 참가.

1947 「민족문화문제」발표. 식민잔재 청산을 제창함.

1948 월간 종합지 『학풍(學風)』에 수필을 기고하며 표지화를 그림. 『근원수필』(을유문화사) 출간. 국대안(國大案) 반대운동의 여파로 서울대 교수직을 사퇴하고 동국대학교 교수로 취임.

1949 동국대학교 강당에서 『근원수필』 출판기념회. 『조선미술대요』(을유문화사) 출간.

1950 「단원 김홍도」「겸현(謙玄) 이재(二齋)와 삼재설(三齋說)에 대하여」발표. 한국전쟁 발발 직후 서울대 예술대학 교수로 복귀하여 미술학부장을 맡았다가, 9월에 부인 진숙경과 딸 석란을

200

1951   조시이동에 조시학적으로 입장일, 조시지로기호에 중요시임.
       미리그 올아동, 한영미동대학 교수 찬입.
1953   한영이동대학 교수를 사임하고 조시학적이고도학교 한구소 찬입, 이 이후 미동시 한영 도문
       등 다수 발표하여 미동사이지도 출수.
1955   「조시학적 사건」, 「조시학적이 표현형식과 그 화제 내용에 대하여」 발표.
1956   미동대학 조시학 강자의 임명, 병학이고도 정부 및 공항우구 개시.
1957   미동대학 창설 5주년 기념학술보고회에서 「고시미 교해학적 연구」 발표. 조사이동사학의 수공
       공력을 정식으로 보고하다. 제3기, 「세시강지선지요요」(조선 개정)에 수록사대사선(충승) 등 총
       한전어 올해이 수로, 조시학적이 고전적으로 참가되고 있다.
1958   「고시미 교해학적 연구」 공간, 「조선한지도사자사」 출신, 「조시이동시」 등등 10자년 전장 고기미동자도불에
       (창기선)의 출동이하 급속한 수신. 조시미동기기동의 대규모 단원과 기조들로 옵신 남문, 개시기 개로.
1959   「조시학적 기념」, 공산.
1960   「간지소사 찬원이 미동학적 반대하여」 발표. 사상자의 미동교 미동 산사들을 수십 진공에서 참고
       시 의이산(李仁星)이 사상에동이 시인되었에서 그 전활동 시 조시의 전소 조지에 기소불 피밀
       할.
1961   「그동 추기의 명작기들 안기」, 강의된, 인공자이 대응이 발표.
1962   한한이동대의 에는 교수로 부이, 「조시학자 제제」, 발표.
1967   「조선미동사」, 「단원 김홍도」, 공산. 향년 64세로 사고.
1988   7월, 이기영(李囊永), 한도진(韓蘭輔), 종영호(宗永橋), 백인근(白仁瑾), 조종옥(趙鍾玉) 등 제
       이동인 봉, 한원 자기 해고.
1989   「조시학적-일중의 미동의 생태계 제사로 돈의 화신의 제사(子干)」 「조선진미동」 12 발표.
1994   제1회, 「한국의 국제 조시학적, 「조가나의트」 1·2), 「조시학적 초기 미동·이동」 「이동이공구」 제
       4호, 발표.
1996   강영진, 「한시미동공간에 있어서 근대적 동아: 조시학적 총식으로, 「미동사이공구」 21호 발
       포, 10월, 한구기미동공간에서 「조시조(兆鮮)의 수적(水獨)」 전 개최.
1997   이양희, 「조시학적 학력한 미동활동 연구」, 「웅이대학대학원 미동· 이동사학조학 사학원리논
       문, 발표.
2000   최대남, 「조시학적 미동론 연구」, 「한국근대미동사적」, 7건, 발표.
2001   1월, 창영이동이 조시학적 찬원, 장용(우수당) 등 7매어니 제3위 「세 건영수립」, 제3시 「조시
       미동대요」, 공기 7월, 조시학적 찬원, 장조 공용공 찬원, 조시시대 한적이 학기도, 「고가치
       고문해원 연기」, 공기.

찾아보기

*편자주가 있는 항목의 페이지는 굵은 활자로 표시했음.

ㄱ

가라빙카(伽陵頻加) **114**, 134

각저총(角抵塚) 23, 24, 54, 55, 57,
58, 62–65, 71–73, 80, 86, 90–
92, 95, 99, 115, 122, 126, 130–
132, 154, 156, 170, 175–177,
184, 190, 192, 193

간성리(肝城里) 연화총(蓮華塚) 24,
48, 54, 56, 57, 90, 98, 101–104,
128, 137, 178, 185

감신총(龕神塚) 24, 42, 43, 48, 54,
55, 57–59, 66, 73, 75, 76, 80 90,
95, 99, 100, 128, 129, 137, 157,
158, 160, 161, 177, 184, 190

강서(江西) 고분 23, 24, 49, 54
56–58, 86, 98, 104, 124, 128,
130–132, 162, 163, 165, 171,
183, 193

강서 대묘 49, 80, 91, 96, 97, 104,
111, 121, 130, 185

강서묘(江西墓)→ 강서 고분

강서 삼묘→ 강서 고분

강서 이묘 82, 181–183

강서 중묘 80, 91, 93, 96, 104 111,
121, 130, 172, 185

개마총(鎧馬塚) 24, 56, 57, 73, 80,
82, 93, 94, 98, 128, 131, 156,
179–182, 185, 190

계명동(鷄鳴洞) 고분 58

고개지(顧愷之) **74**, 96

『고경연구(古鏡研究)』 80

『고고학논총(考古學論叢)』 52, 130

고국곡(故國谷) 150, 152

고국양(故國壤) 150, 152

고국원(故國原) 150–152

고국원왕(故國原王) 141, 146,
149–153, 162, 163, 166

고국지원(故國之原) 150

고국천(故國川) 150

고국천원(故國川原) 150, 152

고산리(高山里) 1호분 25, 57, 80

고산리 9호분 25, 57, 80

고유섭(高裕燮) 18, 77, 130–132,
175, 193

고이(高頤) 석궐 89

곽충(郭充) 147

관구검(毌丘儉) **106**, 150

관륜문(貫輪紋) **34**, 85

광개토왕릉(廣開土王陵) 52

광개토왕비(廣開土王碑) 16, 144,
146, 164

『광운(廣韻)』 **147**

구갑총(龜甲塚) 57, 58, 90, 94, 102,
128, 175, 177

구운문(句雲文) **131**, 175

국강상(國岡上) 152

국강상왕(國岡上王) 150

국내성(國內城) 148, 150, 151

굴원(窟院) 벽화 **128**

권운문(圈雲紋) **176**, 189

권초문(卷草紋) **67**, 91, 93, 95, 98

귀면도(鬼面圖) 85

귀면문(鬼面紋) 85

금관총(金冠塚) 141, 170

기남(沂南) 한(漢) 화상석묘(畫像石
墓) 33–38, 40–42, 45, 66, 67,
82, 84, 88, 89, 135, 137, 159,
163, 167, 169, 170, 192, 193,
197

기룡문(夔龍紋) **93**

기미명(祁彌明) 화상석(畫像石) 96,
131, 175

기운문(夔雲紋) 95, 141

김정희(金正喜) 143

202

ㄴ

나이토 고난(內藤湖南) 18, 128, 129, 132, 175

나카무라 기요에(中村淸兄) 52, 129-132

낙랑(樂浪) 26, 47, 148-151, 155, 190, 191

내리(內里) 1호분 25, 56, 57, 96, 98, 104, 105, 130, 131, 175, 181-183, 185, 192, 193

ㄷ

『당서(唐書)』 84

대동강면(大同江面) 1호분 47

대동강면 오야리(梧野里) 고분 84

대방(帶方) 26, 47, 148, 149, 151, 161

대안리(大安里) 제1호분 24, 48, 56-58, 62, 72, 73, 80-82, 86, 87, 90-93, 96, 99, 119, 124, 154, 156, 162, 171, 176-178, 185

도리이 류조(鳥居龍藏) 16, 28, 29, 152

도미오카(富岡謙藏) 80

도유호 141, 142

돈황(燉煌) 석굴 40, 103, 179

『돈황예술서록(敦煌藝術敍錄)』 103

동리(佟利) 47, 148

동수(冬壽) 41, 137, 142, 146-149, 152, 153, 162, 163, 165-167

두로(杜魯) **108**

ㄹ

『력사과학』 27, 141, 149, 162

로터스(Lotus) **98**

리여성(李如星) 18, 27, 131, 132, 149, 162, 189

ㅁ

망도(望都) 한묘(漢墓) 33, 37, 39-

42, 135, 137, 145, 146, 154, 155, 157, 160, 161, 163, 167

매산리(梅山里) 사신총(四神塚) 23, 24, 53, 54, 56-58, 62, 66-69, 71, 73, 76, 80-82, 86, 91-94, 99, 115, 118, 126, 128-132, 134, 154, 156, 177, 178, 180, 181, 184, 189, 190

모두루총(牟頭婁塚) 24, 51, 57, 58, 130, 146, 147, 162, 192, 193

모용외(慕容廆) **106**, 151

모용인(慕容仁) 146-148

모용황(慕容皝) **106**, 146-148, 151, 166

목곽분 28

무용총(舞踊塚) 23, 24, 53-55, 57, 58, 60-63, 71-73, 80-82, 86, 90-92, 94, 95, 99, 100, 115-117, 119, 122, 123, 126, 130-132, 154, 156, 157, 170, 175-177, 180, 184, 190, 192, 193

『문물 참고 자료』 33, 141, 147, 157, 168

『문화유물』 47, 48, 141, 142

미인총(美人塚) 57, 128

미천지원(美川之原) 152

ㅂ

벽화봉토분 174

병풍문(屏風紋) 85

보로부두르(Borobudur) **164**

보륜문(寶輪紋) **103**, 104, 179

봉상지원(烽上之原) 152

봉태자둔(捧台子屯) 벽화묘 135, 167, 169

봉토벽화분 24, 39

봉토분(封土墳) 21-24, 33, 39, 52-55, 128, 130-132, 134, 171-174

『북사(北史)』 62

비운당초문(飛雲唐草紋) 180

비운문(飛雲紋) 118, 119, 131, 181, 183, 189

비천(飛天) 85, 103, 114, 179, 196

비천도(飛天圖) 102

ㅅ

사격문(斜格紋) **85**

『사기(史記)』 77

사신도(四神圖) 36, 37, 41, 58, 59, 62, 63, 71, 77, 80-87, 109, 111-114, 119, 124, 126, 128-130, 136, 137, 158, 169, 172, 175-184, 190, 192, 193, 196

사신수도(四神獸圖)→사신도

사치류(謝稚柳) 103

사카이(酒井) 16

산상(山上) 152

산상왕릉(山上王陵) 52

산연화총(散蓮花塚) 15, 24, 55, 57, 58, 90, 128, 175, 177

『삼국사기(三國史記)』 150, 151

『삼국지(三國志)』 21, 107, 173

삼묘리 대묘→강서 대묘

삼묘리 중묘→강서 중묘

삼실총(三室塚) 23, 24, 54, 55, 57, 58, 62, 72, 73, 80, 86, 89, 90, 93-95, 99, 100, 119, 122, 126, 128, 130, 131, 134, 156, 175-177, 184, 189, 190

색환문(色環紋) **99**, 102, 103, 175

샤반(Emmanuel Edouard Chavannes) **15**

서천지원(西川之原) 151, 152

석곽분 32

석곽벽화묘 134

석실벽화묘 30

석축분(石築墳) 21, 22, 52, 53, 55, 56, 128, 130, 132, 163, 172, 173, 189

성총(星塚) 57, 59, 80, 89, 128

찾아보기　203

「성해(姓解)」 **147**

세키노 다다스(關野貞) 16, 18, 27, 28, 52, 96, 127, 128, 132, 175

소연사신경(素緣四神鏡) 78, 80

손정(孫程) 161

수렵도(狩獵圖) 59, 62, 72, 177, 178, 180, 189

수렵총(狩獵塚)→ 매산리 사신총

「수서(隋書)」 196

숙백(宿白) 141, 147

신선사상(神仙思想) 66, 69

신채호(申采浩) 26, 27

심부군(沈府君) 석궐 88, 89

쌍영총(雙楹塚) 23, 24, 48, 56–58, 62, 69, 70–73, 75, 76, 80, 81, 86, 87, 90–95, 98, 101–104, 128, 129, 131, 154, 156, 157, 176– 182, 185

ㅇ

아잔타(Ajanta) 164

안성동(安城洞) 대총(大塚) 56, 57, 90–94, 96, 101, 102, 130, 137, 178, 185, 192

안악(安岳) 제1호분 23, 58, 80

안악 제2호분 23, 24, 56, 58, 62, 73, 75, 76, 80, 90, 93–95, 98, 101–104, 131, 132, 154, 156, 157, 165, 179, 180, 185, 189

안악 제3호분 18, 19, 23–25, 32, 33, 35–37, 39–46, 50, 54, 55, 58, 59, 62, 73, 75, 76, 80, 85–88, 91, 93–95, 99, 119, 122, 131, 132, 134–139, 141, 143, 145, 153, 156, 158–170, 172, 177, 184, 190–193, 197

앙코르 와트(Angkor Wat) **164**

〈여사잠도(女史箴圖)〉 74, 96

역전(驛前) 고분→ 평양 역전 벽화분

연엽문(蓮葉紋) 85

연화문(蓮花紋) 83, 85, 95, 98– 104, 114, 126, 127, 131, 134, 135, 141, 176–179, 181, 189

연화인동문(連花忍冬紋) 183

영성자(營城子) 제1호분 37, 38, 83

영성자(營城子) 제2호분 37

영성자(營城子) 고분 84, 157

영지령(令支令) 장군묘(張君墓) 168

영화(永和) 9년명 전분(塼墳) 22, 46, 55, 137, 148, 167

「예기(禮記)」 77

오행사상(五行思想) 77, 78, 113

「완당전집(玩堂全集)」 145

요동낙랑설(遼東樂浪說) 26

요동성(遼東城) 태자하반(太子河畔) 고분 167, 192, 197

요동성총(遼東城塚) 24, 25, 30–33, 42, 44, 54, 55, 57, 59, 80, 86, 87, 90, 137, 158–161, 167, 168, 172, 177, 184, 190, 192, 197

요양(遼陽) 남문 밖 석곽(石槨) 29, 33, 41, 45, 135, 137, 161, 163

요양묘(遼陽墓) 155, 169, 192, 193

요양 봉태자둔(棒台子屯) 벽화묘 32

요양 삼도호(三道壕) 요업(窯業) 제 4현장 벽화분 135, 157, 158, 163, 168

요양 삼도호 요업 제4현장 제1호묘 30, 31, 155, 168

요양 삼도호 요업 제4현장 제2호묘 168

요코이(橫井) 16

우메하라 스에지(梅原末治) 16, 52, 98, 130, 175, 176

우현리(遇賢里) 고분→ 강서 고분

우현리 삼묘→ 강서 고분

우현리 대묘→ 강서 대묘

우현리 중묘→ 강서 중묘

운강(雲崗) 석굴 40, 164

「위서(魏書)」 62

윤환문(輪環紋) **104**

음양오행설(陰陽五行說) 79

이문신(李文信) 157, 159

이십팔수(二十八宿) 77, 113

이케우치 히로시(池内宏) 16, 18, 52, 98, 129, 130, 132, 175, 176, 192, 193

인동당초문(忍冬唐草紋) 85, 96– 98, 183, 184

인동문(忍冬紋) 85, 95, 98, 114, 126, 131

인동연화문(忍冬蓮花紋) 97, 183, 184

일월성신도(日月星辰圖) 85

일월성신문(日月星辰紋) 85

임강총(臨江塚) 173

임둔(臨屯) 26

ㅈ

「자치통감(資治通鑑)」 147

장군총(將軍塚) 22, 52, 162–165

장무이묘(張撫夷墓) 45, 161

전곽분(塼槨墳) 16, 24, 28, 29, 37, 45–48, 54, 134, 161, 174, 176, 191, 192

전주농 158

정인보(鄭寅普) 26, 27

조감(姚鑒) 161

「조선미술문화사논총(朝鮮美術文化 史論叢)」 77, 130

「조선미술사 개요」 132, 189

「조선사연구(朝鮮史研究)」 27

「조선사연구초(朝鮮史研究草)」 27

조씨(趙氏) 석궐 88, 89

중권문(重圈紋) **85**

중천지원(中川之原) 152

지원(芝原) 152

진번(眞番) 26

「진서(晉書)」 147, 149, 154

진파리(眞坡里) 고분 56, 86, 91, 98, 104, 124, 132, 181, 184, 189

진파리 제1호분 57, 80, 82, 93, 95, 105, 131, 132, 183, 185

진파리 제4호분 57, 80, 82, 96, 183, 185

ㅊ

창려(昌黎) 148, 149

창조리(倉租利) 108

천룡산(天龍山) 석굴 88, 89

천왕지신총(天王地神塚) 24, 48, 54, 56, 57, 86, 90-94, 96, 100, 102, 128, 162, 171, 177, 185

천추총(千秋塚) 164, 173

ㅌ

태성리(台城里) 제1호분 24, 25, 42, 44, 45, 48, 54, 55, 57, 59, 73, 80, 86, 87, 88, 136, 158, 160, 161, 167

태왕릉(太王陵) 164, 173

통구(通溝) 사신총(四神塚) 23, 54, 56-58, 80, 82, 86, 87, 91, 96, 98, 104, 119, 124, 130-132, 181-183, 185, 189, 192, 193

통구 17호분 57, 91, 98, 181, 182, 185

『통구(通溝)』 52, 98, 129, 130, 175, 176

ㅍ

펠리오(P. Pelliot) 103

평양 역전(驛前) 벽화분 22, 24, 25, 27, 37, 42, 44, 46, 55, 58, 59, 73, 75, 76, 80, 136, 158-161, 167, 190, 196

평양낙랑설(平壤樂浪說) 26, 27

풍환(馮煥) 석궐 89

ㅎ

하마다 고사쿠(濱田耕作) 16, 89

하(河)무덤→안악 제3호분

하연(河演) 136

한사군(漢四郡) 17, 19, 26, 27, 106

『한서(漢書)』 159

한왕묘(漢王墓) 166

현도(玄菟) 26, 47, 148, 149

호남리(湖南里) 사신총 24, 54, 56-58, 80, 82, 86, 128-130, 132, 181, 184, 185

화염문(火炎紋) **98**, 99, 103, 176, 178

환도성(丸都城) 150-153

환문(環紋) 193

환문총(環文塚) 23, 24, 53-55, 57, 59, 80, 89, 90, 93, 95, 99, 130, 175, 176, 184, 189, 191-193

황욱(黃澳) 47

효당산(孝堂山) 석실(石室) 87, 88, 89, 136

『후한서(後漢書)』 84, 149

찾아보기 205

어휘풀이 찾아보기

*편자주를 단 것 중 어휘풀이 성격의 항목만을 모은 것임.

ㄱ

가사(假使) 148, 153
가사(袈裟) 71, 177
감실(龕室) 23, 30, 38, 43, 44, 48,
　　129, 136, 158-161, 167, 168,
　　178-180, 185
건초동척(建初銅尺) 31
계환(髻鬟) 74, 169
고계운환(高髻雲鬟) 140, 157
고졸(古拙) 54, 126, 129, 181, 190
고졸생경(古拙生硬) 128
고차(鼓車) 169
공성(攻城) 72
과대(銙帶) 141, 170
곽실(槨室)→ 현실
관실(棺室)→ 현실
관정(棺釘) 46, 47
광실(擴室)→ 현실
광정(擴井) 151
교졸(巧拙) 127, 190
구경(究竟) 112
군색(窘塞) 162
군신좌사(君臣佐使) 78
궁륭(穹隆) 24, 28, 37, 38, 43, 45,
　　53, 54, 62, 173-177, 180, 185

ㄴ

귀별(龜鼈) 108
금징차(金鉦車) 169
기산(起算) 174
기운생동(氣韻生動) 113, 118
기치창검(旗幟槍劍) 169

낭하(廊下) 29
노복(奴僕) 196

ㄷ

도리(樑) 58, 89, 91, 93
동경예법(東京隷法) 145
두공(枓栱) 34, 41, 48, 58, 83, 85,
　　86, 88, 89, 91, 110, 114, 125,
　　127, 160, 175-178, 180, 181,
　　189, 196

ㅁ

막새기와 80
메지(目地) 30, 32, 33, 48, 168
면관(冕冠) 181
면회(面灰) 46, 48, 137
명기(明器) 113
묘사(廟社) 152

미록(麋鹿) 108

ㅂ

방산관(方山冠) 62
방시(坊市) 27
방옥(房屋) 58, 85
방조(傍助) 17, 19, 51, 136, 141
배경(陪京) 148, 151
배도(陪都)→ 배경
번쇄(煩瑣) 119, 168
변강(邊疆) 148, 166
변관(弁冠) 63, 73, 76, 176
복엽형식(複葉形式) 103
봉니(封泥) 26
봉지(封地) 149
봉토분롱(封土墳壟) 51, 53, 57
부월(斧鉞) 76, 137, 159
부진(符秦) 98
부차(斧車) 169
분식(粉飾) 118
비정(批正) 129, 175

ㅅ

사경체(寫經體) 143-145
사모(紗帽) 155

사의(寫意) 128, 183
상무적(尙武的) 72
상생상극설(相生相剋說) 78
상원하방(上圓下方) 33
석궐(石闕) 89
석비(石扉) 23
석장(錫杖) 177, 179
성수(星宿) 58
소로(小櫨) 33, 40, 87-89, 165, 169
소택(沼澤) 107, 173
수각(獸脚) 의자 62, 63
수대(垂帶) 93
시위(侍衛) 59, 71, 139, 154
신운(神韻)이 표묘(縹眇)하다 128
신진기예(新進氣銳) 106

ㅇ

아치(雅致) 184
액방(額防) 89
엔타시스(entasis) 87
역사고실(歷史故實) 35
연거(燕居) 196
연도(羨道) 23-25, 32, 37, 38, 40,
　43-45, 49, 58, 136, 137, 167,
　175, 181
영건(領巾) 129, 190
영성(靈星) 84
오수전(五銖錢) 29, 31
와조(瓦竈) 79
완곡(彎曲) 22, 28, 44, 50, 54, 87,
　175
우교차(牛轎車) 158, 170
우선(羽扇) 159
운아(韻雅) 171
운염법(暈染法) 124
유약무(有若無) 151
인수경(仁壽鏡) 114, 129

ㅈ

장방(帳房) 42, 59, 62, 63, 66, 69,

　99, 154, 158, 160, 178, 196
전(襡) 156, 157
전야(田野) 125
절석(切石) 40, 53, 54
절풍건(折風巾) 63, 73
정시노기척(正始弩機尺) 31
정절(旌節) 36, 37, 169
정형(情形) 31, 167, 192
제궁 33, 40, 87-89, 165, 169
조도(調度) 109
주두(柱枓) 30, 33, 35, 40, 87-89,
　136, 138, 169
주서(朱書) 145, 160
진무(鎭撫) 166
질소후중(質素厚重) 144

ㅊ

채화칠협(彩畵漆篋) 155
책(幘) 74, 158
천개석(天蓋石) 32, 34
촉대(燭臺) 71

ㅌ

퇴세(頹勢) 107
투식(套式) 155
투실(套室) 37

ㅍ

파상(波狀) 93, 95, 96, 180, 181,
　187
파책(波磔) 145
판석시상(板石屍床) 31
팔분(八分) 143
팔유(八乳)가 붙은 거치조문경(鋸齒
　鳥紋鏡) 31
패수(浿水) 26
평편(平便) 139
뭇집 34
프레스코법 58, 124
핍진(逼眞) 113

ㅎ

합임(合袵) 59, 76, 139, 157, 159,
　169
항다반(恒茶飯)하여 148
행엽문(杏葉紋) 34, 170, 196
현수식(縣垂飾) 36, 37, 159, 169
현실(玄室) 22-24, 32, 44, 45, 49,
　58, 159, 160, 161, 162, 168, 169,
　175-177, 185
형사(形似) 113, 118, 126
형적(形迹) 91
호모(胡帽) 181
호태성왕(好太聖王) 51
호한(浩瀚) 105
홀(笏) 74, 140, 154
화두공(畵枓栱) 81, 89-91, 175
화주(畵柱) 81, 91, 171, 178
화천(貨泉) 31
활개(枊木) 23, 48, 58, 85, 86, 89-
　91, 93, 119, 171
활수장의(濶袖長衣) 154
회랑(廻廊) 29, 32, 33, 40, 41, 136,
　139, 168, 169

김용준(金瑢俊, 1904-1967)은 경북 선산(善山) 출생의
동양화가이자 미술평론가·한국미술사학자로,
호는 근원(近園)·선부(善夫)·검려(黔驢)·우산(牛山)·
노시산방주인(老杮山房主人)이다. 1925년 경성
중앙고등보통학교와 1931년 동경미술학교 서양화과를
졸업했으며, 광복 후 1946년부터 서울대학교 회화과
교수로, 1948년부터는 동국대학교 교수로 재직했다.
1950년 9월 월북해 평양미술대학 교수, 조선미술가동맹
조선화분과 위원장, 과학원 고고학연구소 연구원으로
활동했다. 저서로는 『근원수필』(1948), 『조선미술대요』
(1949), 『고구려 고분벽화 연구』(1958) 등이 있으며,
이 외에 다수의 미술관련 논문과 비평문이 있다.
대표적인 회화작품으로는 수묵채색화 〈춤〉(1957)이 있다.

* 세부 약력은 페이지 199-201의 연보를 참조하십시오.

우리 문화예술론의 선구자들
近園 金瑢俊 全集 4

高句麗 古墳壁畵 研究

金瑢俊 著

초판발행 ——— 2001년 7월 10일
발행인 ——— 李起雄
발행처 ——— 열화당
　　　　　　　서울 강남구 신사동 506 강남출판문화센터
　　　　　　　전화 515-3141~3, 팩시밀리 515-3144
　　　　　　　http://www.youlhwadang.co.kr
　　　　　　　e-mail: yhdp@youlhwadang.co.kr
등록번호 ——— 제10-74호
등록일자 ——— 1971년 7월 2일
편집 ——— 공미경·조윤형·이수정
북디자인 ——— 기영내
인쇄 ——— 대광문화
제책 ——— 가나안제책

* 값은 뒤표지에 있습니다.

ISBN 89-301-0022-8

Published by Youl Hwa Dang Publisher
© 2001 by Youl Hwa Dang Publisher
Printed in Korea